계급
도시

KAIKYÛ TOSHI

Copyright © 2011 by Kenji HASHIMOTO First published in 2011 in Japan by CHIKUMASHOBO LTD.
Korean translation rights arranged with CHIKUMASHOBO LTD.
through Japan Foreign-Rights Centre/ Shinwon Agency Co.

이 책의 한국어판 저작권은 신원 에이전시를 통해 저작권자와
독점 계약한 킹콩북에 있습니다. 저작권법에 의해
한국 내에서 보호를 받는 저작물이므로
무단 전재와 무단 복제를 금합니다.

격차가 거리를
침식한다

지음 **하시모토 겐지**
옮김 **김영진 · 정예지**

계급
도시

階級都市—
格差が街を侵食する

킹콩북

일러두기

1. 이 책은 다음 책을 완역한 것이다. 橋本健二,《階級都市 差が街を侵食する》, 筑摩書房, 2011.
2. 인명, 지명, 작품명은 국립국어원의 외래어 표기법을 따랐다. 단, 이미 관례로 쓰이는 표기는 그대로 따랐다.
3. 일본의 인명, 지명 등 고유명사는 원칙적으로 일본어 발음대로 표기했다. 단, 관행으로 굳어진 표현은 한자음을 함께 적어 옮겼다.
4. 일본식 한자는 한국식 한자로 바꾸지 않고 원문대로 표기했다.
5. 각주에는 '지은이 주'와 '옮긴이 주'가 있다. 옮긴이 주는 본문의 이해에 필요한 추가 설명을 제시하고 숫자로 표기했다. '지은이 주'는 •로 표기했다.
6. 본문에 들어 있는 대괄호([ ]) 안의 내용은 옮긴이가 원문에 덧붙인 내용이나 표현이다.
7. 그림3-2, 그림3-3의 도판은 아사히신문에서 사용 허가를 받았다.

차례

한국어판 서문	6
도쿄東京 속의 도호쿠東北 – 서문을 대신해	9
1장 격차사회의 풍경	17
2장 왜 계급도시인가? – 도시 구조와 자본주의	51
3장 두 개의 세계 – '시타마치'와 '야마노테'의 담론사	87
4장 진행하는 도시 양극화 – 통계로 보는 계급도시	137
5장 계급도시를 걷다	177
6장 계급도시에서 혼종도시로	283
옮긴이 후기	305
참고문헌	312

한국어판 서문

도쿄 도심 바로 동쪽에 스미다가와隅田川[1]라는 강이 있습니다. 1903년 근대 일본을 대표하는 작곡가 다키 렌타로는 불과 23살의 나이로 요절했습니다. 그는 자신의 대표작〈꽃花〉에서 스미다가와의 아름다운 풍경과 그 주변을 노래했습니다. 이 노래는 일본의 소학교와 중학교에서 오랫동안 공통 교재로 사용되어, 전국의 어린이들이 스미다가와의 아름다운 풍경을 마음속에 그리며 도쿄에 대한 동경을 키우게 했습니다. 그러나 스미다가와는 결코 아름다운 강만은 아닙니다. 도쿄라는 도시를 동서로 분단하는 선이기도 합니다.

도쿄는 언덕이 많은 지형입니다. 도쿄는 에도江戸[2]의 성터를 경계로 동쪽이 저지대, 서쪽이 고지대를 이루며 그사이에 수많은 언덕이 이어집니다. 서쪽은 '야마노테山の手'라고 불립니다. 에도 시대에는 무사들의 주택이 자리한 곳으로, 근대에 들어 관청이나

---

1 '~카와/가와川'란 하천이나 강을 말한다. 이 책에서는 일본어 발음을 원칙으로 하되 의미를 밝히기 위해 가끔은 '강'이라는 표현을 덧붙였다.
2 도쿠가와 이에야스德川家康가 간토關東 지역의 지배권을 획득한 뒤 자신의 거처를 둔 지역이다. 도쿠가와 이에야스가 이곳에서 막부幕府를 개설했기 때문에 '에도 막부' 혹은 '도쿠가와 막부'라고 부른다. 1868년 이후에는 도쿄로 이름을 바꾸고 일본의 수도로 발전했다.

대학 등이 세워지고 그 주변은 고급 주택지가 되었습니다. 야마노테는 근대화와 함께 서쪽으로 확장되어 예전의 전원 지역까지 파고들었고, 지금은 고소득 자본가계급이나 신중간계급이 살아가는 주택지가 되었습니다. 이에 비해 동쪽은 '시타마치下町'라고 해서, 에도 시대부터 서민들의 일터이자 생활공간으로 자리 잡았고, 근대화의 진행과 함께 상점가나 공장지대가 점차 늘어나 자영업자나 노동자계급이 살아가는 공간이 되었습니다.

간단히 말해 야마노테는 도심에서 일하는 엘리트의 주택지이고 시타마치는 서민의 일터이자 생활공간입니다. 야마노테는 소득수준이 높고 학력이 높습니다. 평균수명도 길고 대학진학률도 매우 높습니다. 반면에 시타마치는 소득수준이 낮고 학력이 낮습니다. 대학진학률도 높지 않습니다. 이런 두 세계를 나누는 경계선, 바로 이것이 스미다가와입니다.

어느 도시와 닮지 않았습니까? 그렇습니다. 서울과 매우 닮았습니다. 10년쯤 전인가 저는 서울에 처음 갔습니다. 한강의 북쪽 고지대에서 남쪽을 바라보니 바로 눈앞에 오래된 작은 집이 펼쳐지고, 강 건너편에는 고층 아파트가 늘어서 마치 숲을 보는 듯했습니다. 제게는 이런 대조가 매우 인상적으로 다가왔습니다. 그리고 도쿄와 서울을 비교해 언젠가 글을 쓰자고 생각했습니다. 아직 그 결실은 보지 못했지만, 이 자리를 빌려 그 기억을 한국의 독자들께 처음으로 전하고 싶습니다.

격차가 커지고 부유한 계급과 가난한 계급이 빈부 차이로 분단된 도시, 게다가 공간적으로 분리된 도시. 저는 이런 도시의 존재 형태를 '계급도시'라고 부릅니다. 계급도시는 전 세계 대도시에서 공통으로 일어나는 현상입니다. 그곳에는 전 지구화

globalization의 물결이 흐르고 격차 확대가 진행되고 있습니다. 많은 도시에는 극단적인 경제 격차가 발생하고 공간적 분리가 정착하고 있습니다. 부유한 계급은 부유한 지역에서 살아가고, 그곳의 아이들은 자연스레 대학에 들어가 부유한 계급으로 자라납니다. 가난한 계급은 가난한 지역에서 살아가고, 그곳의 아이들은 가난한 계급이 되어 빈곤의 대물림이 일어나기 쉽습니다. 심지어 계급도시 내부에는 적의와 대립이 생겨나고 있습니다. 이런 현상은 결코 바람직한 도시의 상이 아닙니다.

　이런 경향을 바꿀 수 있을까요? 도시의 새로운 존재 형태는 없을까요? 이 책에서는 계급도시의 역사와 현실을 살펴본 뒤, 이 문제도 다루고자 했습니다. 그러나 아직은 충분한 해결책을 찾지 못했습니다. 도시에는 각각의 역사와 문화적 배경이 있습니다. 그렇지만 비슷한 역사와 문화를 가진 한국과 일본의 도시에는 공통의 해결책이 있을지도 모릅니다. 그래서 이 작은 책이 서로의 경계를 넘어, 새로운 도시의 존재 형태를 고민하는 하나의 촉매가 되기를 바랍니다.

하시모토 겐지 橋本健二

도쿄東京 속의 도호쿠東北 — 서문을 대신해

도호쿠[1] 대지진이 발생하고 후쿠시마福島 원전이 무너졌다. 제1원전의 충격적인 사고가 일어나자, 다음과 같은 지적이 잇따랐다. "도쿄를 위해 도호쿠가 희생되었다." 실제로 원전은 도쿄와 그 주변 지역에 전력을 공급하려고 세워졌다. 혜택은 도쿄가 얻고 대가는 도호쿠가 치렀다. 이런 사실은 누가 봐도 명확해 보인다. 그러나 도후쿠의 희생으로 도쿄가 발전한 것은 어제 오늘의 일이 아니다.

[근대화 이후] 특히 도호쿠는 1차 상품과 노동력의 공급처가 되었다. 농민이 장시간 노동으로 생산한 쌀은 도호쿠의 다른 농산물과 함께 도쿄로 보내져 그곳의 식생활을 유지했다. 가난 속에서 힘들게 키운 자녀는 농사를 짓는 대신에 대부분이 도쿄로 올라가 근대 산업의 저층을 이루었다. 반면에 도호쿠는 비료나 공산품을 도쿄에서 사들이고 종국에는 근대 산업의 상품 판매처로 전락했다. 이런 점에서 도호쿠는 '내부 식민지' 역할을 했다고 할 수 있다.* 노동력은 단체 취업열차를 타고, 쌀은 화물열차를 타

---

1 도호쿠 지방은 일본 혼슈本州 동북부에 있는 아오모리青森, 이와테岩手, 미야기宮城, 아키타秋田, 야마가타山形, 후쿠시마福島의 6개 현을 말한다.
• 가와니시 히데미치河西英通, 《도호쿠-만들어진 타국東北─つくられた異境》

고, 전력은 송전선을 타고 도쿄로 보내졌다.

여기서는 일단 노동력에 주목하고 싶다. 노동력이 도쿄로 가는 것은, 쌀이나 전력이 도쿄로 가는 것과 다른 의미를 지닌다. 왜냐하면 노동력은 쌀이나 전력처럼 한꺼번에 소비되지 않고, 도쿄 지역에 머물면서 인간의 삶을 누리기 때문이다. 도호쿠에서 도쿄로 이주한 사람은 주로 노동자로 편입되어 도쿄의 일부를 이루었다. 그들은 도쿄의 사회 구조 속에서 어떤 자리를 차지했을까?

〈도표 0-1〉은 2005년 SSM조사를 활용해 도쿄에 거주하는 사람들의 학력과 소속 계급을 표시한 자료이다. 각각의 학력과 계급은 출신 지역별로 분류되었다. 참고로 SSM조사란, 사회계층 및 사회 이동성 조사Social Stratification and Social Mobility Survey를 뜻하며 사회학자 연구그룹이 1955년부터 10년 간격으로 실시하고 있다.[2] 여기에는 직업이나 경제 상태에 관한 다양한 질문이 들어 있는데, 이는 격차의 분석에 필요한 양질의 기초 자료를 제공한다. 다만 표본 수가 많지 않아 해석에는 신중을 기해야 한다. 전국 표본이 5,742명으로 제한적이고, 도쿄의 경우에는 회수율도 낮아 집계에 사용된 숫자가 347명에 그친다. 그러나 표본 수가 작다는 사실이 무색할 정도로 뚜렷한 경향이 드러난다.

도호쿠 출신의 학력은 다른 지방과 비교하면 현저히 낮다. 이는 도호쿠 지방의 대학 진학률이 원래 낮다는 사실이 크게 반영된 결과지만, 그것만이 유일한 원인은 아니다. 집계 결과에는 생략되어 있지만, 기타 지방 출신은 학력이 높을수록 도쿄에서 일하는 비율이 높아진다. 도쿄에는 고도의 지식이나 기술, 판단력

---

[2] 가장 최근의 조사는 이 책이 출간된 이후인 2015년에 실시되었다.

등이 필요한 고임금 직군이 많으며, 이런 직업을 찾아서 고학력자가 몰려들기 때문이다. 그러나 도호쿠 출신은 이런 경향을 따르지 않는다. 학력이 어떻든지 간에 취직 기회를 찾아서 무작정 도쿄로 올라온다.

〈도표 0-1〉 출신 지역별로 본 도쿄 거주자의 특성(단위: %)

	고학력자 비율	노동자계급 비율	신중간계급 비율	시타마치 거주자 비율	야마노테 거주자 비율
도호쿠	17.9	67.9	10.7	43.6	17.9
미나미칸토 南関東[3]	44.9	50.0	26.9	34.8	29.1
기타 지방	52.5	38.9	42.6	32.5	36.3
합계	43.6	49.6	28.6	35.3	29.5

출처) 2005년 SSM조사 데이터에서 산출. '도호쿠'에는 니가타新潟현을 포함

이런 현상은 소속계급의 차이로 연결된다. 이 책에서는 주로 직업에 주목해 소속계급을 4개로 구분했다. 자본가계급, 신중간계급, 노동자계급, 구중간계급이 그것이다. 구체적으로 살펴보면 피고용자는 2개로 나눴는데, 직종을 기준으로 전문직, 관리직, 사

---

[3] 미나미칸토 지방이란 일본 간토 지방을 남북으로 구분했을 때, 남쪽을 가리킨다. 주로 도쿄도東京都, 가나가와현神奈川県, 지바현千葉県, 사이타마현埼玉県을 가리킨다. 그 중심에는 도쿄도가 있으며 세계 최대 규모의 대도시권을 형성하고 있다.

무직(남성)은 신중간계급으로 분류하고 그 밖에 직종은 노동자계급으로 분류했다. 경영자, 임원, 자영업자는 고용 규모를 기준으로 5인 이상일 경우에는 자본가계급으로 분류하고 4인 이하일 경우에는 구중간계급으로 분류했다.

오늘날 계급이론에서는 마르크스 Karl Marx의 계급이론에 기초하면서도 그 이후의 변화를 고려한다. 이에 따르면 일반적으로 4개의 계급이 존재한다. 지배계급인 자본가계급, 종속계급인 노동자계급만이 아니라, 양자의 중간에서 조직의 운영이나 사업 기획을 전담하는 신중간계급이 출현하고, 다른 한편에는 주로 가족 중심의 소규모 사업에 종사하는 구중간계급이 여전히 존재한다. 이런 분류를 몇 가지 기준에 따라 데이터에 적용하면,〈도표 0-1〉의 계급 분포가 나타난다.• 출신 지역별 차이는 피고용자 범주에서 가장 뚜렷해, 도표에는 다른 범주를 제하고 노동자계급과 신중간계급만 표시했다.

도표를 살펴보면 도호쿠 출신은 노동자계급의 비율이 매우 높다. 이는 도호쿠 출신이 주로 현장 노동에 종사하고 도쿄 산업의 밑바닥을 지탱하고 있다는 말이다. 이와 달리 기타 지방 출신은 신중간계급의 비율이 비교적 높다. 상경자라는 처지가 같아도 도호쿠 출신과 기타 지방 출신 사이에는 분명한 차이가 있는 것이다.

이는 거주지의 차이로도 연결된다. 여기서는 도쿄를 '시타마치', '야마노테', '기타' 지역으로 나누고, 도표에는 어떤 지역 출신이 어디에 많이 사는지 비율로 표시했다. 자세한 설명은 3장에서 다루고 있지만, 시타마치는 도쿄 23개 구의 동쪽 절반으로 예전

- 자세한 내용은 하시모토 겐지橋本健二,《계급사회階級社會》를 참조하기 바란다.

부터 공장이 많았고 지금도 노동자계급의 주거지로 여겨진다. 야마노테는 도쿄 23개 구의 서쪽 절반을 차지하며, 예전부터 특권계급이 많이 살았고 최근에는 신중간계급의 거주지를 이룬다. 기타 지역은 도쿄 23구 이외의 시정촌市町村[4]을 가리킨다. 도표에서 보듯이 도호쿠 출신은 시타마치에 사는 사람이 더 많지만, 기타 지방 출신은 야마노테에 사는 사람이 더 많다. 이처럼 출신 지역의 차이는 소속 계급과 거주하는 지역의 차이로 이어져, 도쿄의 계급 구조와 공간 구조에 새겨져 있다.

시타마치도 다 같지는 않지만, 그중 몇몇 지역은 산업 쇠퇴와 빈곤의 증가로 고민에 빠져 있다. 야마노테와 비교할 때 지역 간 격차도 점점 더 커지고 있다. 그런 곳에 도호쿠 출신이 많이 사는 것이다. 간단히 말해 시타마치는 도쿄 속의 도호쿠라고 할 수 있다.

대도시 도쿄에는 거대한 계급 구조가 존재한다. 그리고 각각의 계급은 지리적으로 달리 분포하며 독특한 공간 구조를 낳는다. 이렇듯 도시란 계급 구조와 공간 구조의 복합체이지만, 사실 거기에는 도호쿠, 도쿄, 기타 지역으로 분할된 국가의 공간 구조까지 반영된다. 우리는 도쿄 속에서 계급, 공간, 국토라는 삼중의 구조를 동시에 목격한다.

이 책은 격차사회론과 도시론을 이론·역사·계량 분석으로 연결하고, 현장연구field work라는 접근으로 보완하려는 시도이다.

---

[4] 일본의 행정구역은 광역자치단체인 도도부현都道府県과 기초자치단체인 시정촌市町村으로 이뤄져 있다. 광역자치단체인 도도부현은 도쿄도都, 홋카이도道, 오사카부府, 교토부府와 43개의 현県으로 구성되며, 한국의 특별시, 광역시, 도에 상응하는 규모이다. 기초자치단체인 시정촌은 한국의 시군구와 그 이하 동, 면 단위에 해당하는 단위이다.

그 결과 '계급도시'라는 도시의 상이 떠올랐다. 지금까지 수많은 도쿄론, 또는 도시론이 쓰여 왔다. 거기에 더할 만한 내용이 없을지도 모르지만, '계급도시'라는 것은 조금은 다른 관점이라고 생각한다. 한 가지만 덧붙이면, 이 책에는 추상적인 이론이 소개되고 세세한 자료 분석도 나온다. 자칫 지루하고 복잡한 감이 없지 않지만, 이 모두는 현실을 선명하게 묘사하려는 고민의 산물이다. 아무쪼록 널리 이해를 바라며 끝까지 읽어주길 바란다.

부기: SSM조사 데이터는 2005년 SSM조사연구회의 허가를 받아 사용했다. 4장에서는 도쿄 23구의 격차를 각종 지표에 따라 색깔로 구분한 지도가 제시된다. 지도의 작성에는 다니 겐지谷謙二가 만든 프리 소프트웨어 '만다라MANDARA'를 사용했다. 5장에서는 분쿄구文京区, 이타바시구板橋区, 세타가야구世田谷区를 자본가계급의 비율에 따라 지도로 보여준다. 여기에는 프리 소프트웨어 '백지도에서 통계까지白地図から統計まで'를 사용했다.

제 1 장

격차사회의 풍경

1. 격차 확대의 풍경

도시에서 목격되는 격차

2000년대의 막을 연 첫 10년간은 격차가 주목받은 시대였다. 처음에는 "일본인 가운데 90%가 중류中流다"라고 말하거나, "일본은 격차가 작은 사회다"라고 믿는 경향이 여전히 강해서, 격차 확대가 사실인지 아닌지를 놓고 격렬한 논쟁이 일어났다. 그러나 지금은 많은 통계와 연구가 축적되어 경제 격차의 확대는 누구도 부정할 수 없는 사실이 되었다.

그러나 격차 확대가 단순히 추상적인 경제지표나 학술적인 연구로만 포착된 것이라면, 그토록 많은 사람이 그 현상에 관심을 두지는 않았을 것이다. 사람들이 관심을 가지게 된 것은 격차가 확대된다는 단순한 사실만이 아니라, 그것이 초래한 각종 변화를 가까운 곳에서 쉽게 느꼈기 때문이다.

회사의 사업 악화로 직장을 잃어버린 회사원, 취직이 되지 않아서 임시직을 전전하는 젊은이, 대출을 갚지 못해서 집을 빼앗긴 가족, 지하철역 한쪽 구석에서 시간을 보내는 노숙인, 손님이 끊어진 가게를 정리하고 근근이 살아가는 노부부. 이런 광경은 최근 일본에서 흔히 볼 수 있는 주변 사람들의 모습이다. 요컨대 우리는 격차 확대라는 현실을 매일 같이 목격한다.

그뿐만이 아니다. 사람들의 모습을 통하지 않아도 변화는 알 수 있다. 격차가 커지는 과정에서 도시의 경관이 크게 바뀌었기 때문이다. 예컨대 격차 확대로 거리의 풍경이 바뀌었고, 이런 가시적 변화는 격차 확대를 실감나게 하는 결정적 요인이었다. 수많은 변화 중 가장 눈에 띄는 것은, 시타마치의 오래된 풍경이 사라진 일이다. 그곳에는 작은 목조 주택과 마치코바町工場[1]가 뒤섞여 있었다. 이런 모습이 이제는 많은 곳에서 사라져 버렸다.

시타마치의 소멸

도쿄는 1960년대까지 일본 최대의 공업 도시였다. 대부분의 지역이 주택지로 이뤄진 스기나미구杉並区, 세타가야구世田谷区 등 서쪽 지역을 제외하면, 금속가공이나 기계공업, 일용품을 만드는 경공업 공장이 도심을 에둘러서 동쪽, 남쪽, 북쪽으로 널리 분포했다. 대다수 공장이 영세한 업체로 종업원이 수십 명도 되지 않았다. 공장 주변에는 노동자가 살고 있는 저층의 목조 주택, 목조 임대아파트가 자리하고, 그들을 상대하는 상점 등이 한데 어울려 주상공住商工이 혼재하는 독특한 지구가 형성되었다. 목조 가옥이 끝없이 이어지고 군데군데 치솟은 굴뚝에는 연기가 피어올랐다. 바로 이것이 도쿄 시타마치를 상징하는 전형적 모습이었다.

    그런데 요즘에는 도쿄의 시타마치라고 하면, 영화《남자는 괴

---

[1] 마을 안에 있는 작은 공장 또는 작업장을 말한다.

로워男はつらいよ²》등의 성공 탓인지 전혀 다른 풍경이 머릿속에 떠오른다. 풍취 있는 사찰, 참배길 주변의 오래된 상점가, 한가로운 강변의 경치, 옛 모습 그대로 살아가는 인정미 넘치는 이웃들. 그러나 이 같은 모습은 현실 속 시타마치의 극히 일부에 지나지 않는다.

실제《남자는 괴로워》의 무대인 가쓰시카구葛飾区의 시바타柴又는 원래 시타마치가 아니라 교외의 농촌 지역으로, 1945년 이후에 도시화가 진행된 곳이다. 도라상寅さん³에게 이끌려 시바타를 방문한 대부분의 관광객은 시바타역에서 다야샤쿠텐帝釋天을 지나 야기리矢切의 나루터에 이르는 둘레길 근처만 돌아볼 것이다. 그러나 그곳에서 조금만 벗어나도 전혀 다른 풍경이 펼쳐진다. 대지가 열 평 남짓에 불과한 조그만 목조 가옥이 조밀하고 대충 지은 아파트 같은 건물이 늘어서며, 고도성장기에 지어진 신흥 주택 단지 주위로 소규모 공장이 흩어져 자리한다. 거기에는 영화 속 시타마치 정서가 거의 존재하지 않는다.

주상공혼재지구住商工混在地区, 즉 주거와 상업, 공업이 뒤섞인 동네는 예전부터 고토구江東区, 스미다구墨田区 등지에 존재했다. 그러다가 고도성장기를 거치면서 에도가와江戸川 근처까지 점점 동쪽으로 퍼져 나갔다. 시바타는 그 끝자락에 해당하며, 실제로

---

2 야마다 요지山田洋次 감독, 각본의 코미디 영화이다. 처음에는 TV 드라마로 제작되었지만, 1969년에 영화로 제작된 이후 1997년까지 총 48편의 시리즈 영화가 만들어졌다. 시타마치로 대변되는 서민문화의 정서와 떠돌이 장사꾼 주인공의 해학이 어우러져 커다란 인기를 끌었다.
3 도라상은《남자는 괴로워》에 나오는 주인공으로 본명은 구루마 도라지로車寅次郎이다.

도쿄 23구의 가장 동쪽에 위치하고 지바현千葉県과 맞붙어 있다. 시바타를 시타마치라고 할 수 있다면, 그것은 시타마치의 오래된 정서 탓이 아니라 협소한 목조 건축과 소규모 공장이 밀집하기 때문이다.

그러나 1990년 전후로 도심에 가까운 지역을 중심으로 시타마치의 풍경이 변하기 시작한다. 하루 종일 끝없이 돌아가는 기계 소리가 잦아들고 공장에 출입하는 사람도, 자동차도 줄어든다. 공장이 하나둘 조업을 멈추다가 결국에는 건물이 철거되고 순식간에 공터만 남겨진다. 그 자리에 건설 예정이라는 입간판이 세워지고, 공사가 시작되는가 싶더니 맨션[4]을 분양한다는 커다란 간판이 내걸린다. 저층 건물이 밀집한 거리에 높다란 철골이 올라가고 중고층 맨션이 들어선다. 새로운 입주자는 주로 전철을 타고 도심으로 통근하는 회사원 가족이다. 이런 변화가 곳곳에서 일어나자 마을의 외관도 큰 폭으로 변해간다.

이런 과정을 거쳐 시타마치는 예전보다 복잡한 계급 구성으로 바뀌게 되었다. 원래 시타마치에 살던 사람들은 영세 기업의 경영자, 그곳에 종사하는 블루칼라 노동자, 기타 자영업자로 이뤄져 있었다. 블루칼라 노동자는 훗날 자신의 공장이나 가게를 차려 독립하는 경우가 많았다. 이는 적어도 고도성장기까지 사회이동의 주요한 경로였다. 게다가 시타마치에서는 직장과 사는 곳이 인접해 있었고 생활 범위가 지역사회를 벗어나지 않았다. 그

---

4 일본에서 아파트는 보통 2-3층 정도의 집합 건물을 말하고, 맨션은 3층 이상의 고층 건물을 지칭하는 경우가 많다. 아파트는 맨션에 비해 소규모이고 애초에 엘리베이터가 없는 경우가 많다. 고급 고층 아파트를 일본에서는 맨션이라고 부르기도 한다.

래서 주민들은 사용자와 노동자라는 차이에도 생활 세계상의 공통점이 많았다.

바로 이곳에 화이트칼라 신중간 계급이 들어왔다. 그들은 도심의 대기업에 다니며 시타마치의 맨션에 주로 거주했다. 여태까지 도쿄의 신중간계급은 통근 거리가 1시간 이상 걸리는 교외의 단독주택에 자리 잡았다. 그러나 격차가 커지면서 신중간계급 가운데 일부가 – 장시간 노동의 대가로 – 높은 소득을 올리게 되었고, 이런 여력을 바탕으로 도심 지향성을 강하게 갖게 되었다. 그들이 볼 때는 도심이나 그 주변의 맨션 생활이 매력적인 선택지로 다가왔다.

이런 사람들은 기존의 시타마치 주민과 생활방식이 완전히 달랐다. 매일 아침 도심의 직장으로 출근해 밤이 되면 돌아왔다. 그들에게 지역 사회가 갖는 의미는 생활 비중이나 시간 면에서 크지 않았다. 게다가 폐쇄성이 강한 중고층 맨션에 살기 때문에, 지역 사회 문제는 그들의 관심사에서 자연히 멀어졌다.

이렇게 시타마치에 사는 사람은 기존 주민과 이주민이라는 2개의 집단으로 나뉘었다. 전자는 경영자에서 노동자까지 다양한 계층을 포괄하지만, 경영자라고 해도 마치코바의 주인이나 상점주로, 직장과 주거가 일치하거나 인접한 곳에서 생활한다. 반면에 후자는 도심에 근무하는 신중간계급으로, 도심과 가깝다는 편리성과 쾌적한 주거지를 찾아 이주했을 뿐이다. 2개 집단의 관계성은 오래된 저층의 목조 주택과 하늘로 치솟은 철골조 맨션이라는 공간 구성의 차이로 명백히 드러난다. 즉 마을의 풍경 그 자체가 계급 구성의 차이를 표현한다.

롯본기六本木와 시오도메汐留의 목조 주택

도심과 가까운 곳으로 가면 더욱 극명한 사례를 찾아볼 수 있다. 예를 들어 롯본기힐즈六本木ヒルズ 주변을 걸어보자. 지명으로는 롯본기 6초메丁目에 해당하는 지역으로, 최근까지만 해도 TV아사히를 제외하고는 눈에 띄는 큰 건물이 없었다. 좁은 길 주변에는 작은 상점이나 음식점, 소규모 맨션, 목조 아파트, 목조 연립 등이 어지럽게 몰려 있었다. 재개발 당시에는 교섭에 들어간 지권자地權者만 500명이 넘었다고 한다.

예전 지명은 기타히카쿠보미초北日ヶ窪町이다. 원래는 조닌町人[5]들이 모여 세 들어 살던 지역으로, 메이지 시기에 사사지寺社地와 나가토후長門府 주번中藩[6]인 모리가毛利家의 저택 부지가 합쳐졌다.[7] 그중 고지대인 모리가의 저택 자리에 롯본기힐즈가 들어선 것이다. 지금도 주변에는 오래된 공영 주택이나 아파트, 좁은 땅에 세워진 연필 같은 빌딩, 또는 맨션이 많이 보인다. 언덕을 내려

---

5 에도 시대에 일본의 도시에 거주하던 상인과 수공업자들을 지칭한다. 17세기 일본의 경제 변동과 함께 급속히 성장했다.

6 각 번이 지급하는 봉록俸祿의 총량을 기준으로 번의 크기를 대·중·소로 구분했을 때 그 중간에 속하는 번을 주번中藩이라고 한다. 참고로 '번'이란 다이묘大名가 다스리는 영지를 말한다.

7 에도에는 에도성을 중심으로 무가지, 사사지, 조닌지가 따로 구획되었다. 무가지는 에도성 부근부터 성 외곽을 빙 둘러싼 형태로 존재했는데, 에도성과 가까운 조카마치城下町에는 하급무사들이 모여 있었고, 다이묘나 상급 무사들은 더 외곽의 고지대에 흩어져 살았다. 사사지는 사찰이나 신사에 할당된 토지로 조카마치 부근에 집중되어 있었다. 조닌지는 상공업에 종사하는 백성들이 모여 살던 곳으로 에도성 주변의 저지대에 하천을 중심으로 형성되었고 주로 협소한 목조 주택이 밀집되어 있었다.

가면 아자부주반麻布十番의 상점가가 나타난다. 지하철역이 생기면서 세련된 가게도 늘었지만, 뒷길로 들어가면 시대에 뒤떨어진 작은 상점이나 싸구려 아파트 따위가 곳곳에 남아 있다.

그 중간에 세워진 롯본기힐즈모리타워六本木ヒルズ森タワー는 정돈되지 않은 주변의 거리를 내려다보며 위압적으로 서 있다. 타워에는 골드만삭스Goldman Sachs, 구글Google처럼 세계 굴지의 기업이 들어가 있다. 타워와 그 주변 지역 사이에는 고도의 차이만이 아니라 상상을 초월하는 경제적 격차가 있으며, 그 대비는 말로 표현할 수 없을 정도로 강렬하다. 인접한 고급 임대주택 롯본기힐즈레지던스六本木ヒルズレジデンス는 월 임대료가 150만 엔 전후로, 가장 넓은 곳은 421평에 달하고 월 임대료가 500만 엔 이상이다. 여기에는 지구화된 자본주의의 중심에 자리한, 세계적인 특권 계급이 살고 있다. 이곳의 풍경은 극단적 격차를 전달하며, 오늘날 계급 구조가 공간적으로 어떻게 표현되는지 뚜렷이 보여준다.

최근 들어 급변하는 곳은 [도쿄의] 완간湾岸[8] 지역이다. 미나토구港区 신바시新橋에 있는 빌딩, 카렛타시오도메caretta 汐留의 최상층에서 동쪽을 바라보면 그 변화 양상이 한눈에 들어온다. 예전에는 공장이나 창고, 공영 주택, 작은 목조 주택만 있던 마을에 초고층 빌딩이 들어서자, 가치도키勝どき 지구는 10년 전과 완전히 다른 모습으로 바뀌었다. 고층 건물은 시야를 가리므로 멀리서 바라보면 조금의 빈틈도 없어 보인다. 그러나 빌딩과 빌딩 사이

---

[8] 사전적으로는 바다가 육지 방향으로 오목하게 들어와 있는 형태를 만湾이라고 하고, 그 움푹 들어온 육지가 바다와 맞닿는 부분을 연안沿岸이라고 부른다. 따라서 만의 연안을 완간湾岸이라고 부른다. 통칭 도쿄만東京湾에 접한 해안지역을 말하지만, 여기서는 가치도키의 매립지 일대를 특정하고 있다.

〈사진 1-1〉 카렛타시오도메에서 가치도키와 쓰키시마月島를 바라본 광경.
가운데는 쓰키지 시장築地市場[9]

에는 사실 커다란 거리가 존재한다. 실제로 가서 보면 빌딩 숲 사이로 목조 주택이 많이 남아 있다.

이 목조 주택을 넘어 초고층 빌딩을 올려다보면, 그 대비 또한 아찔하게 느껴진다. 좁은 골목에는 작은 집이 모여 있고 길가에는 화분들이 나란히 놓여 있다. 벽면에는 나무 격자와 함석판을 덧댄 가옥이 적지 않다. 2층에는 작은 빨래걸이가 걸려 있고, 색색의 세탁물이 길가로 쏟아질 듯 늘어져 있다. 주변에는 상점이 드문드문 있는데, 채소를 담아둔 상자나 청량음료를 보관하는 플라스틱 상자가 쌓여 있다.

9 2018년 10월 11일 도요스豊洲로 옮겨 갔다.

그리고 시선을 들어보면 베이지색이나 청록색의 초고층 빌딩이 가파르게 솟아 있다. 모서리가 잘리거나 둥글게 마감된 마천루가 눈에 들어온다. 주택지에는 공터가 점점 더 늘어나고 빌딩 건축을 알리는 간판이 곳곳에 보인다. 목조 주택 주변으로 빌딩 숲이 끝없이 이어진다.

아가씨가 발 들일 수 없는 곳

도쿄 동쪽, 쓰키시마月島에서 쓰쿠다佃에 이르는 지역은 가치도키와 마찬가지로 매립한 지역이지만, 전쟁 피해를 입지 않아 오래된 목조 건물이 많이 남아 있다. 헤이세이平成[10]에 들어서는 몬자야키[11]로 유명해진 곳으로, 최근까지는 이곳 역시 주상공이 혼재한 상점가, 주택가였다.

원래 이곳에는 쓰쿠다지마佃島[12]와 이시카와지마石川島라는 스미다가와 하구의 작은 섬이 있었다. 쓰쿠다지마 지역에는 도쿠가

---

10   서기 대신에 천황의 즉위년을 기준으로 일본에서 사용하는 연호이다. 메이지明治, 다이쇼大正, 쇼와昭和, 헤이세이平成, 레이와令和 순이다. 헤이세이 원년은 1989년이고 2018년은 헤이세이 30년이다.
11   채소와 해산물을 밀가루 반죽에 섞어서 익혀 먹는 요리이다. 오사카 지역의 오코노미야키お好み焼き와 비슷하다. 도쿄 쓰키시마 지역에는 유명한 몬자야키 전문점이 많다.
12   '시마/지마島'는 섬을 뜻하는 일본어이다.

와 이에야스德川家康¹³와 인연이 있는 어민들이 살았고 철이 되면 도쿄만東京灣에서 뱅어를 잡아 쇼군¹⁴에게 진상했다고 한다. 반면에 이시카와지마 지역에는 에도 시대의 갱생시설, 닌소쿠요세바人足寄場¹⁵가 자리했다. 집 없는 사람이나 범죄자를 이곳에 수용해 수공업 활동에 종사하게 했다.

이케나미 쇼타로池波正太郎¹⁶의 소설《오니헤이한카초鬼平犯科帳》의 주인공으로 알려진 하세가와 헤이조長谷川平蔵¹⁷가 이 시설을 만들었다. 닌소쿠요세바는 메이지유신 이후 폐지되었고 이름을 바꿔 징역장이 되었다. 이것이 스가모巢鴨 감옥으로 이어졌다. 그 후 건물터는 근처에 자리한 이시카와지마 조선소의 확장에 사용되었고, 이것이 나중에 이시카와지마 하리마播磨 중공업 쓰쿠다 공장이 되었다.

현재의 쓰키시마 일대는 메이지 시기 매립을 거쳐 만들어졌

---

13 도쿠가와 이에야스(1543-1616년)는 전국 시대의 다이묘이자 도쿠가와 막부의 초대 쇼군으로, 본명은 마츠다이라 모토야스松平元康였다. 오다 노부나가織田信長, 도요토미 히데요시豊臣秀吉와 더불어 전국 시대를 대표하는 인물이었다. 전국 시대 최후의 패자霸者가 되어 세이타이쇼군征西大將軍에 올랐고 에도성에 새로운 막부를 열었다.

14 세이타이쇼군의 약칭이다. 쇼군은 막부의 수장을 일컫는 말이다.

15 도쿠가와 막부 말기 간세이 개혁寬政改革(1787-1793년) 당시에 설치된 민중 통제 기구 중 하나이다. '부랑자'를 대상으로 직업 교육을 한다는 명목으로 사회로부터 격리해 중노동에 동원했다.

16 이케나미 쇼타로(1923-1990년)는 도쿄 아사쿠사에서 태어나 자랐다. 시대 소설로 유명한 작가이다. 에도의 시타마치를 무대로 한 《오니헤이한카초鬼平犯科帳》는 그의 대표 작품이다. 다이토구 중앙도서관 내에 이케나미 쇼타로 기념 문고가 있다.

17 하세가와 헤이조(1745-1975년)는 에도 시대 관리로 에도의 화재 예방, 도적 소탕, 노름꾼 체포 등 치안 활동을 담당했던 인물이다. 닌소쿠요세바 설치를 건의한 것으로 알려져 있다.

다. 몇 개의 큰 공장이 세워졌고 그 주변으로 중소 하청공장이 자리를 잡았다. 그 옆에는 노동자를 위한 주택, 상점 등이 차례로 몰려들었다.

다이쇼大正[18] 말에 쓰쿠다지마에서 한 소년이 태어났다. 이름은 요시모토 다카아키吉本隆明라고 불렸다. 아버지는 구마모토熊本의 아마쿠사天草[19]에서 조선소를 운영했으나 1차 세계대전 이후 불황이 덮치자 활로를 찾아 상경했다. 그때부터 요시모토 일가는 이곳에 살게 되었다.•

소학교 시절에는 동네 아이들과 씨름이나 술래잡기, 숨바꼭질, 게잡이, 메뚜기잡이를 하며 즐겁게 보냈다. 고학년이 될 무렵 부모님은 소년을 사숙私塾에 보내 입시를 준비하게 했다. 공장 노동자가 대부분인 지역에서 요시모토 일가는 나름대로 경제적 여유가 있었다. 소형 목선을 만들거나 대여하는 작은 조선소를 운영했기 때문이다. 그래서 다카아키는 동네 아이들과 헤어져 사숙에 다닐 수 있었다.

그 이후 소년의 인생은 마을의 다른 아이들과 교차하지 않는다. 얼마 뒤 다카아키는 도쿄부립화학공업학교에 들어가고 졸업 무렵에는 가족 전체가 동네를 떠났기 때문이다. 요시모토 일가는 주택영단住宅營團[20]이 건설한 근대식 주택을 사들여 교외로 옮겨

---

18 일본에서 1912년부터 1926년까지 사용했던 연호이다.
19 일본 규슈 구마모토현 서쪽에 있는 시모시마下島 섬에 속한 항구도시이다.
• 요시모토 다카아키吉本隆明, 《소년少年》
20 1941년 공영 주택을 보급하기 위해 일본 정부가 조직한 단체이다. 이때 식민지 조선에서도 특수법인 형태로 조선주택영단이 만들어졌다. 일본의 주택영단은 1946년 연합군 최고사령부에 의해 해산되었다.

갔다. 쓰쿠다지마의 나가야長屋[21]는 경제적으로 조금만 성공해도 미련 없이 떠나는 주택이었다.[**]

1945년 이전의 쓰키시마를 묘사한 영화 중에는 《지금 다시 한번今ひとたびの》이 눈에 띈다. 이 영화는 1947년에 제작되었고 소설가 다카미 준高見順[22]의 원작으로 고쇼 헤이노스케五所平之助[23] 감독이 연출했다. 여기에는 그 당시 가치도키 일대의 모습이 잘 표현되어 있다.

주인공인 노가미 데쓰야野上哲也는 도쿄제국대학 의학부 출신의 의사이다. 그는 사회주의 운동에 공감하면서 조교助手 자리를 박차고 빈민 복지시설에 들어간다. 가치도키바시勝どき橋[24]의 바로 옆, 스미다가와 주변에서 데쓰야는 가난한 사람을 치료한다. 한날은 친구의 권유로 극장에 가게 되는데, 연극에 출연한 쓰즈

---

21   나가야는 하나의 건물에 여러 가구가 살 수 있도록 좁고 긴 형태로 만든 집이다. 형태상 일종의 단층 연립주택이라고 할 수 있으며 저소득층이 주로 사는 주거 형태이다. 한국의 쪽방, 판잣집, 벌집 등과 비교할 수 있다.

**   요시모토 다카아키,《배경의 기억背景の記憶》; 이시자키 젠지로石関善治郎,《요시모토 다카아키의 도쿄吉本隆明の東京》

22   다카미 준(1907-1965년)은 소설가이자 시인이다. 도쿄제국대학 영문학과를 졸업한 뒤 콜롬비아 레코드사에 취직했다. 일본프롤레타리아작가동맹에서 활동하다 체포되지만, 전향 선언을 하고 석방되었다. 소설로는《어떤 별 아래서如何なる星の下に》, 시집으로는《죽음의 심연에서死の淵から》 등이 있다.

23   고쇼 헤이노스케(1902-1981년)는 서민의 삶을 잘 표현하는 영화감독으로 알려져 있다. 1931년 일본 최초의 발성 영화로 알려진《마담과 아내マダムと女房》를 연출했다. 1953년《굴뚝이 보이는 곳煙突の見える場所》이란 작품으로 베를린영화제 국제평화상을 받았다.

24   '하시/바시橋'는 일본어로 다리를 뜻한다.

키 아키코都築曉子와 사랑에 빠진다. 이미 화족華族[25]의 아들과 약혼한 아키코는 마음을 굳게 먹고 데쓰야를 찾아간다. 아키코는 야마노테의 저택에 거주하며, 아버지는 노동쟁의가 한창인 회사의 사장이다. 반면에 데쓰야는 쓰키시마에서 가난한 민초를 상대로 쟁의단을 지원한다. 두 사람은 서로의 격차에 비통해하지만 다시 만날 날을 기약한다. 그러던 중 아키코는 쟁의단과의 관계를 의심받아 경찰에 체포된다. 언론은 '빨갱이 아가씨'라는 제목으로 요란을 떨었고 아키코의 올케는 이렇게 탄식한다. "아가씨는 왜 쓰키시마 같은 이상한 곳에 간단 말인가요." 요컨대 쓰키시마는 부잣집 아가씨가 왕래할 지역이 아니었다.

공장 터에 들어선 초고층 맨션

쓰키시마 주변은 전쟁 전에는 군수산업의 거점으로 대규모 공장이 많았다. 1945년 이후에도 한동안은 도쿄 제조업의 중심지로 활약했다. 그러나 도심과 멀지 않아서 점차 공장은 교외로 옮겨가고, 주택지의 성격이 조금씩 강해졌다. 그러다가 1979년에는 이시카와지마 하리마중공업 쓰쿠다 공장이 문을 닫았고, 이를 계기로 주변 일대가 본격적인 주택지로 변모하기 시작했다. 공장 터에는 오카와바타리버시티21大川端リバーシティ21이 건설되었다. 이 건물은 완간 지역 초고층 맨션의 시초가 되었다. 1980년대 말

---

[25] 일본에서는 1869년 공경公卿과 제후諸侯라는 칭호를 폐지하고 기존의 상층 귀족과 다이묘를 화족華族이라고 불렀다.

부터 1990년대 사이에는 포스트모던 양식의 고층 건물이 차례로 들어섰다. 새로운 빌딩과 오래된 거리가 선명한 대비를 이루면서, 이 지역은 프리모던premodern과 포스트모던이 공존하는 [대표적] 경관으로 알려졌다.

〈사진 1-2〉 건설 중인 오카와바타리버티21과 쓰쿠다佃의 거리(1990년 경)

이런 맨션에는 도심에 근무하는 신중간계급의 상층부나 자본가계급이 이주했다. 이들과 기존의 주민 사이에는 상당한 격차가 있었다. 따라서 초고층 맨션이 들어서자 지역 주민의 사회적 구성이 급격히 변해갔다. 처음으로 완공된 건물은 쓰쿠다 1초메의 파크사이드윙스パークサイドウイングス와 리버포인트타워リバーポイントタワー였다. 이들 건물이 완공되면서 쓰쿠다 1초메는 남쪽과 북

1장 격차사회의 풍경 31

쪽이 뚜렷한 대비를 이루게 되었다. 북쪽에는 고층 맨션이 버티고 남쪽에는 1945년 이전에 지어진 목조 주택이 밀집했다. 1985년과 1990년의〈국세조사〉를 비교하면, 전체 취업자는 479명에서 844명으로 1.76배가 늘었지만, 그중 회사 임원의 숫자는 45명에서 218명으로 5배 가까이 늘어났고 취업자 총수에서 임원이 차지하는 비율도 25.8%에 이르렀다.

1990년 이후 고층 맨션이 점차 늘어나자 쓰키시마, 쓰쿠다 지역만이 아니라 그 주변의 주민 구성도 크게 바뀌었다. 이런 변화를 살펴보고 싶었지만, 1995년부터〈국세조사〉의 집계방식이 간소하게 변해서 동일한 비교를 할 수 없었다. 그래서〈국세조사〉를 활용해 500제곱미터 단위로 지구를 나누고, 지구별로 전문직과 관리직의 숫자를 5년마다 계산했다. 그 결과〈도표 1-1〉의 집계가 나왔다.

먼저 1991년 이스트타워즈가 완성되자 쓰쿠다 2초메 주변의 전문직과 관리직 숫자가 한꺼번에 2.6배로 증가했다. 이어서 1999년 센추리파크타워センチュリーパークタワー와 시티프론트타워シティフロントタワー가 건설되자 쓰쿠다 1초메의 전문직과 관리직의 숫자가 2배로 늘어났다. 2000년대에 접어들어 인접한 쓰쿠다 3초메, 쓰키시마 1초메, 2초메 지역에서도 고층 맨션이 차례로 들어섰고 전문직과 관리직의 숫자가 큰 폭으로 올라갔다.

지금은 이런 변화가 도심에 가까운 시타마치 전역에서 일어나고 있다. 한쪽에는 저층의 목조 주택 거리가 이어지고 다른 쪽에는 고층 맨션이 차례로 늘어선다. 이는 오늘날 시타마치를 대표하는 도시 경관이 되었다.

〈도표 1-1〉 쓰키시마와 쓰쿠다 주변의 전문직과 관리직 수의 추이(지역단위별)

지역단위번호	해당 지역	1990년	1995년	2000년	2005년	주요 고층맨션 (완공년)
4603-1	쓰쿠다1 (리버티 북부)	297	255	657	616	센추리파크 타워 (1999년)
3692-4	쓰쿠다1 (리버티 서부·아카시초 明石町 일부를 포함)	394	375	645	686	시티프런트 타워 (1999년)
3692-2	쓰키시마 1·2	542	584	486	739	아이마크 타워 (2003년)
3692-3	쓰쿠다2 (리버티 동부)	376	969	858	922	이스트타워즈 (1991년)
3693-1	쓰쿠다3, 쓰키시마2	175	151	159	405	파미르 쓰키시마 그랜드스위트 타워(2002년), 쓰키시마문아 일랜드타워 (2002년)

출처) 지역단위통계(일본측지계·1/2단위) 단위는 인수(명)

2. '격차사회'의 궤적

'중류사회'라는 환상

격차 확대는 도시 경관도 급격히 바꾸었다. 그렇다면 격차는 어떻게 커져 왔을까? 여기서는 그 과정을 간략히 살펴보자. 고도성장이 끝날 무렵에는 경제 성장의 열매가 사회의 거의 모든 곳으로 퍼져 나갔다. 성장은 중화학 공업 위주의 대기업에서 시작되었지만, 그 무렵에는 중소기업까지 성장이 파급되어 기업 규모에 따른 임금 격차가 줄어들었다. 일손 부족이 심각해서 회사는 인재 확보에 적극적으로 나섰다. 특히 현장에 종사하는 중·고졸의 수요가 늘어나면서, 임금은 급격히 올라갔고 학력 간 격차도 줄어들었다. 이로 인해 화이트칼라와 블루칼라 사이에도 격차가 감소했다. 경제 성장의 과실이 전국을 휩쓸며 도시와 촌락 사이에도 격차가 줄어들었다. 이렇게 일본은 격차가 거의 없고, 누구라도 '중류' 생활이 가능한 '중류사회'로 여겨지게 되었다.

〈도표 1-2〉는 고도성장이 출발한 시기부터 최근까지 경제 격차의 변화를 살펴본 그림이다. 그래프는 지니계수를 기초로 작성되었다. 한 사회의 모든 가구가 연간 똑같은 소득(예컨대 500만 엔)을 올린다면, 이는 격차가 전혀 없다는 뜻이고 지니계수는 0을 가리킨다. 반면에 한 사람의 독재자가 모든 소득을 가진다면, 격차가

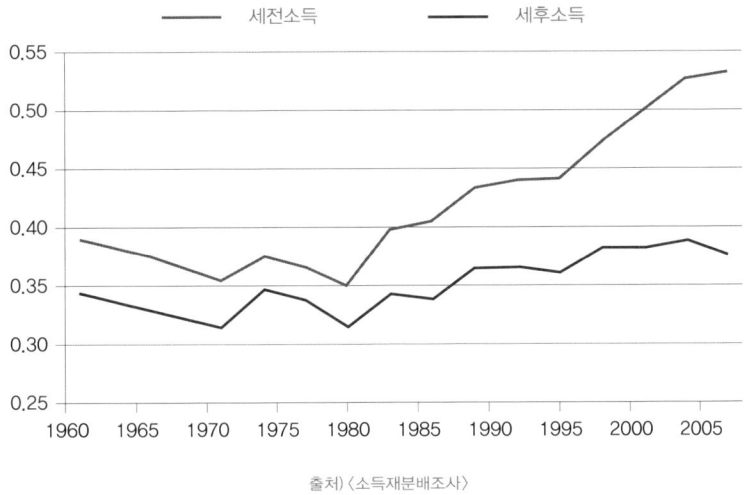

〈도표 1-2〉 지니계수로 본 1945년 이후 일본의 경제 격차

출처) 〈소득재분배조사〉

최대로 벌어지고 지니계수[26]는 1로 매겨진다

두 줄의 그래프는 각각 세전소득과 세후소득의 격차를 나타낸다. 세전소득이란 세금이 포함된 소득총액을 의미하고, 세후소득이란 재분배 소득으로 세금과 사회 보험료를 납부하고 연금 등의 공적 이전을 받은 다음 계산한다. 세전소득은 앞으로 지불할 세금이 들어 있지만, 실업자나 퇴직자의 경우처럼 소득이 없다면 거의 0에 가깝다.

반면에 세후소득은 세전소득보다 소득 격차가 상당히 줄어든다. 소득이 있는 경우에는 세금과 사회 보험료를 지불하고 소득이

26 지니계수Gini coefficient는 경제적 불평등(소득 분배)을 나타내는 대표적인 지표이다. 한 사회의 소득이 완전히 평등하다면 0을 가리키고 완전히 불평등하면 1을 가리킨다. 예컨대 0.2에 비해 0.5가 더 불평등하다. 다만 0.2, 0.5에 대한 절대적 해석보다 상대적 비교 및 해석을 원칙으로 한다.

1장 격차사회의 풍경 35

없는 경우에는 실업급여, 연금 등의 공적 보조를 받기 때문이다. 특히 최근에는 고령화가 진행되면서 연금 수령자의 숫자가 늘어나고, 이로 인해 세전소득과 세후소득의 격차가 커지는 추세이다. 그러나 당연하게도 양자의 변화는 기본적으로 서로 비슷하다.

세전소득의 지니계수는 고도성장이 시작될 무렵 0.390이었지만, 고도성장이 끝나는 시점까지 계속 낮아져 1971년에는 0.354가 되었다. 오일쇼크 전후에는 약간 불규칙한 변화가 있었지만, 대략적인 추세만 살펴보면 지니계수는 1980년까지 낮은 수준에 계속 머물렀다. 이 시기에는 격차가 줄어들고 많은 사람이 이전보다 풍족한 생활을 누릴 수 있었다.

그런데 1980년대 들어서면서 격차는 확장세로 돌아섰다. 중소기업의 임금이 답보하면서 대기업 종사자와 격차가 벌어지기 시작했다. 블루칼라 노동자의 임금이 오르지 않으면서, 화이트칼라와의 소득 격차가 두드러지기 시작했다. 더욱이 인건비를 줄이려고 많은 회사가 파트타임 노동자로 가정주부를 고용했다. 이로 인해 저임금의 비정규 노동자 계층이 생겨났다. 그런데도 격차 확대라는 현실이 완전히 무시되었다. "일본은 중류사회다"라는 신념이 워낙 강했고 극단적인 저임금 노동자가 기혼 여성으로 거의 국한되었기 때문이다.

격차가 자명한 사회로

버블기[27]에 접어들자 토지와 주식 거래로 벼락부자가 생겨나고 경제 격차가 눈에 띄게 벌어졌다. 그러나 이 시기의 격차 확대는 그다지 심각한 문제로 여겨지지 않았다. 왜냐하면 부유층이 늘기는 했지만, 이와는 별개로 여전히 많은 사람이 '중류'의 생활을 누렸기 때문이다.

그러나 실상은 조금 달랐다. 엔고 탓에 중소기업의 경영이 나빠지고 고용이 줄었으며, 이로 인해 블루칼라 노동자의 임금이 낮은 상태에 머물렀다. 그러나 버블경제의 화려함은 이런 현실을 덮어버렸다. 또한 비정규 고용이 주부만이 아니라 청년층으로 침투하면서 '프리터'[28]라는 단어가 생겨났지만, 이 역시 심각하게 여겨지지 않았다. 자유롭게 살아가는 젊은이라는 밝은 모습만 주목받았기 때문이다.

버블이 붕괴한 뒤에도 이런 현실은 급격히 바뀌지 않았다. 주식과 토지의 가치가 떨어져 많은 사람이 손해를 봤지만, 이는 일부 부유층의 문제로 여겨졌고 제 분수도 모르고 한탕을 노렸거나 잘못된 시기에 집을 마련한 불운한 사람의 문제로 여겨졌다. 그렇지만 부유층의 수입이 정체하면서, 격차 확대는 소강상태로 접어들었고 지니계수도 가파른 상승세를 멈추고 일시적으로 안정화되었다. 그러나 격차는 감소한 것이 아니라 커진 상태로 유지되고 있었다. 그 무렵부터 몇몇 연구자가 격차 확대를 지적하기

---

27 일본의 버블경제, 혹은 버블시대는 1980년대 주식 및 부동산의 과도한 거품 경제를 가리킨다. 넓게는 1980년부터 1992년까지, 좁게는 1985년부터 1990년까지를 가리킨다. 이 책에서는 지니계수가 가파르게 올라간 1985년 이후를 말한다. 1992년 금융 부문의 부실화 등으로 거품이 붕괴하자 1,500조 엔 이상의 자산가치가 사라지고, 일본 경제의 장기불황(이른바 '잃어버린 10년')이 시작되었다.

28 프리터란 자유노동자를 의미하는 신조어로 비정규 시간제 노동으로 생계를 유지하는 사람을 말한다.

시작했지만, 경제 성장이 이어지는 추세였고 평균임금도 여전히 상승했기 때문에 격차 확대는 거의 관심을 끌지 못했다.

사태가 급변한 것은 1997년의 일이었다. 이제까지 은폐되었던 불량채권 문제가 한꺼번에 터져 나왔다. 야마이치증권山一證券, 홋카이도타쿠쇼쿠은행北海道拓植銀行 등이 부실로 드러나고 초대형 기업이 잇따라 파산하자 고용이 급속히 축소되었다. 직장을 잃은 중장년 남성이 증가하고 자살자도 동시에 늘어났다. 일본 정부는 위기를 탈출한다는 명목으로 노동 분야에 규제 완화를 도입하고 부유층 우대책을 재빨리 실시했다. 이것은 이전부터 미국과 재계가 꾸준히 요구한 조치였다. 이에 편승해 큰 수익을 올린 기업도 생겼지만, 대부분의 영세기업과 자영업에서는 경영 사정이 더욱 나빠졌고 비정규 노동자도 가파르게 늘어났다. 정부의 시책과 별개로 기업에서도 경쟁력을 강화한다는 명분으로 성과주의 임금을 도입하고 [스톡옵션 등으로] 임원진의 보수를 크게 올렸다.

그 결과 격차는 점점 더 벌어졌다. 격차의 정점에는 소수의 부유층만 남겨졌고, 격차의 저층에는 엄청난 규모의 빈곤층이 쌓여 갔다. 이런 변화는 1998년 이후 지니계수의 급격한 증가로 분명히 드러난다. 마지막으로 2007년에는 지니계수의 증가가 둔화하고 세후소득에서는 그래프가 약간 떨어진다. 그러나 확실히 지니계수는 그 전에 비해 매우 높은 수준을 보인다.

이제 사람들은 '중류사회'라는 꿈에서 깨어나 경제 격차의 확대라는 현실에 눈을 돌리기 시작했다. 2000년대 중반 무렵에는 '격차사회'가 유행어로 등장하고 격차와 빈곤 문제를 다루는 책이 차례로 출판되었다. 그 이후 일련의 연구와 취재가 이어졌고 격차 확대의 구조(어떤 사람이 어떤 경로로 부유해지고 빈곤해지는지),

격차 확대가 가져온 폐해, 빈곤층의 급증과 그 실태 등이 비교적 자세히 밝혀졌다.

민주당이 집권한 뒤에는 빈곤에 관한 통계도 공표되었다.[29] 단적으로 2009년 빈곤율은 16.0%에 달했다. 이제는 모든 사람이 격차가 계속 벌어지고 빈곤이 쌓여가고 있다는 사실을 부정하지 않는다.

---

29 일본 민주당은 2009년 8월 중의원 선거를 통해 정권 교체에 성공하지만, 2012년 12월 아베 신조安部晉三가 이끄는 자민당에 패하며 다시 야당이 되었다.

3. 글로벌 시티와 젠트리피케이션

대도시의 양극화

경제 격차의 확대는 일본만의 현상이 아니다.《격차는 확대되는가? OECD 국가의 소득분배와 빈곤》(2008년)을 살펴보면, OECD(경제협력개발기구) 국가 가운데 3분의 2에서 경제 격차가 커졌다. 반대로 격차가 줄어든 나라는 프랑스, 그리스, 아일랜드, 스페인에 불과했다. 빈곤율도 3분의 2에 달하는 국가에서 올라갔고 수치는 OECD 평균과 비교하면 10% 이상 높게 나타났다. 이처럼 격차 확대와 빈곤의 증가는 전 세계 많은 나라에서 똑같이 일어나고 있다.

이런 흐름에 주목한 것은 다른 나라에서도 비교적 최근의 일이다. 그러나 꽤 오래전부터 격차 확대에 주목한 사람들이 있었다. 경제학, 지리학, 사회학 분야에서 도시 문제를 다루는 연구자 집단이 대표적이다. 1990년대 무렵부터 이들은 선진국 대도시에서 경제 격차가 커지고 있으며 사회적 양극화가 진행된다고 지적했다. 그 선두에 있는 논자가 바로 사스키아 사센Saskia Sassen과 마누엘 카스텔Manuel Castelles이다. 두 사람은 격차 확대에 관해 공통적으로 이렇게 언급했다.* 2차 세계대전 이후 한동안 세계 경제는 제조업 중심으로 돌아갔다. 제조업 중심의 성장이 이어지면서, 반숙련 노동자의 수요가 높아지고 고용도 안정 국면에 들어섰다.

그 결과 중간계급이 확대되고 격차는 축소되는 경향이 나타났다. 그러나 최근에는 경제 성장의 엔진이 금융업이나 정보서비스 쪽으로 이동했다. 게다가 경제의 전 지구화가 진행되고 글로벌 시티global city가 출현하면서, 이제는 거대 도시를 중심으로 세계 경제가 돌아가기 시작했다.

이런 거대 도시에서 직업 구조는 고도의 기술이나 판단력을 요구하는 일자리와 단순한 일자리로 양극화가 일어나고, 이로 인해 소득 격차가 벌어지는 경향이 나타난다. 한편에서는 관리직, 전문직이 늘어나고, 이들은 고도의 과학기술 산업에 종사하거나 전문직 서비스를 제공한다. 다른 한편에서는 이런 자들의 업무와 생활을 지원하는 청소부, 점원, 계산원, 웨이터, 건설 인력 따위가 늘어난다. 이들은 노동집약적 산업에 종사하는 저숙련 노동자 집단을 이룬다. 마지막으로 중간계급의 기반인 제조업이 주변 지역이나 개발도상국으로 빠져 나간다. 이렇게 대도시에서는 고소득층과 저소득층이 동시에 늘어나고, 중간소득층이 줄어든다.

사센은 가장 핵심적인 글로벌 시티로 뉴욕, 런던, 도쿄를 선정하고 실증 자료에 기초해 분석을 시도했다. 그 결과, 사센에 따르면 세 도시 모두 제조업 고용이 줄어들고 서비스업 고용이 늘었으며, 전체적으로 임금 격차가 벌어졌다. 또한 서비스업 내부에서 양극화가 뚜렷이 나타났다. 서비스 일자리는 고소득 집단과 저소득 집단에 집중되었다.

- 사스키아 사센Sassen, Saskia, 《글로벌 시티グローバル・シティ》; Sassen, Saskia, *The Global City: New York, London,* Tokyo, Princeton University Press, 1991; 마누엘 카스텔Manuel, Castells, 《도시·정보·글로벌 경제 都市·情報·グロバル經濟》

도시에 한정하지 않고 격차 전반을 다룬 연구에서는 주로 네 가지 원인 때문에 격차 확대가 일어난다. ①전 지구화, ②기술혁신의 진전, ③노동 및 산업의 규제 완화, ④비정규 노동자의 증가가 그것이다. 여기서 ①과 ②는 사센과 카스텔의 도시 양극화 설명에서 핵심적인 요소이다. 게다가 규제 완화는 첨단 산업의 도시 집중에 크게 기여하고, 도시에 서비스를 제공하는 저임금 노동자는 대부분 비정규 형태로 고용된다.

따라서 이상의 네 가지 요인은 사센과 카스텔이 지적한 사실과 모두 중복된다. 왜 그럴까? 선진국 사회라면 어느 곳이나 도시 인구가 차지하는 비율이 높아서, 대도시 지역에서 격차가 커진다면 사회 전체 차원에서도 필연적으로 격차가 커진다.

간단히 말해 격차 확대는 대도시의 격차 확대에서 많은 부분이 기인한다. 격차사회를 둘러싼 논의에서 사센과 카스텔은 아직까지 자주 거론되지 않지만, 이런 점에서 격차 연구의 선구자로 기억되어야 한다. 마찬가지로 격차 확대를 연구할 때에는 사회 전체의 일반적 경향만이 아니라, 도시 구조나 도시 문제의 관점에서 격차가 포착되어야 한다. 예컨대 격차 확대가 어떻게 도시를 바꾸는지, 격차 확대가 일으키는 이런저런 문제가 도시에서는 어떻게 표출되는지 따위가 고려되어야 한다.

그러나 사센은 뉴욕과 런던에 관해서는 의문의 여지가 없는 근거를 다수 들고 있지만, 도쿄에 관해서는 데이터의 제약 탓인지 명확한 근거를 내놓지 못한다. 사센은 도쿄와 지방의 경제적 격차가 커진다는 일반적 사실만 지적하고, 일본의 몇몇 연구를 인용하는 선에서 그친다. 과연 도쿄에서도 양극화 현상이 일어났을까? 이에 관해서는 4장에서 자세히 검토할 생각이다.

재개발과 도시재편

사센과 카스텔의 주장에는 주목할 부분이 또 있다. 그것은 양극화가 도시의 공간 구조를 변화시킨다는 주장이다. 그 핵심에는 '젠트리피케이션gentrification' 과정이 존재한다. 굳이 직역하자면 '지역 부유화' 정도가 적당할 것이다.[30]

일반적으로 대도시 중심부에서 약간 벗어난 지역에는 예전부터 자영업자, 빈곤층, 노동자 등이 거주하며, 협소하고 낡아빠진 주택이 많은 지역이 존재한다. 도시가 현재 수준으로 커지기 전에는 도시의 경계를 이루며 바깥쪽과 맞닿아 있었다.

그러나 글로벌 시티가 형성되는 과정에서 이 지역은 변화에 직면한다. 제조업이 쇠퇴하면서 도심 근교의 공장은 폐업하거나 다른 곳으로 이전한다. 직장을 잃거나 집세가 급등하면서 주민들은 하나둘씩 동네를 떠난다. 이주를 원하지 않아도 이런저런 재개발 압력이 가해지면서, 그들은 다른 곳으로 옮겨가야 한다. 그들이 밀려난 땅에는 고소득층을 위한 주택과 상업 시설이 건설되고 글로벌 시티의 엘리트층이 이주한다. 이렇게 주민의 계급 구성이 크게 변하지만, 일부 지역에는 원래의 주민이 남아 있어서 지역 내 격차가 동시에 확대된다. 이것이 간략한 젠트리피케이션 과정이다.

현재 도쿄의 시타마치에서 똑같은 일이 일어난다. 그러나 이

---

30 젠트리피케이션은 낙후된 지역이 재개발되면서 부동산 가치가 높아지고 그로 인해 기존의 거주민이 상승한 지가를 감당하지 못하고 다른 곳으로 밀려나는 현상을 말한다. 상가 지역, 주거 지역 모두에서 발생할 수 있다.

는 새로운 현상이 아니다. 도심에 가까운 서민 주택지는 오래전부터 재개발로 파괴되어 왔다. 1872년 《주택문제》에서 프리드리히 엥겔스Friedrich Engels는 이렇게 말하고 있다.

> 오늘날 대도시의 팽창은 그 도시의 특정 지역, 특히 중심에 위치한 지역에 토지의 인위적 가치, 종종 엄청나게 상승한 가치를 가져온다. 그러나 그 위에 지어진 [현재의 낡은] 건물은 토지의 가치를 올리는 대신 오히려 떨어뜨린다. 이 건물이 변화된 조건에 더는 어울리지 않기 때문이다. 그래서 사람들은 이 건물을 허물고 다른 건물을 지으려고 한다. 이런 일은 무엇보다도 도심 [근처]에 위치한 노동자 주택에서 일어난다. 이런 주택이 최대한도로 늘어도 그 임대료는 일정한 최대치를 넘을 수 없거나, 아주 느리게 넘어설 수 있을 뿐이다. 따라서 사람들은 노동자 주택을 허물고 그 자리에 가게, 상품창고, 공공건물을 짓는다. (중략) 그 결과 노동자는 도시의 중앙에서 주변으로 밀려나고, 노동자 주택과 대체로 작은 집들이 점점 더 줄어들어 가격이 올라가며 그마저도 전혀 구할 수 없게 된다. 이런 상태에서는 [저렴한 주택보다는] 비싼 주택이 더 좋은 투기의 장을 제공하기 때문이다. 또한 건축업자는 언제나 예외적인 경우에만 노동자 주택을 짓기 때문이다.[31]

이 글에서는 노동자계급이 강조되고 있지만, 엥겔스에 따르면 노동자만이 아니라 자영 상공업자 집단도 도심에서 쫓겨나 주택난에 직면하게 된다.

나아가 엥겔스는 이 책의 2판 서문(1887년)에서 새로운 산업은

---

31 칼 맑스, 프리드리히 엥겔스, 《칼 맑스 프리드리히 엥겔스 저작선집 4》, 최인호 옮김, 박종철출판사, 1991, 181쪽. 용어와 문장을 부분적으로 다듬었다.

오래된 도시 구조와 모순된다는 중요한 논점을 제시한다. 대도시가 공업 중심지로 발전하기 시작하면, "옛 도시의 건조 시설은 대공업이라는 새로운 조건과 그에 조응하는 교통 조건에 더 이상 어울리지 않는다. [옛 도심에는] 도로가 확장되어 큰 길이 생겨나고, 철도가 가로질러 통과한다."[32] 그 결과 노동자의 주택난이 일어나고 그들을 상대하는 상공업자 역시 주택난에 직면하게 된다.

간단히 말해 새로운 산업이 발전하면 오래된 도시 구조와 충돌한다. 기존의 도시 구조는 새로운 산업에 질곡으로 작용한다. 이에 따라 도시는 개조되고, 노동자나 자영업자가 살아가는 작고 저렴한 주택이 철거된다. 그뿐만 아니라 도시의 발전은 지가를 급격히 끌어올리고, 건물에 대한 새로운 수요를 창출한다. 이렇게 되면 노동자나 자영업자를 위한 주택은 더 이상 매력적인 투자처로 여겨지지 않는다. 이제는 도로나 철도 같은 하부구조의 건설과 상관없이, 기존의 주택이 철거되고 그 자리에 고가의 주택이나 상업 시설이 들어선다. 오늘날 일본에서도, 특히 대도시 지역에서 똑같은 현상이 나타난다.

엥겔스는 칼 마르크스와 더불어, 자본주의가 발전함에 따라 사람들은 자본가계급과 노동자계급으로 양극화되고 격차가 커지며 빈곤이 늘어난다고 주장했다. 그 과정에서 도시 구조도 변화에 직면한다. 양극화와 도시 공간의 변화가 동시에 진행되는 것이다.

사센과 카스텔은 20세기 말부터 현재까지 제조업을 대신해

---

32 칼 맑스, 프리드리히 엥겔스, 《칼 맑스 프리드리히 엥겔스 저작선집 4》, 최인호 옮김, 박종철출판사, 1991, 165쪽. 용어와 문장을 부분적으로 다듬었다.

새로운 산업이 출현하고, 그 결과 대도시 지역에서 공간의 변화가 일어난다고 지적했다. 두 사람은 엥겔스의 관점을 이으면서도 현대 도시와 자본주의의 관계를 다룬 것이다.

'계급도시'의 등장

자본주의 경제의 발전과 구조 변동은 도시의 변화를 일으킨다. 이는 단순히 [도시의] 경제 격차가 커진다거나, 직업 구조 또는 계급 간의 관계가 바뀐다는 말이 아니다. 그뿐만 아니라 도시의 공간 구조가 변한다는 말이다. 오래된 도로가 파괴되고 공장은 다른 곳으로 이전하며 교통기관이나 산업기반 등의 도시 장치가 건설된다. 그 결과 도시의 경관이 완전히 바뀐다. 마찬가지로 주민의 교체가 일어나고 지역의 계급 구성도 바뀐다. 주민의 생활양식도 바뀌고 의식도 변해간다. 고객의 변화에 발맞춰 상품의 공급도 바뀌고 서비스의 내용도 변해간다. 이런 과정을 거쳐 결국은 도시의 문화가 완전히 변화한다.

　격차사회에 관한 지금까지의 연구나 담론은 지니계수, 빈곤율, 실업률, 비정규직 비율 등 전국 단위의 자료를 집계한 추상적 지표에 근거한 경우가 많았다. 그러나 현실에서는 격차 확대를 비롯한 모든 사회 현상이 공간 속에서 일어나고 공간 속에서 표현된다. 지역 간 격차가 확대되고, 각 지역 내부에서 격차가 확대되며, 일부 지역에 빈곤이 집중된다. 이렇게 격차 확대가 공간적으로 표현된다는 점에서, 격차사회론과 도시론이 서로 연결된다. 그리고 이런 표현이 증명하듯이, 도시는 그 안에 계급 간 격차를 품고 있으며 나아가 계급 [간] 구조를 공간적으로 드러낸다. 이것이 바로 '계급도시'라는 도시의 모습이다.

따라서 격차 확대의 배경에는 자본주의의 구조 변동이 존재한다. 다만 오늘날 일본의 격차 확대는 마르크스나 엥겔스가 여겼듯이 자본가계급과 노동자계급의 양극화로 직결되지 않는다. 두 사람은 피고용자를 단일한 노동자계급으로 간주했지만, 사센이나 카스텔이 지적하듯이 피고용자 안에서 커다란 격차가 일어났다. 직업 구조가 분화하면서 한편에는 단순 노무직이 늘어나고, 다른 한편에는 고도의 기술이 필요한 전문·관리직이 생겨났다.

정리하자면 자본주의의 구조와 동학은 도시 공간으로 표현된다. 따라서 현대 도시를 이해하기 위해서는 그 배경에 존재하는 현대 자본주의의 구조와 동학을 고려해야 한다. 이 책에서는 격차 확대라는 현상을 접점으로 현대 자본주의론과 도시론을 연결하며, 이를 통해 오늘날 일본의 도시 현상을 살펴보려고 한다.

2장에서는 도시와 격차에 관한 이론적 기초를 검토하려고 한다. 특히 현대 사회에서 도시의 역할과 구조가 무엇인지 최근의 논쟁을 개괄하고 그 성과를 제시하려고 한다. 논의 수준이 때로는 학설사 문제로 파고들기도 하지만, 이는 어디까지나 현대 도시를 고민할 때 유효한 도구가 되는 부분만 다룰 생각이며 가능하면 쉽게 설명하려고 한다.

3장에서는 '시타마치'와 '야마노테'를 키워드로 도시 및 격차에 관한 지금까지의 여러 가지 담론을 고찰하려고 한다. 이는 오늘날 도시 문제에 접근하는 기초 작업으로, 전문적인 연구보다 대중매체나 저널리즘이 생산한 담론에 주목하며 그밖에도 문학, 영화 등에도 초점을 맞출 것이다.

4장에서는 도쿄를 예시로 데이터에 근거해 현실의 도시 격차를 살펴보려고 한다. 사용한 데이터의 양이 매우 많긴 하지만, 자료에서 얻은 정보를 단순한 지표로 요약해 도표로 만들거나 색깔로 구분한 지도로 제시할 생각이다. 따라서 통계분석에 관한 사전 지식이 없어도 읽고 이해하는 데는 큰 무리가 없을 것이다.

5장에서는 앞에서 논의한 내용을 전제로 현장 답사에 나선다. 도시 내부의 격차를 느낄 수 있도록 몇 개의 코스를 걸으면서, 격차 현상을 실제로 체험할 것이다. 코스의 마지막에는 이자카야에 들러 피로를 풀 예정인데, 실은 이것도 답사의 일부이다.

6장에서는 계급도시의 미래를 고민하려고 한다. 격차 확대는 앞으로도 계속될 가능성이 크다. 그 결과 계급 간 대립과 반목이 강해지고, 이는 결국 지역 간 대립으로 드러나 계급도시, 또는 투쟁 도시로 발전할 것이다. 이를 대체할 바람직한 도시는 어떤 모습일까? 여기서는 이런 과제를 다루고자 한다.

제 2 장

왜 계급도시인가?
도시 구조와 자본주의

1. '새로운 도시사회학'과 현대 자본주의

도시는 무엇인가?

1980년대 중반부터 '도시론', '도쿄론' 등으로 불리는 수필이나 평론이 주목받기 시작하고 많은 독자를 끌어모았다. 1986년에 잡지 《도쿄인東京人》이 창간되어 지금까지도 인기가 있으며, 이와 유사한 잡지가 잇따라 출간되었다.

비슷한 주제를 다루는 단행본도 늘어났다. 저자 중에는 평론가나 작가만이 아니라 문학, 역사, 지리, 건축 등의 연구자가 많았다. 사회학자도 이런 흐름에 일조했다. 실제로 기존의 학제 가운데 '도시론'이나 '도쿄론'과 가장 가까운 분야를 꼽자면, 도시사회학이 절대로 빠지지 않을 것이다. 그래서인지 도시사회학의 인기가 높아지기 시작했다.

그러나 대학 시절 도시사회학 수업을 들었거나 그저 흥미가 동해서 입문서를 읽은 적이 있다면, 적지 않은 사람이 다음과 같은 인상을 받았을 것이다. 도시사회학이라는 명칭에서 뭔가를 기대했는데, 실제로는 마을자치회 활동이나, 주민 간의 이웃 왕래, 지역에 대한 만족도나 정주의식 따위의 조사 결과만 잔뜩 봤다고 말이다. 혹은 도시라는 것의 전체 구조나 도시의 매력에 관해 알고 싶었지만, 그런 기대에 부응하지 못했다고 말이다.

물론 모든 수업이나 입문서가 그렇지는 않았다. 그러나 이런 인상은 도시사회학의 전형적인 이미지 가운데 하나였다. 많은 사람이 인정하듯이 도시사회학은 도시에서 일어나는 잡다한 사건만 다루었지, 도시의 전체상을 포착하는 연구가 거의 없었다. 이런 상황은 일본에만 국한된 현상이 아니었다. 예를 들어 영국의 도시사회학자 피터 손더스Peter Saunders는 도시사회학이 사례 수집에 치우친 나머지 무의미한 실증주의에 빠졌다고 비판한다.*

이런 비판과 논점을 같이하면서 더욱 예리한 비판을 전개한 연구자도 있었다. 그 대표적 인물이 앞 장에서 언급한 도시사회학자 카스텔이다. 그에 따르면 도시사회학은 명확한 연구 대상이 없었다. 설령 있다고 해도 '도시에서 일어나는 모든 일' 정도인데, 이는 사실 비전문적이고 불명확한 대상에 불과하다. 예컨대 도시 지역의 사회계급, 주택 공급률, 역사적 건축물의 매력, 운송 방법, 대기 오염, 지역[민]의 사회 참여, 지방선거와 투표, 주민의 이주, 도시 재개발 등 실제로 연구 주제가 너무 잡다해서, 그 사이에 이론적 공통점이 전혀 없었다. 게다가 사회생활의 모든 곳에 도시적 [생활] 양식이 침투하면서, 연구 대상은 오히려 끝없이 확장되었다. 따라서 주제만 놓고 보면 도시사회학은 사회학 그 자체와 거의 구별할 수 없게 되었다.

그렇다면 도시사회학은 어떤 모습을 가져야 하는가? 카스텔에 따르면 지금까지 도시사회학의 오류는 막연하게 '도시 생활', '도시 문화' 등으로 불리는 것들이 실제로는 자본주의 발전의 결

---

* 피터 손더스Peter Saunders, 《도시정치都市政治》; Saunders, Peter, *Urban Politics: A Sociological Interpretation, Harmonsworth*: Penguin, 1980

과라는 사실을 간과한 데에서 나온다. 잡다한 현상의 배후에는 자본주의 사회 구조라는 배경이 존재한다. 따라서 도시 현상을 연구하기 위해서는 그 현상이 사회 구조 속에 어떤 위치에 있는지 가장 먼저 밝혀내야 한다.

카스텔의 주장은 전 세계적으로 많은 공감을 불러왔다. 카스텔에 따르면 도시는 자본주의의 사회 구조를 반영하는데, 그의 발상은 그 이후 미국, 유럽, 일본 등에서 대거 수용되어 도시사회학자 사이에 새로운 연구를 촉발했다. 이런 접근은 '새로운 도시사회학'이라고 불리며 기존 연구의 흐름을 크게 바꾸었다. 대략 비슷한 시기에 지리학에서도 새로운 경향이 나타났다. 몇몇 지리학자는 도시를 자본주의 경제의 발전이나 변화와 연결했으며, 이런 식의 분석은 그 영향력을 점점 더 높여갔다. 그 덕분에 도시 연구는 현대 자본주의 이론과 밀접한 관계를 갖게 되었다.

그렇다면 이런 접근의 연구는 도시를 어떻게 파악하고 있을까? 크게 나누면 3개의 관점이 있다고 할 수 있다. 첫째, 도시는 소비의 장이다. 둘째, 도시는 생산의 장이다. 셋째, 도시는 사회 구조의 공간적 표현이다.

2. 도시는 소비의 장이다

노동력이 재생산되는 장

도시사회학의 연구 대상을 분명히 하는 과정에서 카스텔은 '노동력 재생산'에 주목한다. 노동력 재생산은 원래 마르크스의 용어로, 노동 활동에 들어간 노동력이 소비 활동을 거쳐 회복된다는 말이다.

간단히 말해 소비는 노동력 재생산과 같은 뜻이다. 노동력 재생산은 두 가지 차원을 갖는다. 우선 일상적 의미의 재생산이 존재한다. 이는 노동력을 몇 시간 동안 소모하고 식사, 수면 등의 활동으로 다음 날까지 회복한다는 말이다. 다른 한편에는 세대적 의미의 재생산이 일어난다. 노동자는 수십 년간 일한 끝에 나이가 들거나 노동력을 상실한다. 따라서 출산, 육아, 교육 등을 거쳐 새로운 노동자가 생산되어야 한다.

마르크스는 어느 정도 낙관적인 관점에서 노동력 재생산을 이해했다. 그에 따르면 노동력은 내버려 두어도 재생산이 일어난다. 이런 입장은 《자본론》 제1권, 제21장의 다음 구절에서 전형적으로 나타난다.

> 노동자계급의 끊임없는 유지와 재생산은 자본의 재생산을 위한 지

속적인 조건이다. 자본가는 이 조건의 충족을 노동자의 자기 유지 본능과 생식 본능에 안심하고 맡길 수 있다.[1]

사실 이 구절은 마르크스의 여성관이 드러난 부분으로, 이후에 페미니스트 진영에서 신랄한 비판을 받게 된다. 자기 유지 본능과 생식 본능이 노동자의 노동력을 수월하게 재생한다고 쓰고 있지만, 실제로 식사, 세탁, 청소, 육아 등 장기간의 가사노동이 없다면 노동력은 절대로 재생산되지 않는다. 게다가 가사노동의 많은 부분이 여성의 몫이며, 이런 공헌이 마르크스의 관점에서는 고려되지 않는다. 현실에서는 노동력 재생산이 그렇게 간단하지 않다.

마르크스가 보지 못한 점이 또 있다. 그것은 주택, 교통기관, 학교, 병원 등 이런저런 시설 및 제도가 노동력 재생산에서 담당하는 역할이다. 그러나 가사노동에서 여성의 공헌을 무시했듯이, 마르크스가 이 문제를 아예 경시한 것은 아니었다. 《자본론》이나 이와 관련된 몇몇 저작을 살펴보면, 교육이나 의료가 노동력 재생산에서 어떤 구실을 하는지 조금씩 언급된다. 이로 미루어 마르크스는 이 문제에 약간의 관심을 보였다고 할 수 있다. 그러나 앞에서 봤듯이 그의 동지인 엥겔스는 주택 문제에 상당한 노력을 기울였다. 이와 비교할 때 마르크의 설명이 '자기 유지 본능'과 '생식 본능'에 치우쳤고, 이런 사실은 대체로 부정할 수 없는 일이다.

카스텔은 노동력 재생산 문제에 초점을 맞춤으로써 도시를 자본주의 사회 구조 속에 명확히 위치 지을 수 있다고 생각했다.

---

[1] 카를 마르크스, 《자본 1-2》, 강신준 옮김, 도서출판 길, 2008, 785쪽. 번역은 한국어판에 따랐다.

노동력은 소비 활동으로 재생산되는데, 소비 활동에는 개인적 소비와 집합적 소비 두 가지 형태가 있다.

개인적 소비는 주로 가정에서 각자가 소유한 소비수단(소비재)을 소비하는 것이다. 이와 달리 집합적 소비는 대규모 주택지, 집합 주택, 도로, 철도, 학교, 병원, 문화시설 등과 같이 공적 성격을 가진 소비수단, 즉 집합적 소비수단을 소비하는 방식이다. 산업이 발전함에 따라 대규모 노동력이 점점 더 요구되고, 종국에는 개인적 소비만으로 노동력 재생산이 충당되지 않는다. 따라서 집합적 소비의 필요성이 늘어나고, 대량의 집합적 소비수단이 준비된다.

도시에는 이런 집합적 소비수단이 집적되고 서로 결합하며 조직화된다. 도시는 단순히 인구의 집적체가 아니다. 그래서 많은 사람이 모여 있지만 난민 캠프는 도시가 아니다. 마찬가지로 도시는 단순히 산업의 집적체가 아니다. 그래서 석유 콤비나트나 거대한 제철소는 도시가 아니다. 집합적 소비수단이 배치되고 대량의 노동력이 재생산되는 공간적 단위, 이것이 있을 때 그 단위는 도시라고 불린다.

바로 여기서 도시사회학의 연구 대상이 등장한다. 집합적 소비의 다양한 형태나 과정, 그리고 집합적 소비를 둘러싸고 발생하는 이런저런 문제나 사회적 대립이 바로 그것이다. 도시에서 일어나는 잡다한 현상은 많은 부분 집합적 소비와 노동력 재생산이라는 공통의 문제에서 출발한다. 예를 들어 주택 부족이나 공해 문제는 노동력 재생산을 위협한다. 주민 운동은 집합적 소비수단이 부족하거나, 그 질이 낮을 때 이의를 제기하며 일어난다. 주택 단지에서는 이웃 간 왕래가 상호부조의 기반이 되고 노동력 재생산에 기여한다. 요컨대 도시에는 여러 가지 격차가 존재하지만, 그중에는 집합적 소비수단의 공급량이나 이용 편의성의 차이에서 생기는 경우가 많다.

집합적 소비와 재생산의 연관성

그렇다면 자본주의 사회에서 집합적 소비수단은 어떤 역할을 담당하고 있을까? 물론 노동력 재생산이 그 주된 기능이지만, 단순히 그것에 그치지 않는다. 나아가 집합적 소비수단은 이윤율을 끌어올려 결과적으로 기업 활동에 도움이 된다.

여기서 말하는 이윤율이란 생산 활동이 가져온 이윤 총량을 생산에 들어간 비용으로 나눈 값이다. 생산에 필요한 비용은 설비, 기계, 원료 등 생산수단의 구매 비용(불변자본)에 임금, 즉 노동력의 구매 비용(가변자본)을 더해 산출한다. 경제학의 일반적 관행에 따라 이윤을 M, 생산수단의 구매 비용을 C, 노동력의 구매 비용을 V라는 기호로 표시하면, 이윤율은 다음과 같은 수식으로 표현된다.

$$이윤율 = M(이윤)/C(생산수단의 구매 비용) + V(노동력의 구매 비용: 임금)$$

그러나 자본주의가 발전하는 과정에서 이윤율은 대체로 낮아지는 경향을 보인다. 여기에는 여러 가지 요인이 작용하지만, 주로 임금 상승이 압력을 가한다.

생산 활동이 증가하면 노동력에 대한 수요가 늘어나고, 이것이 지속하면 인력 부족 현상이 일어난다. 실업자 등을 흡수해도 여전히 필요한 인력이 모자라면, 노동시장은 압박을 받아 임금이 오르기 시작한다. 원료나 기계가 필요하다면 생산을 늘려 가격 상승을 억제할 수 있지만, 노동력은 당장에 그렇게 할 수 없기 때문이다.

이렇게 이윤율이 계속해서 낮아지면 이윤을 목적으로 하는 경제 활동이 어려움에 처한다. 이런 상황이 이어지면 경제 위기가 찾아온다. 이는 이미 마르크스도 지적한 바 있지만, 일본의 경제학자 우노 고조宇野弘蔵는 이 논점을 발전시켜 경제 위기가 발생하는 메커니즘을 분명히 밝혀냈다.*

그렇다면 이윤율 저하는 어떻게 해야 막을 수 있을까? 앞의 수식에서 명확히 알 수 있듯이, 분모에 있는 생산수단의 구매 비용이나 임금 가운데 어느 한쪽을 낮추면 된다. 예를 들어 생산수단을 개발도상국 등에서 싸게 구입하거나, 하청 회사를 닦달해 터무니없는 가격에 사들인다. 또는 노동자의 임금을 낮추거나, 높은 임금을 받는 중장년 노동자를 정리하고 임금이 저렴한 청년이나 임시직 주부, 파견직 등으로 그 자리를 대신하기도 한다.

이 모두는 실제로 기업이 하고 있는 일이지만 이런 방식에도 한계가 존재한다. 아무리 개발도상국이라도 매입 가격을 무한히 낮출 수 없기 때문이다. 임금을 지나치게 낮추면 생활이 어려워져 노동자가 직장을 그만두거나, 건강이 나빠져 일을 하지 못한다. 이렇게 되면 생산 활동이 멈춰 버리거나 적어도 지장을 받게 된다.

바로 여기서 집합적 소비수단이 활용된다. 예를 들어 국가나 자치단체가 집값이 싼 공영 주택을 대량으로 공급한다면 어떻게 될까? 노동자의 필요 생활비가 줄어들어서 임금을 낮출 여지가

---

* 우노 고조宇野弘蔵, 《공황론恐慌論》 등

그만큼 늘어난다. 마찬가지로 국가나 자치단체가 무상 보육 시설이나 학교를 지어 육아를 지원한다면 어떻게 될까? 그만큼 육아에 드는 비용이 줄어든다. 그리고 기업에서는 그 줄어든 비용만큼 임금을 낮출 여지가 생긴다.

물론 공영 주택이나 보육 시설, 학교 등의 설치에는 세금이 들어가지만, 각자 개인이 집을 짓고 아이를 돌보며 교육을 책임지는 것에 비한다면 훨씬 적은 비용이 들어간다. 이처럼 국가나 자치단체가 집합적 소비수단을 공급한다면, 이윤율 저하는 어느 정도 막을 수 있다.

요컨대 도시는 집합적 소비수단이라는 기초 위에 노동력을 대규모로 재생산하는 공간적 단위이다. 이런 점에서 도시는 자본주의 사회의 존속에 필요한 노동력 재생산을 충족하고 이윤율 저하도 [어느 정도] 저지한다. 이렇게 카스텔은 집합적 소비에 주목함으로써 도시사회학의 연구 대상을 명확히 하는 동시에, 그 대상이 사회 전체에서 어떤 위상에 있는지 정확히 드러냈다.

3. 도시는 생산의 장이다

투자 대상이 된 도시

그러나 카스텔식 주장은 강력한 비판에 직면한다. 카스텔이 소비와 노동력 재생산에 초점을 맞춘 나머지 생산의 문제를 오히려 경시했다는 것이다. 이런 주장에 따르면 도시에서는 상품을 생산·유통·소비하는 과정이 한꺼번에 일어나며, 소비는 그 과정의 일부에 불과하다. 따라서 소비만 가지고 도시를 파악하면, 도시의 전체상을 제대로 평가할 수 없다는 것이다.

다만 이런 비판에 대해 카스텔 측에서도 할 말이 없지 않다. 카스텔은 생산의 문제를 결코 무시하지 않았다. 좀 더 풀어보면 생산과 유통의 흐름은 원칙상 무한히 확장한다. 그에 비해 노동력의 일상적 흐름은 통근 가능한 범위라는 공간적 한계가 있어서, 공간적 단위를 형성하는 데 기초 단위가 될 수 있다. 그래서 카스텔은 생산이 아니라 소비와 노동력 재생산이 도시의 본질적 요소라고 판단한 것이다.

이런 생각에는 일리가 있지만, 그럼에도 도시가 생산에서 담당하는 역할은 무시할 수 없을 정도로 매우 중요하다. 더군다나 오늘날 선진국에서는 도시 그 자체가 주요한 투자 대상이 되었다. 도시의 공간 자체가 하나의 중요한 생산물이 되었기 때문이다. 프랑스의 사회학자 앙리 르페브르Henri Lefebvre는 이런 사실을 지적한 최초의 인물로 여겨진다.

르페브르에 따르면 오늘날 도시 공간은 생산이나 소비가 이뤄지는 장소만이 아니라 이윤을 목적으로 하는 생산 활동의 대상이 된다. 현대 자본주의 하에서는 부동산 투기, 대규모 토목공사, 공간의 거래 등이 중요한 경제 활동이며, 이렇게 해서 만들어진 다양한 시설이 생산수단의 일부를 이룬다. 그뿐만 아니라 건물을 고층으로 만들어 용적률을 높이거나, 필로티[2]를 만드는 등 다양한 방식으로 새로운 공간이 생산된다. 이 새로운 공간은 시장에 거래되어, 전에 없던 이윤을 창출한다. 이런 방식으로 자본주의는 위기를 벗어나 새로운 단계로 진입할 수 있었다.

대량소비와 대량생산의 순환모델

경제 지리학자 데이비드 하비David Harvey는 공간의 생산이라는 문제를 좀 더 정교한 이론으로 만들었다. 생산수단에는 원료나 에너지처럼 한꺼번에 소모되는 부분과, 기계 장치처럼 오랫동안 소모되어 꾸준히 사용되는 부분이 있다. 전자를 유동자본, 후자를 고정자본이라고 부른다. 여기까지는 일반적인 경제학 용어이다.

여기서 하비는 고정자본을 다시 한번 두 종류로 구별할 수 있다고 말한다. 하나는 기계 장치처럼 생산과정 내부에서 사용되는

---

2 필로티piloti는 원래 기둥을 뜻한다. 오늘날에는 주택, 아파트, 빌딩 등에서 기둥만 있고 벽이 없는 구조를 말한다. 통상 건물 1층에 있고 대체로 주차장으로 사용된다.

것이고, 다른 하나는 생산과정 외부에서 생산의 물적 환경을 구성하는 부분이다. 후자에는 건물, 운송로, 항만, 창고 등이 들어가며, 하비는 이를 가리켜 '생산의 건조환경建造環境'이라고 부른다. 마찬가지로 소비에도 두 가지 수단이 있는데, 하나는 실제로 사용되는 소비재를 말하며 다른 하나는 소비의 물적 환경, 예를 들어 집이나 보행로, 문화시설 따위로 이뤄진다. 하비는 후자를 가리켜 '소비의 건조환경'이라고 부른다.

생산과 소비의 건조환경은 인위적으로 생산된 공간의 주요 형태이다. 이는 중요한 투자 대상인 동시에, 생산과 소비의 필수 조건이다. 게다가 규모가 크고, 이동하기 어려운 성질이 있어서 이에 대한 투자는 필연적으로 도시의 경관을 생산하고 변형한다. 예를 들어 롯본기힐즈는 도쿄의 도심부에 거대한 사무 공간 및 상업 공간을 만들었다. 오카와바타리버시티21은 도쿄의 완간 지역에 거대한 주거 공간을 만들었다. 그리고 둘 다 도심의 경관을 크게 바꾸었다. 이와 같이 공간의 생산은 오늘날 주요한 산업 가운데 하나가 되었다. 요컨대 공간의 생산을 담당하는 건설업과 부동산은 현대 자본주의 안에서 특별한 의미를 갖는다.

포드식 대량생산과 대량소비

건설업과 부동산은 현대 자본주의에서 어떤 역할을 하는가? 이는 자동차 산업이 수행한 기능과 분리할 수 없다. 확실히 이 두 가지는 20세기의 자본주의를 견인하는 수레의 두 바퀴로 평해진다. 조절학파에 속하는 몇몇 학자는 생산과 소비 양쪽에서 자동차 산업이 어떤 기능을 하는지 정식화했다. 이런 작업에는 프랑스의 경제학자 알랭 리피에츠Alain Lipietz, 로베르 브와예Robert Boyer 등이 크게 이바지했다. 이들이 주목한 사례는 대중 판매용 자동차의 대량생산에 성공한 미국의 자동차 회사 포드Ford였다.

포드사는 1910년대 초반 세계 최초로 컨베이어 벨트를 사용한 생산 체계를 구축했다. 이런 기계 장치 덕분에 자동차의 대량생산이 가능했고 대량생산에 힘입어 자동차 가격이 큰 폭으로 떨어졌다. 이제 자동차는 극히 한정된 부유층의 전유물이 아니라 매우 폭넓은 소비자 집단에 판매될 수 있었다.

이와 동시에 포드사는 노동자 임금을 크게 인상했다. 임금 인상에는 두 가지 목적이 있었다. 첫 번째는 컨베이어 벨트 시스템이 강제하는 단순하고 가혹한 노동에 노동자를 붙잡아 두는 일이다. 이런 생산 방식에서 기계는 노동의 리듬, 속도만이 아니라 작업 내용 일체를 좌우한다. 노동자는 기계의 일부가 되어 빠르고 정확하게 작업을 해내야 한다. 이 무리한 요구에 응하는 대가로 고임금이 주어진 것이다.

또 하나의 목적은 노동자에게 경제적 여유를 제공해 자동차의 구매를 유도하는 일이다. 앞에서 설명했듯이 기업은 이윤을 올리려고 임금을 낮추거나 억제하기도 한다. 그러나 임금 인하에는 분명한 한계가 존재하며, 게다가 더 큰 문제가 잠복하고 있다.

만일 대다수 기업이 똑같이 임금을 억제한다면 어떤 일이 벌어질까? 인구의 대중을 차지하는 노동자의 수입이 정체되고 소비 여력이 감소할 것이다. 그렇게 되면 전반적인 수요가 줄어들고 대량생산된 상품은 재고가 남아돌아, 경제는 위기에 빠질 가능성이 커진다. 이를 과소소비라고 부른다. 과소소비는 자본주의 아래 흔히 일어나는 현상으로, 수요와 공급이 어긋나는 가장 큰 원인 가운데 하나이다. 또한 예전부터 자본주의 모순을 보여주는 대표적인 상태로 여겨졌다. 오늘날에 와서도 과소소비는 미디어 등에서 끝없이 말해진다. 예를 들어 경기가 나빠지면 임금이 정체되고, 내수가 가라앉아 경기 회복이 어렵다는 식이다.

여기에는 하나의 모순이 존재한다. 요컨대 이윤을 확보하려면 임금을 낮추어야 한다. 그러나 임금이 낮아지면 수요가 줄어들어 오히려 이윤 확보에 어려움이 생겨난다. 포드사는 이런 모순을 해결하는 방식을 보여주었다. 가혹한 노동으로 생산성을 높이고, 대신에 임금을 인상하여 노동자의 구매력도 높인다. 창업자인 헨리 포드Henry Ford는 "구매 계급이 우리나라에서는 노동자계급이다. 따라서 노동자계급이 '부유한' 계급이 되어야 한다. 그래야 우리의 늘어난 생산물이 팔린다"고 말했다.

포드사가 발명한 방식은 자동차를 필두로 내구소비재 산업에서 전 세계로 퍼져 나갔다. 그 덕분에 20세기 자본주의는 발전을 거듭할 수 있었다. 대량생산과 대량소비는 컨베이어 벨트 시스템과 상대적 고임금을 매개로 서로 연결되었다. 이런 선순환 속에서 경제 성장이 일어났고, 유통이나 관리 업무를 담당하는 신중간계급이 경제적 풍요를 누리게 되었다. 이런 경제 성장 모델이 바로 포디즘Fordism이다.

자동차 산업과 더불어 건축 및 부동산 산업도 자본주의 발전에 크게 이바지했다. 대량생산된 대중용 자동차에 상응해, 규격화된 대량 주택이 공급되었다. 그 시초는 1947년 레빗앤선스Levit and Sons(이하 레빗사)가 조성한 레빗타운Levittown에서 찾을 수 있다.

부동산 회사와 재생산 도시

2차 세계대전이 끝나고 미국에서는 1,600만 명 이상의 병사가 귀환했다. 이로 인해 베이비붐이 일어나고 심각한 주택난이 생겨났다. 연방정부는 귀국한 병사를 대상으로 관대한 주택 융자를 제공하고 민간 영역에는 주택 건설을 촉구했다. 이에 호응해 레빗사는 대규모의 주택 건설 계획을 발표했다. 뉴욕 근교에 1만 7,400호의 주택이 건설된다는 내용이었다.

주택 구조 자체는 특별한 요소가 없었지만 건설 방법은 확연히 달랐다. 마치 공장처럼 조립식 라인을 만든 것이다. 그러나 주택은 자동차와 달라서 땅 위에 붙어 있다. 그래서 자동차 대신에

〈사진 2-1〉 레빗타운

출처) 위키미디어

작업자가 움직여 나갔다. 주택 건설은 26개 공정(문헌에는 27개 공정)으로 간소화되었다. 이에 따라 노동자는 26개 반으로 나뉘었고, 각각의 반은 하나의 공정만 집중적으로 훈련받았다. 그리고 자재가 놓여 있는 집터마다 차례로 옮겨 다녔다. 참고로 집터는 60피트(18.288미터) 간격으로 나란히 구획되었다. 건설 속도는 매일 36호에 이르렀고, 분양을 시작한 당일에만 1,400호가 팔려나갔다.

이 획기적인 건설 방식은 미국 전역으로 곧장 확산되었고 미국의 교외 지역을 장악하기 시작했다. 1955년 통계에 따르면 레빗 방식은 새로 착공한 분양 주택 가운데 75%를 차지할 정도였다. 데이비드 핼버스탬David Halberstam은 레빗타운 건설에서 중심 역할을 수행한 윌리엄 레빗William Levitt에 대해 이렇게 평가했다. 그는 "헨리 포드의 대량생산 방식을 주택 건설에 도입한 사람"이다. "'미국의 세기'에서 가장 위대한 사업가를 헨리 포드라고 한다면, 그다음 인물은 윌리엄 레빗이라고 할 수 있다."•

레빗사의 방식은 일본에도 도입되어 대규모 주택 건설에 차용되었다. 도큐東急, 미쓰이三井, 세이부西武 등 부동산 자본이 똑같은 방식으로 분양 단지를 건설했다. 그러나 일본에서는 토지의 절대량이 부족해서 미국식 단독 주택보다는 교외에 지어진 집합주택, 즉 대규모 단지가 더 중요했다.

공습으로 시가지 대부분이 전소되어 일본의 도시는 미국 이상으로 심각한 주택난에 직면했다. 주택 공급이 절대적으로 부족

• 데이비드 핼버스탬David Halberstam, 《더 피프티즈The Fifties》; David Halberstam, *The Fifties*, New York : Villard Books, 1993; 데이비드 핼버스탬, 《1950년대 아메리카의 꿈, 1-2》, 김지원 옮김, 세종연구원, 1996

했기 때문에, 수입이 비교적 많은 신중간계급도 한동안은 나가야 생활을 하거나 셋방살이를 면치 못했다. 이런 상황은 주택 단지의 건설로 변하기 시작했다.

1955년에 설립된 일본주택공단은 다음 해인 1956년 오사카의 가나오카 단지金岡団地, 지바의 이나게 단지稲毛団地를 시초로 대규모 주택 단지 건설에 착수했다.[3] 그 당시 주택 구조는 2DK[4]를 기본으로 채택했다. 주택 단지의 전성기인 1960년대 후반부터 1970년대 전반까지는 매년 3만호 내외의 주택이 공급되었다. 나중에는 사철私鉄[5]을 필두로 민간 자본도 단지 건설에 뛰어들어, 대도시의 교외 경관이 크게 바뀌는 계기가 되었다.

공장과 도심이 생산의 영역에서 포디즘이 작동하는 공간이라면, 교외의 주거지나 단지는 소비, 즉 재생산 영역에서 포디즘이 작동하는 공간이다. 양쪽 공간은 간선 도로와 철도로 연결되었다. 대량생산과 대량소비를 결합한 포디즘은 이와 같이 새로운 도시 공간을 창출하고, 도시 공간으로 표현되었다.

---

3 일본주택공단이 건설한 두 단지는 저층의 대규모 아파트 단지로, 1970-80년대 한국의 주공·시영아파트 단지와 매우 비슷하다.

4 2DK는 방 2개와 식당Dining room, 주방Kitchen이 함께 있는 집을 뜻하는 부동산 용어이다.

5 사철은 국가가 운영하지 않고 민간이 소유·운영하는 철도를 말한다. 일본은 국철 대비 사철의 비중이 매우 높다. 일본의 사철은 철도뿐만 아니라 건설, 쇼핑, 유통, 스포츠 등 다양한 사업을 운영한다.

4. 도시는 사회 공간의 표현이다

동심원의 공간 구조

앞에서 봤듯이 카스텔은 집합적 소비의 장으로 도시를 이해하고 이에 근거해 도시사회학을 다시 규정했다. 그러나 카스텔은 집합적 소비를 둘러싼 문제만 도시사회학의 연구 대상이라고 여기지 않았다. 그에 못지않게 사회 구조와 공간의 관계도 중요한 문제로 간주했다.

카스텔에 따르면 도시는 사회 구조가 공간에 투영된 것이다. 그러므로 도시에 대한 연구는 공간이라는 관점에서 사회 구조를 연구하는 일이다. 바꿔 말하면 사회 구조가 공간을 어떻게 구성하는지 연구하는 것이다. 카스텔이 말했듯이 "공간 변화는 사회 구조의 변화를 기록하며, 그 명세서로 분석되어야 한다."•

도시 공간에는 사회 구조가 투영된다는 관점 자체가 새로운 것은 아니다. 이미 1920년대 미국의 사회학자 어니스트 버제스 Ernest Burgess가 시카고를 대상으로 비슷한 주장을 제시했다. 그는

- 마누엘 카스텔《도시사회학은 존재하는가? 都市社会学は存在するか?》; Manuel Castells, Is there an urban sociology?, C.G. Pickvance ed., *Urban Sociology: Critical Essays*, Tavistock Publications, 1976

자신의 분석을 바탕으로 도시의 공간 구조를 〈도표 2-1〉과 같이 도식으로 정리했다.*

먼저 가운데는 루프Loop⁶라고 불리는 도심의 중심업무지대가 위치한다. 그 옆에는 도심을 둘러싼 형태로 오래된 거리와 몇몇 빈민가가 늘어섰다. 이곳은 변동이 극심한 지역으로, 도심이 성장하면 그곳에 흡수된다. 그래서 버제스는 점이지대zone in transition, 漸移地帶라고 불렀다. 점이지대와 마찬가지로 도심 근처에는 교통이 편리한 공장지대가 자리한다. 공장지대 바깥에는 노동자주택지구가 생겨났다. 가까운 공장지대로 통근이 편리한 탓이다. 노동자주택지구 바깥에는 환경이 좋은 중산층주택지대가 발전했다. 이곳에는 도심으로 통근하는 신중간계급이 많이 살았다. 중산층주택지대 바깥에는 교외와 위성 도시가 자리하고 통근자주택지대가 형성되었다. 이것이 사회학 입문에서 단골로 등장하는 동심원지대론이다.

이는 어디까지나 단순화된 모델이지만 동심원의 공간 구조는 명확하게 사회의 격차 구조와 대응한다. 중심에는 업무지대가 자리하고, 그 바깥에는 쇠퇴하는 빈민가, 노동자계급의 주택지, 신중간계급의 주택지가 차례로 들어선다. 가장 바깥에 자리한 통근자주택지대의 성격에 대해서는 버제스가 자세히 서술하지 않지만, 일부는 고급 주택지로 이뤄지고 중산층 지대보다 약간 질이 떨어

- 로버트 파크Robert Park, 어니스트 버제스Ernest Burgess 외,《도시都市:人間生態學とコミュニティ論》; Robert E. Park, Ernest W. Burgess, Roderick D. McKenzie, *The City*, Chicago : University of Chicago Press, 1967[1925]
6 시카고의 중심 상업지구를 루프the Loop라고 부른다. 일반적으로는 도시의 중심 지구, 또는 도심을 뜻한다.

〈도표 2-1〉 도시의 동심원 공간 구조

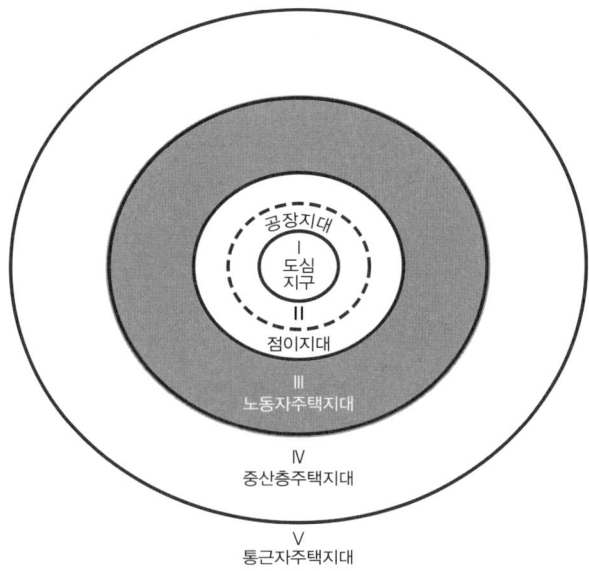

지는 주거지가 곳곳에 흩어진 형태로 생각하면 좋을 것이다. 예를 들어 레빗타운이나 교외의 주택 단지가 이런 지역에 속한다.

카스텔은 버제스의 동심원지대론이 연구의 출발점이 되었다고 인정한다. 그러나 그는 동심원지대론이 미국 중심의 설명 방식이라고 비판한다. 확실히 그 이론은 성장 속도가 빨랐던 미국의 많은 도시에는 들어맞지만, 조건이 다른 외국의 도시에는 대체로 적용되지 않는다.

예를 들어 유럽의 도시에서는 엘리트 계급이 중심부의 배타적 주거지에 살면서 도시의 문화나 역사를 전유하는 경향이 있다. 반면에 노동자계급이나 신중간계급의 하층 부분은 교외 지역에 분포한다. 이는 부유한 시민이 성벽 안에 살고, 하층 계급이 바깥에 살아가는 중세 도시의 전통과 무관하지 않을 것이다.

생태계로서의 도시 모델

버제스의 오류는 어디에서 기인하는 것일까? 그는 식물생태학에서 착상을 얻었는데, 도시 공간도 자연 현상처럼 발전한다고 여겼다. 시카고는 신대륙의 신흥 공업 도시로 역사적 제약도 없었고 어떤 토지건 거의 무상으로 이용할 수 있었다. 확실히 이런 도시라면 시장 논리만 있어도 설명이 가능하고, 버제스의 모델이 성립하는 것도 충분히 납득할 수 있다.

그러나 현실의 많은 도시에서는 역사적으로 주어진 조건이 공간 구조에 작용하고 사회 구조, 국가 개입, 개별 장소에 부여된 이미지 따위가 공간 구조에 영향을 미친다. 게다가 요즘에는 경제의 전 지구화가 여기에 새로운 변화를 덧붙인다.

이런 관점에서 카스텔은 버제스의 동심원지대론이 하듯이 기하학적이고 단순한 공간 모델을 구상하지 않는다. 게다가 국가나 도시 간의 다양성도 무시하지 않는다. 카스텔이 미국의 대도시를 서술한 부분 가운데, 지엽적인 내용을 제외하고 요점만 정리해보자.•

① 중심업무지대에는 지시와 관리 활동이 집중되고 정치·경제·문화의 중심지 성격이 강화된다. 그 주변에는 젠트리피케이션이 진행되고 상류 계급의 거주지가 형성된다.
② 이곳을 둘러싼 지역은 지속적으로 쇠퇴하여 빈곤화된 노동자나 마이너리티 인구가 살아가는 곳이 된다. 단, 그 일부에는 이민이 집중되어 되살아나는 지역도 있다.
③ 도시의 먼 외곽에는 시 경계를 넘어 교외 지역이 펼쳐지고, 그곳

• 마누엘 카스텔, 《도시·정보·글로벌 경제》 제6장

에서는 생활과 노동의 패턴이 점점 더 개인화, 다양화된다. 또한 그 바깥에 자리한 전원 지역과 준※ 전원 지역으로 활동이나 거주의 장이 불규칙하게 뻗어 나간다.

여기서 보듯이 카스텔은 버제스의 도식 가운데 몇 가지를 계승하면서도, 새로운 현상에 입각해 대도시 현상을 다시 설명한다. 새로운 현상이란, 예컨대 도시의 중추 기능이 글로벌 시티로 집중되고 부유층과 빈곤층 사이에 양극화가 일어나며 이주민이 대폭 늘어난다는 말이다.

유럽의 도시는 어떨까? 카스텔은 미국의 도시를 자세히 다루지만 유럽에 관해서는 분명한 도식을 제시하지 않았다. 다만 교외 지역에 대해서는 간략한 설명을 남겼다. 유럽에서는 중심 도시에 엘리트 계급이 거주하고 그 주변으로 교외 지역이 존재한다. 교외는 사회적 다양성이 증가하면서 몇 개의 주거 지역으로 분화한다. 어떤 곳에는 전형적인 노동자계급이 자가로 살아가고, 뉴타운 지역에는 젊고 소득이 낮은 중간계급이 진출하며, 공영주택 단지에는 이주민이나 빈곤층이 분포한다.**

이처럼 소속된 계급과 거주하는 장소 사이에는 대응 관계가 성립한다. 서로 다른 장소에 서로 다른 계급이 살아가는 이른바 거주지 분리의 구조가 존재한다. 이런 대응 관계는 어떻게 형성되는 것일까?

버제스 자신은 이 점에 관해 자세히 설명하지 않지만 대체로 다음과 같은 과정을 상정했다. 점이지대는 도시의 과거 경계 지역

** 마누엘 카스텔, 《도시·정보·글로벌 경제》 제7장

에 속하며, 주택이 낡았고 생활환경이 나쁘다. 도시로 이주한 사람은 처음에는 이곳에 정착하지만, 더 좋은 주거 조건을 찾아 바깥 지역으로 옮겨간다. 어떤 사람은 근무지와 가까운 곳에 살면서 교통비를 절약하려고 한다. 이들은 점이지대 바로 바깥에 정착하고 노동자주택지를 형성한다. 반면에 어떤 사람은 자동차를 사는 등 더 많은 교통비를 부담하고 더 멀리 나아간다. 그들은 도심 외곽의 쾌적한 환경으로 이동하고 중산층주택지대를 형성한다.

그리고 도심 주변에는 이주할 능력이 없는 빈곤층만 남겨진다. 이런 사람은 도시로 갓 진입한 자들과 점이지대에 함께 거주한다. 이런 과정은 버제스가 인정하듯이 생물학적 모델과 매우 비슷하다. 황야에서 식물군락이 퍼져나갈 때 각각의 종마다 동심원 구조를 만드는데, 바로 이것이 버제스에서 시작된 도시 연구가 인간 생태학, 또는 도시 생태학이라고 불리는 이유이다.

이에 비해 르페브르는 자본주의의 동학과 계급 간 대립이 도시 공간을 만든다고 주장했다. 그에 따르면 도시라는 것은 무릇 '토지 위에 사회가 투영된 것'이며, 도시 공간은 각각의 이해^{利害}를 추구하는 각각의 계급 전략에 따라 형성된다. 이런 전략은 계급 간 분리를 지향하는 경향이 있고, 그렇기 때문에 유대인, 흑인, 지식인, 노동자, 상류층 등이 각각의 게토를 구축한다. 도시계획은 공간 형성의 이런 계급적 토대와 맞물려, 일종의 상부구조로 작용한다. 건축가는 스스로 원하건 아니건 간에 사람들의 소득, 규범, 가치 등에 따라 건물을 짓는다. 그 결과 계급 간 분리는 더욱더 강해진다. 이런 점에서 "도시계획은 당연하게도 계급에 근거한다."

그 배후에는 자본주의의 지속을 노리는 지배 계급의 의도 역시 작용한다. 계급 간 공간적 분리는 노동자계급을 도시의 주변으로 분산하고, 결과적으로 그들에 대한 지배와 관리를 수월하게 만들었다. 게다가 앞에서 서술했듯이 공간의 생산은 자본에 커다란 이익을 안겨주고 이윤율 저하도 실제로 막아주었다. 이런 일은 도시계획이라는 명분 아래, 특히 휴머니즘과 기술 합리성의 외양 아래 이뤄졌다.*

이처럼 겉으로 보기에는 도시 구조의 변화가 생태학적 과정이나 식물군락의 활동과 비슷해 보여도, 그 배후에는 이해관계를 달리하는 계급 간의 역학이 작동하고 있다.

의도적인 도시 구축

르페브르의 이런 착상은 하비뿐만 아니라 또 다른 지리학자 에드워드 소자Edward Soja로 이어졌다. 먼저 하비에 따르면, 도시의 구조는 주택과 주택 문제에 있어서 오직 계급투쟁의 관점에서만 설명될 수 있다. 역사를 돌아볼 때 생산의 집적과 집중은 필연적으로 노동자의 주택 문제를 야기했다. 어떻게 하면 노동자를 적절한 장소에 적은 비용으로 살게 할 것인가? 노동자가 임금인상을 강하게 요구하면, 결국은 자본에 부담이 가해진다. 이로 인해 자본은 각국의 사정이나 시기에 따라 주택 문제에 대처하기 시작했다. 예를 들어 사택社宅을 짓거나 교외 지역에 대규모 주택 단지를 조성

* 앙리 르페브르Henri Lefebvre, 《도시에 대한 권리都市への権利》, 《도시혁명都市革命》, 《공간과 정치空間と政治》; Henri Lefebvre, *Droit à la ville*, Anthropos, 1968; *La révolution urbaine*, Gallimard, 1970; *Espace et Politique*, Anthropos, 1972

하고, 이도 아니면 노동자의 보수화를 틈타 내 집 마련 정책을 추진하기도 했다.

한편 노동자나 실업자가 특정한 공간에 모여들면, 반체제 운동이나 파업, 도시 폭등 등이 생긴다고 여겨졌다. 그래서 어떤 경우에는 노동자를 의도적으로 분산하는 정책이 취해진다. 미국의 대서양 연안에 있는 대도시, 볼티모어가 대표적인 사례이다. 하비의 조사에 따르면 개발업자는 더 많은 이익을 얻으려고 토지를 차별적으로 활용했다. 개발업자는 도심에 가까운 지역, 백인 거주지, 흑인 거주지, 중산층 거주지 등으로 공간을 구획하고, 각각의 장소에 맞추어 개발 정책도 구별하고 대부貸付 정책도 달리했다. 그 결과 주택 시장은 지리적으로 분리되어 독특한 구조를 갖게 되었다. 여기에는 금융 기관과 정부 기관이 적극적으로 관여했다. 이런 거주지 분화는 인간의 의도를 벗어난 현상도 아니었고, 생태적 과정과 유사한 자연 현상도 아니었다.*

마찬가지로 소자는 도시의 공간 구성이 "정치와 이데올로기, 또는 모순과 투쟁으로 가득한 사회적 산물"이라고 주장하고, 이 점을 무시하는 도시 생태학의 기하학 모델을 가차 없이 비판했다. 그리고 로스앤젤레스 사례를 들어 자신의 주장을 증명하려고 했다. 예를 들어 소자는 공업화의 진전, 군사 거점이라는 기능, 그 이후 탈공업화 과정, 노동조합의 쇠퇴, 비숙련·저임금 노동자의 증가, 이주민의 유입, 중심부를 재생하려는 민관 캠페인 등이 도

---

* 데이비드 하비David Harvey,《도시 자본론都市の資本論都市空間形成の歴史と理論》; David Harvey, *The Urbanization of Capital: Studies in the History and Theory of Capitalist Urbanization*, The Johns Hopkins University Press, 1985

⟨도표 2-2⟩ 현대 북미 도시의 공간 구조

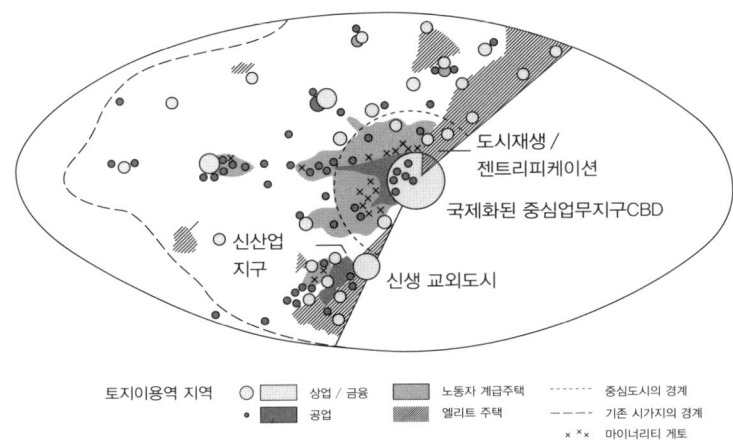

출처) 소자 《포스트모던 지리학》, 靑土社, 229쪽. [이무용 외 옮김, 《공간과 비판사회이론》, 시각과 언어, 223쪽]

시의 공간 구조를 어떻게 바꿨는지 추적했다.

이런 연구를 토대로 소자는 북미 도시의 모형도를 작성했다 ⟨도표 2-2⟩. 가장 중심에는 중심업무지구가 위치하고 그 주변으로 공업지대, 마이너리티 게토가 위치한다. 그리고 그 바깥에는 노동자계급의 주택이 에둘러 자리한다. 이렇게 보면 버제스의 동심원 모델과 공통점이 확인된다. 그러나 차이점도 적지 않다. 예를 들어 엘리트 주거 지역이 먼 교외에서 도심지로 쐐기꼴 형태로 침투하고, 외곽 지역에는 위성 도시나 신 공업지대가 몇 개씩 발견된다. 따라서 이 그림에는 계급이나 집단 간의 충돌, 경쟁이 확연히 느껴진다.**

●● 에드워드 소자Edward Soja, 《포스트모던 지리학ポストモダン地理学》; Edward Soja, *Postmodern Geographies: the Reassertion of Space in Critical Social Theory*, Verso, 1989; 에드워드 소자, 《공간과 비판사회이론》, 이무용 외 옮김, 시각과 언어, 1997

5. 도시는 계급 구조를 재생산한다

알튀세르의 이데올로기론

하비에 따르면 도시의 공간 구조는 자본주의 사회의 계급 구조를 재생산하는 데 기여한다. 여기서는 이런 주장을 좀 더 살펴보자.

계급 구조의 재생산 문제는 프랑스의 철학자 루이 알튀세르 Louis Althusser와 그의 계승자들이 정식화했고, 나중에는 조절학파 이론에서도 다뤄진 문제이다. 일반적으로 계급 구조는 불평등을 생산하고 이해 갈등을 일으킨다. 따라서 현재의 계급 구조에 불만을 가진 계급들이 생겨나기 마련이고, 그들은 이 구조를 파괴하거나 바꾸려고 시도한다. 게다가 인간의 수명에는 한계가 있어서, 계급 구조를 이루는 사람은 언제나 바뀌고 계급 간 이동도 일어난다. 새로운 계급에 편입된 사람에게는 특정한 노동 습관이나 생활 방식이 요구된다. 예를 들어 정해진 노동 규율에 따라 일하고 다음 날 노동에 지장이 없도록 생활을 절제해야 한다. 게다가 업무에 필요한 정보를 수집하고 적절한 판단을 내려야 하며, [회사의] 이윤 활동에 최선을 다해야 한다. 그러나 모든 사람이 이런 요구에 순순히 따른다고 보장할 수는 없다.

이런 문제에도 불구하고 계급 구조가 유지된다면, 그때는 계급 구조가 재생산된다고 말해진다. 바꿔 말해 집합적 소비수단

등의 힘을 빌려 노동력 재생산이 이뤄져도, 그것만 가지고 계급 구조는 원활히 재생산되지 않는다. 그러나 현실에서는 사회의 기존 계급 구조가 장기간에 걸쳐 커다란 변동 없이 유지된다. 어떻게 이런 일이 가능할까?

이 문제에 대한 전통적 답변은 알튀세르의 용어를 빌리자면 '국가의 억압 장치'에 주목하는 일이다. 국가는 경찰, 군대, 사법 기관이라는 강제력을 독점적으로 조직하고, 이를 통해 현존 사회를 부정하는 이런저런 저항을 억압하거나 예방할 수 있다. 그러나 오직 이런 수단에 의해서만 계급 구조는 장기간 안정되지 않는다. 여기서 알튀세르가 주목한 것이 '국가의 이데올로기 장치'이다.

알튀세르에 따르면 계급 구조의 안정화는 이데올로기의 작용 덕분에 가능하다. 이데올로기는 현존하는 사회의 존재 방식에 대중들의 동의나 인정을 확보해 준다. 국가의 이데올로기 장치는 사람들에게 이데올로기를 주입하는 역할을 한다. 국가의 이데올로기 장치에는 다양한 형태가 있지만, 오늘날 자본주의 사회에서 학교는 가장 지배적 역할을 수행한다. 사람들은 학교에서 이데올로기적 메시지를 전달받고, 자본주의 사회의 불평등 구조를 자발적으로 지지하거나 적어도 인정하게 된다. 물론 알튀세르는 학교만이 아니라 대중매체, 가족 등의 다양한 제도가 이데올로기 장치로 기능하고 자본주의 사회의 재생산에 기여한다고 강조했다.*

• 루이 알튀세르Louis Althusser, 《국가와 이데올로기国家とイデオロギー》; Louis Althusser, Idéologique et Appareil idéologique d'État, Positions: 1964-1975, Éditions Sociales, 1976; 루이 알튀세르, 〈이데올로기와 이데올로기적 국가장치〉, 《아미엥에서의 주장》, 김동수 옮김, 솔, 1991

하비투스의 작용

프랑스의 사회학자 피에르 부르디외Pierre Bourdieu는 알튀세르와 다른 관점에서 계급 구조의 재생산 문제를 다루었다. 특히 가족의 재생산 역할에 주목하는데, 그가 시도한 이론화는 이후 사회과학 연구에 많은 영향을 미쳤다. 부르디외에 따르면 계급 구조는 '하비투스Habitus'의 작용 탓에 재생산될 수 있다.

하비투스란 사회 구조가 개인 안에 내면화된 것으로, 일정한 패턴에 따라 행위를 인도하는 정신적 경향이며 부르디외의 용어로 '성향 체계'라고 불린다. 사람들은 하비투스를 몸으로 익히며, 그래서 딱히 의식하지 않아도 사회 구조를 따르고, 그 구조를 지탱하며 존속시키는 방향으로 행동하게 된다.

그러나 계급별로 재생산에 필요한 행동 방식은 달라진다. 예를 들어 노동자계급에서는 명령과 규율에 따라 노동하는 습관이 중요하지만, 신중간계급에서는 일의 성격이 달라서 지식의 활용이나 창조적이고 자발적인 행동이 더 중요하다.

따라서 하비투스는 계급에 따라 구별된다. 특히 가족은 계급적으로 분화된 하비투스를 전달하고 부모는 자식에게 하비투스를 주입한다. 노동자 계급 자식은 노동자계급이 되고 신중간계급 자식은 신중간계급이 된다. 즉 소속 계급의 대물림 현상이 일어난다.●

- 피에르 부르디외Pierre Bourdieu,《구조와 실천構造と実践》,《재생산再生産》등 ; Pierre Bourdieu, *Choses dites*, Paris: Les Editions de Minuit, 1987; Jean-Claude Passeron, Pierre Bourdieu, *La Reproduction*, Paris: Les Editions de Minuit, 1970; 피에르 부르디외, 장 클로드 파세롱,《재생산 : 교육체계 이론을 위한 요소들》, 이상호 옮김, 동문선, 2003

양극화된 재생산

이제 도시 문제로 돌아가 보자. 지금까지 봤듯이 도시 공간에는 계급 구조가 반영된다. 각 계급은 각자의 공간에 모여 사는 경향이 있고, 각 지역의 주민은 같은 계급의 하비투스를 공유한다. 게다가 다양한 계급이 섞여 사는 대신에 계급 간 분리가 일어나면, 세대 간에는 하비투스 계승이 더욱 쉽게 일어날 것이다.

하비에 따르면 각각의 주거 지역에는 특색 있는 환경이 존재하고, 이것이 사람들의 가치관, 기대, 소비습관, 시장 가용성market capacity, 직업능력 따위를 결정한다. 여기서 시장 가용성이란 영국의 사회학자 앤서니 기든스의 용어로 노동시장에서 유리하게 작용하는 기술, 학력 따위를 말한다. 시장 가용성을 얼마나 쉽게 얻을 수 있는가? 이는 사는 지역에 따라 영향을 받는다. 학교나 정보에 대한 접근성이 달라지고, 주변에서 얻을 수 있는 사회적 경험도 다르기 때문이다.

결과적으로 "화이트칼라 노동자는 화이트칼라 주거 지역에서 재생산되고, 블루칼라 노동자는 블루칼라 주거 지역에서 재생산된다. 이른바 기회의 구조화가 이뤄진다. 공동체란 재생산의 장소이고, 그곳에서 생산의 장에 어울리는 노동력이 재생산된다."

더 구체적으로 하비는 주거 지역별 차이를 다음과 같이 지적한다. 노동자계급의 주거 지역에는 노동자를 노동자로 재생산하는 가치관이 형성되고 강화된다. 주민들 사이에는 서로 간에 물건이나 서비스를 주고받는 호혜적 관계가 존재하지만, 이는 힘든 생활 속에서 방어 수단으로 발전한 산물이다. 이에 비해 교외에 거주하는 화이트칼라 노동자는 몸에 새겨진 교양과 독특한 노동

조건 탓에, 경쟁적 개인주의와 소유자 개인주의에 젖어 있고 이런 이데올로기는 교외 풍의 소비양식과 결합된다.*

정리하자면 도시는 집합적 소비수단이 몰려 있는 노동력 재생산의 장이지만, 거기서 재생산되는 것은 결코 추상적으로 균질한 노동력이 아니다. 계급적으로 분화된 노동력이 재생산되는 것이다.

일본의 도시 연구

이제까지 우리는 '새로운 도시사회학'이나 경제지리학 등의 연구 동향을 살펴봤다. 이는 일본에서도 일찍부터 주목받아 주요 저작이 소개되었고, 일본의 도시 연구에도 많은 영향을 끼쳤다.

그러나 적어도 도시사회학 분야에 한정해 본다면, '소비의 장'과 '생산의 장'이라는 도시의 관점은 반드시 새로운 시각은 아니다. 왜냐하면 일본에서도 마르크스주의의 영향 아래 도시를 생산과 소비의 장으로 파악한 연구 경향이 있었기 때문이다.

재정학자 미야모토 겐이치宮本憲一는 그 대표 인물로 꼽힌다. 미야모토는 이미 1960년대부터 '사회적 공동소비수단', '사회적 일반생산수단'이라는 용어를 사용했고, 이런 수단이 현대 자본주의 안에서 어떤 역할을 하는지 분석했다. 전자는 카스텔이 집합적 소비수단이라고 부른 것으로 공공적 성격의 소비수단을 말하

- 데이비드 하비,《도시 자본론》,《도시와 사회적 불평등都市と社会的不平等》; David Harvey, *Social Justice and the City*, Johns Hopkins University Press, 1973; 데이비드 하비,《사회정의와 도시》, 최병두 옮김, 종로서적, 1983

며, 후자는 하비가 생산의 건조환경이라고 부른 것으로 고정자본, 또는 생산 활동의 일반적 조건을 가리킨다.

미야모토에 따르면 도시에는 주택, 에너지 시설, 상하수도, 학교, 병원 등의 사회적 공공소비수단이 집적된다. 그러나 국가가 자본의 요구에 따라 사회적 일반생산수단의 정비를 먼저 시도하면, 사회적 공동소비수단의 공급이 지연되고 이로부터 여러 가지 도시 문제가 생겨난다.** 비록 재정학자라는 한계 탓에, 카스텔처럼 [재생산] 문제를 다양한 도시 현상과 연결하거나 '공간의 생산' 문제로 확장하지 못했지만, 미야모토는 용어의 사용법이나 여러 가지 면에서 최근의 연구를 선취하고 있다.

미야모토가 주장한 두 개념은 그 이후 도시 문제나 지역 개발을 논할 때 필수 개념으로 여겨졌다. 일본 재정학에서는 표준 개념 가운데 하나가 되었고 지역 정책 연구에서도 널리 사용되었다.

이와는 별도로 일본의 도시사회학에서는 사람들이 공유하는 문제를 상호부조가 아니라 전문기관의 전문적 처리에 의존한다는 점에서 도시 생활의 특징을 찾았고, 이를 도시적 생활양식이라고 불렀다.*** 노동력 재생산에 주목한 카스텔이나 미야모토의 주장과 비교하면, '전문기관의 전문 처리'라는 개념에는 이론적 명쾌함이 조금 부족하지만, 그런대로 동일한 문제에 주목한 것이다.

이처럼 일본의 도시 연구에는 도시를 소비와 생산의 장으로 파악한 관점이 이미 존재했다. 그러나 '사회 구조의 공간적 표현'이라는 관점이 일본의 도시 연구에 존재했는지 여부는 다소 판단

•• 미야모토 겐이치, 《사회자본론社会資本論》
••• 구라사와 스스무倉沢進, 〈도시적 생활양식론 서설都市的生活様式論序説〉

하기 어렵다.

물론 주민의 직업이나 연령, 가족 구성 등의 사회적 특성을 지도상에 표시하거나, 그 분포의 특징을 명확하게 보여주는 통계 연구가 있었다. 사실 매우 방대한 연구가 오래전부터 이뤄졌고 그만큼 많은 자료가 축적되었다.

도시사회학 분야에서 구라사와 스스무倉沢進 연구팀이 작성한 사회지도 연구는 가장 먼저 언급할 가치가 있다. 그 성과는 두 권의 포괄적인 전문서로 나와 있다. 1975년 〈국세조사〉를 기본 데이터로 《도쿄의 사회지도東京の社会地図》가 작성되었고, 1990년 〈국세조사〉 및 관련 자료를 바탕으로 《도쿄권의 사회지도東京圏の社会地図》가 출간되었다. 이는 데이터의 방대함과 분석의 체계성 면에서 확실히 놀라운 수준의 연구였다. 그러나 그 목적은 어디까지나 도쿄 및 그 주변의 공간 구조를 밝히는 데만 한정되었다. 거기에는 카스텔이나 하비처럼 공간 구조를 사회 구조의 반영으로 보거나, 자본주의 동학이 구성한 산물로 분석하려는 의도가 전혀 없었다. 데이터의 종류나 계량 분석 방법에서는 공통점이 존재하지만, 문제를 바라보는 관점이 달랐던 것이다.

그러나 최근에는 도시가 양극화된다는 카스텔이나 사센의 가설을 데이터로 검증하려는 실증 연구가 이뤄지고 있다. 예를 들어 도쿄, 오사카 같은 대도시를 대상으로 기초자치단체별 자료를 분석하거나, 도심과의 거리 권역별 자료를 사용해 양극화 가설이 타당한지 여부를 검증하고 있다.

이런 식의 연구는 개인 또는 소규모 집단에서 이뤄지는 경우가 많다. 데이터의 포괄성이라는 점에서 구라사와 연구팀의 대규모 작업에는 비할 수 없지만, 사회 전체의 구조 변화를 시야에 놓고 카스텔이나 사센의 가설을 직접적으로 검증한다는 점에서, 이런 연구는 주목할 가치가 충분하다. 이 책의 4장에서도 비슷한 관점에서 도쿄를 분석하려고 한다.

그러나 이런 연구가 진행되기 훨씬 전부터, 일본에서는 도시 내 격차를 다루는 이런저런 담론이 존재했다. 이런 담론에는 객관적 근거가 얼마간 부족하지만 각각의 지역 특색, 사람들의 생활이나 의식에서 나타나는 낙차落差, 거기서 생겨난 갈등과 어려움 등이 다채롭게 묘사된다. 게다가 이런 담론 속에는 사회과학 연구가 무시하거나, 채택하기 어려운 몇 가지 분류 기준이 사용된다. 예를 들어 '시타마치'와 '야마노테', 강 건너 이쪽과 저쪽, 언덕 아래와 위 같은 기준이 등장한다.

도시의 격차를 명확히 하는 데는 양적인 데이터 분석이 반드시 필요하다. 그러나 데이터 분석은 자칫 무미건조한 느낌이 들어, 그것이 의미하는 바를 구체적 이미지로 전달하는 데 어려움이 따른다. 다음 장에서는 이런 문제를 극복하기 위해 몇 가지 담론을 먼저 살펴보고자 한다.

제3장

두 개의 세계

'시타마치'와
'야마노테'의 담론사

1. 도심을 가로지르는 국경

야마노테와 시타마치의 혼혈아, 고바야시 노부히코

도쿄 중심부와 그 주변의 시가지는 '시타마치'와 '야마노테'로 크게 나눌 수 있다. 지질학적으로 말하면 시타마치는 바다에 가깝고 해발 고도가 낮은 충적저지沖積低地이고, 야마노테는 시타마치보다 해발 고도가 높은 홍적대지洪積台地이다.[1] 이 홍적대지를 무사시노대지武藏野台地라고 하는데, 홍적대지의 서쪽은 도심에서 약 45킬로미터 떨어진 오메시靑梅市까지 뻗어 나가고 동쪽의 끝은 도심과 맞닿아 있다. 이 도심에 가까운 부분이 야마노테대지山の手台地라고 불린다.

그러나 두 지역 사이에는 이런 지형의 차이뿐만 아니라 사회적 차이가 존재한다. 간략히 말하면 에도 시대 시타마치는 조닌이 살아가는 곳이며, 야마노테는 무사가 살아가는 곳이었다. 근대에 들어와 시타마치는 노동자나 자영업자 등 서민이 거주하는 지역이 되었고, 야마노테는 유복한 중산계급 이상이 거주하는 곳

---

1 홍적대지와 충적저지 모두 신생대에 퇴적작용으로 만들어진 평탄지이다. 단지 생성 시기에 따라 홍적세에 형성된 것을 홍적지로, 충적세에 형성된 것을 충적지로 구분한다. 그리고 평탄지가 침식이나 융기 등으로 주변 지역보다 약간 높은 형태로 남아 있는 것을 대지臺地/台地라고 부른다.

이 되었다. 물론 두 지역 사이에는 계급 차이만이 아니라 경제적 격차도 존재한다.

1932년에 태어난 작가 고바야시 노부히코小林信彦[2]는 자기 자신을 "야마노테와 시타마치 의 혼혈"이라고 말한다. 왜냐하면 원래 본가는 시타마치의 니혼바시구日本橋區 료고쿠両国*에 있었고, 자신의 어머니가 야마노테의 아카사카구赤坂區 아오야마미나미초青山南町** 출신으로 시타마치 동네로 시집을 왔기 때문이다. 고바야시에 따르면 "이런 표현을 어색하게 느끼는 사람이 있다면, 그는 '야마노테와 시타마치 사이의 물리적·정신적 거리'를 이해하지 못하는 것이다." 그 당시 시타마치와 야마노테는 사람들의 직업부터 풍속, 습관, 언어에 이르기까지 모든 것이 달라서, '다른 나라'라고 불려도 이상하지 않은 완전히 다른 세계로 여겨졌다.***

한편 고바야시는 시타마치에서 야마노테로 넘어간 월경자이기도 했다. 전쟁이 끝나고 몇 년 후 그는 야마노테의 분쿄구 오쓰카文京區大塚에 위치한 국립대학 부속고등학교에 다녔다. 그 자신도 "시타마치는 문화적으로 뒤처져 있다"라고 여기며 야마노테의 생활을 동경했지만, 야마노테 출신인 급우들과 좁힐 수 없는

---

2 고바야시 노부히코(1932년-)는 도쿄 출신으로 와세다대학교 영문학과를 졸업했다. 미스터리 잡지의 편집장으로 활동하면서 나카하라 유미히코中原弓彦라는 필명으로 영화, 평론 등을 발표했고 방송 작가로도 활동했다. 대표작은 모험 활극《오요요대통령オキヨ大統領》시리즈, 야쿠자를 소재로 한 블랙코미디 소설《가라지시唐獅子》시리즈를 비롯해,《우라나리うらなり》,《도쿄소년東京少年》등의 작품이 있다.

• 현재의 주오구中央區 히가시니혼바시東日本橋 지역이다.
•• 현재의 미나토구港區 미나미아오야마南青山 지역이다.
••• 《사설 도쿄 방랑기私說東京放浪記》

간격을 느끼곤 했다. 어느 날 친구와 말다툼을 하던 중, 시타마치 말투로 반박하자 상대는 "너, 말투가 되게 웃긴다"고 하면서 비웃었다. 그 눈빛은 마치 '재주 부리는 곰을 보는' 듯했다. 이렇게 "너는 야마노테 사람이 아니야"라고 선고받는 일이 심심찮게 일어났고, 그때마다 서글픈 생각이 들었다고 한다.•

고바야시는 최근까지도 시타마치와 야마노테 사이의 간극을 주제로 작품 활동을 펼치고 있다. 예를 들어《이스트사이드 왈츠 イーストサイド・ワルツ》(1994) 같은 소설이 대표적이다.

야마노테에 살고 있는 작가 후카노 준이치深野純一는 어느 날 강연 의뢰를 받고 시타마치의 후카가와深川로 향했다. 스미다가와를 건너기는 태어나서 처음이었다. 그곳에서 자신의 팬인 오가와 가나小川加奈를 만나게 되는데, 그녀는 예전에 사랑한 여인과 묘하게 닮았다. 다시 만났을 때 가나는 돌연 그 여인의 이름을 말하며 자신의 죽은 어머니라고 고백했다. 어느샌가 두 사람은 사랑하는 사이가 되었고 준이치는 가나를 아내로 맞아 야마노테의 저택으로 돌아왔다.

가나는 "스미다가와 서쪽에 살게 되다니, 생각지도 못했어요. 마치 외국에 있는 것 같아요"라고 말한다. 그러나 스미다가와는 여전히 두 사람의 세계를 갈라놓고 있었다. 야마노테의 저택 소유주인 작은 어머니는 걸핏하면 가나를 괴롭혔고 이웃에게 이렇게 말하고 다녔다. "강 건너 계집애는 저따위인가 봐." 준이치는 사업상 간사이関西로 떠나야 했고, 임신한 가나를 지켜줄 수 없다고 여겨서 잠시 동안 그녀를 시타마치의 아파트에 지내게 했다. 그

• 《시대 관찰자의 모험時代観察者の冒険》

렇지만 얄궂게도 이것이 비극을 불러왔다. 비가 세차게 내리는 스미다가와 강변의 산책로에서 준이치는 눈물을 흘리며 이렇게 중얼거렸다. "너는 결국 너의 나라에서 죽은 셈인가."

《문 리버의 건너편ムーン・リヴァーの向こう側》(1995)에서도 스미다가와는 남녀 사이를 갈라놓는다. 야마노테의 시부야渋谷 근처에 사는 작가 하라 도오루原透는 일 관계로 만난 나가이 리카永井里佳와 사랑에 빠지지만, 그녀는 자신이 태어나고 자란 후카가와를 떠나고 싶어 하지 않는다. 어린 시절 리카의 어머니는 영화《티파니에서 아침을》에 나오는 주제가인 〈문 리버Moon River〉를 좋아했다.[3] 영화의 내용처럼 그녀는 언젠가 스미다가와를 건너갈 거라고, 강 건너편에 행복이 있다고 입버릇처럼 말했다. 리카 자신도 십대 무렵에는 비슷한 꿈을 꾸었다. 백마 탄 왕자가 스미다가와 저편에서 에이타이바시永代橋를 건너와 언젠가 자신을 데려간다고 말이다.

그러나 이제 리카는 야마노테에 살 수 없다고 여긴다. 나가이 가후永井荷風[4]처럼 야마노테의 큰 집에 살면서 후카가와를 좋아한다고 말하는 사람은 믿을 수 없다는 말을 남기고, 그녀는 후카가와와 비슷하다는 뉴욕의 브루클린으로 떠나버렸다. 두 사람의 사

---

[3] 《티파니에서 아침을Breakfast at Tiffany's》은 1961년 개봉한 로맨틱 코미디 영화이다. 주제가인 〈문 리버〉가 유명하다. 1960년대 초 뉴욕을 배경으로 주인공은 부유한 남자를 만나 화려한 신분 상승을 꿈꾸다가 진정한 사랑을 찾는다는 설정이다. 오드리 헵번Audrey Hepburn이 주인공을 연기했다.

[4] 나가이 가후(1879-1959년)는 근대 일본의 대표적 소설가이다. 근대 문명에 비판적 태도를 보이는 한편, 사라져 가는 에도 문화에 짙은 향수를 표현했다.《지옥 꽃地獄の花》,《냉소冷笑》,《스미다가와すみだ川》,《장마 전후つゆのあとさき》등의 작품이 있다.

랑은 아직도 변하지 않았다. 몇 달 후 리카가 돌아오면 두 사람은 스미다가와의 어느 편에 살게 될까?

스미다가와라는 국경

쇼와昭和[5] 초기 고현학考現學, modernalogy의 창시자인 곤 와지로今和次郎[6]도 스미다가와 양쪽을 '서로 다른 두 세계'로 여겼다.

그에 따르면 고현학이란 고고학考古學의 방법을 현대 사회에 응용한 것이다. 고고학은 과거 인류의 유물을 채집하고 기록하며 이를 단서로 과거 인류의 생활을 연구한다. 그렇다면 현대의 사람들이 어떤 재화를 갖고 있는지 그 내용을 채집하고 기록한다면, 이를 가리켜 '고현학'이라고 할 수 있지 않을까. 실제로 '현대의 미개 종족'을 대상으로 그들이 어떤 재화를 갖고 있는지, 어떤 생활을 하고 있는지 기록하고 탐구하는 학문이 존재한다. 민족학 ethnoloy이 바로 그것이다. 그 방법을 현대인에게 적용한 것이 곤 와지로가 말하는 고현학이다.

---

5   일본에서 1926년부터 1989년까지 사용된 연호이다.
6   곤 와지로(1888-1973년)는 '고현학'을 주창한 민속학자이다. 도쿄미술학교 출신으로 와세다대학교 건축학과 교수를 역임했다. 1917년부터 5년간 일본의 농촌, 어촌, 교외 지역을 돌아다니며 민가民家를 조사했고, 그 결과를 바탕으로 1922년《일본의 민가日本の民家》를 출간했다. 같은 해 9월 조선총독부의 의뢰로 네 차례 조선의 민가를 조사했고, 그 결과는 1924년《조선부락조사특별보고朝鮮部落調査特別報告 제1권, 민가》에 수록되었다.

이런 발상을 토대로 곤 와지로는 도쿄도東京都[7]의 여러 장소에서 지나가는 사람을 관찰했다. 많은 조사원을 동원해 통행인의 성별이나 직업, 연령, 복장, 머리 모양, 소지품 따위를 자세히 기록했다. 조사 대상으로 선정된 장소는 긴자銀座, 신주쿠新宿, 시부야, 아사쿠사淺草 등 번화가도 있지만, 스미다가와 건너편에 위치한 시타마치의 혼조本所, 후카가와 지역도 들어 있었다.

일단 번화가에서도 몇 가지 흥미로운 차이가 발견되었다. 긴자는 관청가와 업무지구에 가까워서 양복을 입은 남성이 가장 많았고, 그다음으로 기모노를 입은 여성이 많이 보였다. 이와 달리 그 당시 신흥 주택지와 인접한 신주쿠, 시부야에서는 쇼핑을 나온 기모노 차림의 여성이 비율상 가장 많았다. 반면에 시타마치의 번화가인 아사쿠사에서는 점원의 모습이 두드러지게 나타났다.

그러나 혼조와 후카가와는 확연히 다른 모습을 보여주었다. 통행인의 대다수가 수공업자, 인부, 승려로 조사되었고 양복을 입은 직장인은 전체의 3%에 미치지 못했다. 번화가와 시타마치의 이런 차이를 두고, 곤 와지로는 이렇게 적고 있다. "스미다가와는 도쿄를 경계 짓는 얄궂은 강입니다. 도쿄의 중심부와 야마노테에 사는 사람에게 혼조와 후카가와는 마치 다른 풍속을 가진 나라와 같습니다. 현대 문화인의 풍속을 가진 나라가 아닙니다."•

---

7   도쿄도는 지방자치법에 따라 특별구로 지정된 도쿄 23구와 보통지방단체인 시정촌이 결합된 행정단위이다. 2018년 기준으로 도쿄도는 도쿄 23구를 비롯해 26시, 5정, 8촌으로 이뤄져 있다. 일반적으로 도쿄라고 하면 도쿄23구를 지칭한다. 도쿄도는 한국의 수도권을 단일 행정단위로 묶은 것과 비슷하다고 할 수 있다.

•   곤 와지로今和次郎, 《고현학考現学》(곤 와지로집 제1권今和次郎集 第1卷)

2. 시타마치와 야마노테의 형성

시작은 17세기부터

시타마치와 야마노테를 대비시키는 수사修辭는 이미 17세기 후반에 등장했다. 시타마치는 저지대에 자리한 토지를 뜻하는 단어였지만, 이와 동시에 성 아랫마을을 뜻하는 용어로 사용되었다. 반면에 야마노테는 대지台地, 즉 주변보다 높은 평지로 시타마치에서 올려다보면 마치 산처럼 보였다. 해발 고도는 후카가와가 대략 0미터, 아사쿠사나 니혼바시日本橋가 3미터 정도인데, 아오야마青山나 고지마치麹町 주변은 20미터에서 30미터 내외로, 두 지역 사이에는 상당한 고도 차이가 존재한다. 시마타치 지역에는 주로 조닌 계층이 살았고 야마노테 지역에는 주로 무사가 살았는데, 이런 식의 지리 감각도 이미 17세기 후반에 정착되었다.•

요컨대 시타마치와 야마노테라는 대비는 지형에 따른 구별이자, 신분에 따른 거주지 분리의 패턴을 보여준다. 조닌은 저지대 상가나 나가야에 살고 무사는 고지대의 저택에 거주한다. 그렇다고 이런 분리가 절대적 법칙은 아니었다. 실제로 시타마치 쪽

- 노다 우타로野田宇太郎,《도쿄문학산보 시타마치편 상東京文学散歩下町篇上》; 오기 신조小木新造 외 편,《에도도쿄학사전江戸東京学事典》등

에도 무사가 많이 살았다. 예를 들어 우에노上野나 니혼바시 동쪽 저지대 지역이 그랬고, 스미다가와 건너편의 혼조에도 무사의 저택이 제법 많았다. 주신구라忠臣藏[8]의 간신, 기라 고즈케노스케吉良 上野介의 저택도 혼조 마쓰자카초松坂町[**]에 있었다. 마찬가지로 야마노테에서도 도로에 접한 곳에는 조닌지町人地가 많아서 상점들이 나란히 늘어섰다. 또 강줄기가 맞닿은 골짜기 부근에도 시타마치가 야마노테로 더듬이 뻗듯이 들어와 조닌지가 만들어졌다. 그러나 전체적으로 보면 조닌은 저지대에 그리고 무사는 고지대에 거주하는 패턴이 지배적 형태로 나타났다.

다만 에도의 시가지는 오늘날 도쿄에 비하면 매우 작아서, 에도성과 그 주변의 3-4킬로미터 정도만 해당했다. 그러니까 에도시대에는 시타마치와 야마노테의 구별이 오늘날 도쿄의 도심에 한정되었다. 혼조와 후카가와는 현재 시타마치의 중심지로 여겨지지만, 원래는 에도 지역에 포함되지 않았다.

그렇지만 메이지유신 이후, 도쿄가 발전을 거듭하면서 시가지는 혼조와 후카가와를 지나 스미다가와 동쪽의 더 깊은 곳으로 확장되었다. 그곳에는 상인, 수공업자, 일용직 잡부가 에도 시대와 비슷한 형태로 살았지만, 근대식 공장이 진출하면서 이제는 노동자계급이 점점 더 늘기 시작했다.

한편 야마노테 지역에는 메이지유신 이후 무사가 떠난 자리에

---

[8] 무사도의 충忠을 소재로 한 대표적인 이야기이다. 간단히 요약하면 다이묘인 기라 고즈케노스케와 아사노 다쿠미노카미가 칼부림을 벌이지만, 아사노만 책임을 지고 할복한다. 이에 낭인이 된 아사노의 부하 47명이 주군의 복수를 위해 기라의 집을 습격하고 일가족을 죽인 다음, 그 책임을 지고 할복한다는 이야기이다.

[**] 현재의 료고쿠両国 산초메三丁目 일대이다.

대학이나 관공서, 대사관, 군사시설 등이 많이 세워졌다. 삿초薩長[9] 지방을 비롯한 전국 각지에서 새로운 특권 계급이 이주했고 공무원, 회사원, 학자 등 신중간계급이 살게 되면서, 야마노테는 깨끗하고 전망이 좋은 주택지로 변해갔다. 주택지의 범위는 점차 확대되어 대지의 서쪽 깊숙한 곳으로 뻗어 나갔다. 이처럼 시타마치와 야마노테는 각자 변화를 겪으면서 동과 서로 확장되기 시작했다.

관동대지진 이후, 더욱 뚜렷해진 구조

1923년 관동대지진이 일어나자 이런 경향은 더욱더 빨라졌다. 지진으로 많은 사람이 집이나 직장을 잃었고 도심의 인구는 급격히 줄어들었다. 복구가 진행되면서 도심의 인구는 다시 늘어났지만, 파괴된 도심에서의 생활이 꺼려져 주변 지역으로 이주한 사람도 많았다.

도심을 벗어난 사람들은 에바라군荏原郡, 도요타마군豊多摩郡, 기타토시마군北豊島郡, 미나미아다치군南足立郡, 미나미카쓰시카군南葛飾郡 등으로 옮겨갔다. 현재 지명으로 말하면 도쿄 완간東京湾岸의 시나가와구品川区, 오타구大田区를 시작으로 시계 방향으로 메구로구目黒区, 세타가야구世田谷区 등지를 거쳐 가쓰시카구葛飾区, 스미

---

[9] 사쓰마번薩摩藩과 조슈번長州藩을 합친 표현이다. 막부 타도를 기치로 동맹을 맺은 두 지역은 메이지 유신의 주축 세력이 되었고 이후 일본 근대화를 주도했다. 규슈에 위치한 사쓰마번은 지금의 가고시마현 전역과 미야자키현의 남서부에 위치하고 조슈번은 지금의 야마구치현(혼슈의 서쪽 끝, 규슈 건너편)에 해당한다.

다구墨田区, 에도가와구江戸川区에 이르는 지역이다.[10] 이처럼 도심을 둘러싸고 교외 지역의 인구가 급격히 늘어났다. 이 지역이 도쿄시에 편입된 것은 1932년의 일이다.

이 지역은 현재 도쿄 23구에 속해 있지만, 그때까지만 해도 농촌이나 들판에 불과했다. 그러나 이주지는 무작위로 선택되지 않았다. 주택지가 확장되기는 했지만, 동쪽 저지대는 서민의 마을이고 서쪽 고지대는 중산계급 이상이 산다는 거주의 기본 패턴이 유지되었다. 특권 계급이나 신중간계급, 그리고 시타마치의 부유층 일부는 서쪽의 스기나미杉並, 세타가야世田谷 등으로 옮겨갔고, 노동자계급은 스미다가와 동쪽의 오지奥地와 북쪽의 아라카와荒川, 가쓰시카葛飾 등으로 거주지를 넓혀갔다. 시타마치와 야마노테는 현재의 도심을 양분하는 구 시타마치와 구 야마노테를 둘러싸고 확대된 형태로 재편되었다. 오늘날 우리가 떠올리는 시타마치와 야마노테의 이미지는 이런 과정을 거쳐 완성되었다.

그 경위에 관해서는 다음 절에서 자세히 다루겠지만, 그 변화 과정에서 시타마치와 야마노테의 대비는 많은 사람의 이목을 끌었다. 그리고 신문이나 잡지, 서적 등 인쇄 매체가 발달하면서 시타마치와 야마노테는 많은 담론의 주제가 되었다. 바로 이것이 오늘날 다양하게 제시되는 도시론의 시초라고 할 수 있다.

10 시나가와구, 오타구는 현재 도쿄 남서쪽 끝에 위치한 지역이고 스미다구, 에도가와구는 현재 도쿄 동쪽 끝에 위치한다. 구도심을 중심으로 남서쪽 끝에서 동쪽 끝까지 외곽으로 이주했다는 뜻이다.

3. 시타마치 문화, 야마노테 문화

도쿄 15구에서 23구로

시타마치와 야마노테에 관한 초기 저술로는 히라데 고지로平出鏗二郎[11]의 《도쿄풍속지 상권東京風俗上卷》(1899)이 꼽힌다. 그 책의 서두에는 〈풍토 및 시정市井〉의 모습 이라는 장이 있는데, 도쿄의 지리적 위치, 15구로 나눠진 도쿄의 모습, 도쿄의 기후적 특징이 소개된다. 그 뒤 도쿄의 지형에 관해 이렇게 설명하고 있다.

> 서남의 형세는 구릉이 이어져 있지만 동북은 대체로 평탄한 편이다. 서남의 구릉 지대를 야마노테라고 부르고 동북의 평탄한 지대를 시타마치라고 부른다. 고지마치麴町, 아자부麻布, 아카사카赤坂, 요쓰야四谷, 우시고메牛込, 고이시카와小石川, 혼고本鄕는 야마노테에 속하고 간다神田, 니혼바시日本橋, 교바시京橋, 시타야下谷, 아사쿠사浅草 등은 시타마치에 속한다. 시타마치는 에도 개항 이후 일찍부터 마을이 형성되어 번성했으나, 야마노테는 무사의 가옥이 대부분을 차지해 호젓한 분위기를 보였다. 메이지 유신 이후 일반 가옥이 들어서면서 그 면모가 크게 변했지만, 위치가 치우쳐 교통 사정

---

[11] 히라데 고지로(1869-1911년)는 나고야 출신으로 도쿄제국대학을 졸업하고 문부성 도서과에서 근무했다. 메이지 시기 풍속 연구자로 알려져 있다.

은 여전히 좋지 못했다. 그래서 상업에 종사하는 사람은 시타마치에 살았고, 관리와 회사원은 오히려 그 조용한 분위기에 이끌려 야마노테에 자리 잡았다. 이와 같이 야마노테와 시타마치는 지형만이 아니라 거주민도 달랐고 그 풍속도 상당히 달랐다. 시타마치는 풍속의 변천이 매우 빨라서 모든 유행이 그곳에서 생겼고, 야마노테는 언제나 그 유행을 좇아가는 경향이 있었다. 도시 외곽에는 빈민 거주지가 많았고 시골에 가까워서 풍속이 비루하고 촌스러웠다.

지명이 많이 나와서 이해하기가 쉽지 않을 것이다. 지도와 비교해 살펴보자. 〈도표 3-1〉은 3개 시기를 합친 지도이다. 각각의 시기는 도쿄가 15구로 이뤄졌을 때, 1932년 주변부를 통합해 35구가 되었을 때, 그리고 23구인 현재 상태를 가리킨다. 지도에서 어둡게 표시한 부분이 최초의 15구 지역인데, 각각의 구는 현재보다 잘게 쪼개져 있었다. 예를 들어 현재의 지요다구千代田区는 간다구神田区와 고지마치구麴町区의 2개로, 미나토구港区는 아카사카구赤坂区, 아자부구麻布区, 시바구芝区의 3개로 나뉘어 있었다. 또한 현재의 고토구江東区와 스미다구墨田区는 서쪽 부분만 도쿄시에 편입되어, 그 각각이 후카가와구深川区와 혼조구本所区로 불렸다. 신주쿠구新宿区는 동쪽 부분만 도쿄시에 포함되어, 우시고메구牛込区와 요쓰야구四谷区로 분리되어 있었다.

그 뒤 도쿄시는 교외 지역을 흡수해 35구 체제가 되었다. 새로 들어간 지역은 20구로 나누어졌다. 메구로目黑, 시부야渋谷, 나카노中野, 스기나미杉並, 도시마豊島, 아라카와荒川, 아다치足立, 가쓰시카葛飾, 에도가와江戸川의 10개 구는 현재와 명칭이 동일하고 범위도 거의 같지만 다른 구는 사정이 달랐다.

현재의 오타구大田区는 오모리구大森区와 가마타구蒲田区, 시나가와구品川区는 시나가와구와 에바라구佳原区, 기타구北区는 다키노가와구滝野川区와 오지구王子区로 나뉘어 있었고, 현재 고토구江東区의 동쪽은 조토구城東区, 메구로구目黑区의 동쪽은 무코지마구向島区, 신주쿠구新宿区의 서쪽은 요도바시구淀橋区로 불렸다. 이에 비해 당시의 이타바시구板橋区는 현재의 이타바시구와 네리마구練馬区를 포함할 정도로 매우 넓었다. 이렇게 만들어진 35구가 현재의 23구로 정리된 것은 1947년의 일이다.

〈도표 3-1〉의 지도를 보면, 고바야시 노부히코나 곤 와지로가 '국경'으로 간주한 스미다가와 옆으로, 조금 안쪽에 구불구불 도심으로 들어오는 곡선이 하나 있다. 이것이 바로 해발 고도 20미터를 표시하는 등고선으로, 시타마치와 야마노테의 경계를 가르는 기준이 된다. 강줄기를 따라 골짜기가 있어서 등고선이 구불거리며 지나간다. 이로 인해 도쿄는 매우 복잡한 지형을 갖게 된다.

히라데 고지로에 의하면 야마노테는 고지마치, 아자부, 아카사카赤阪/赤坂, 요쓰야, 우시고메, 고이시카와, 혼고의 7개 구를 포함한다. 확실히 이들 구는 골짜기에 맞닿은 일부를 제외한다면, 대부분의 지역이 해발 고도 20미터 이상의 대지에 위치한다. 이처럼 야마토네는 15구 시절 도쿄의 대지 부분과 정확히 일치한다.

반면에 시타마치는 간다, 니혼바시, 교바시, 시타야下谷, 아사쿠사 등을 일컬었다. 야마노테를 제외한 나머지 전부(8개 구)가 포함되지는 않았고 후카가와구深川区, 혼조구本所区, 시바구는 아예 빠져 있었다. 시바구는 사찰과 신사, 그리고 화족의 저택이 많아서 다소 사정이 달랐지만, 적어도 후카가와구와 혼조구는 시타마치가 아니라 인용문 끝에 나오듯이 '외곽' 지역으로 여겨진 탓이었다.

흥미로운 사실은 시타마치와 야마노테의 차이를 언급한 부

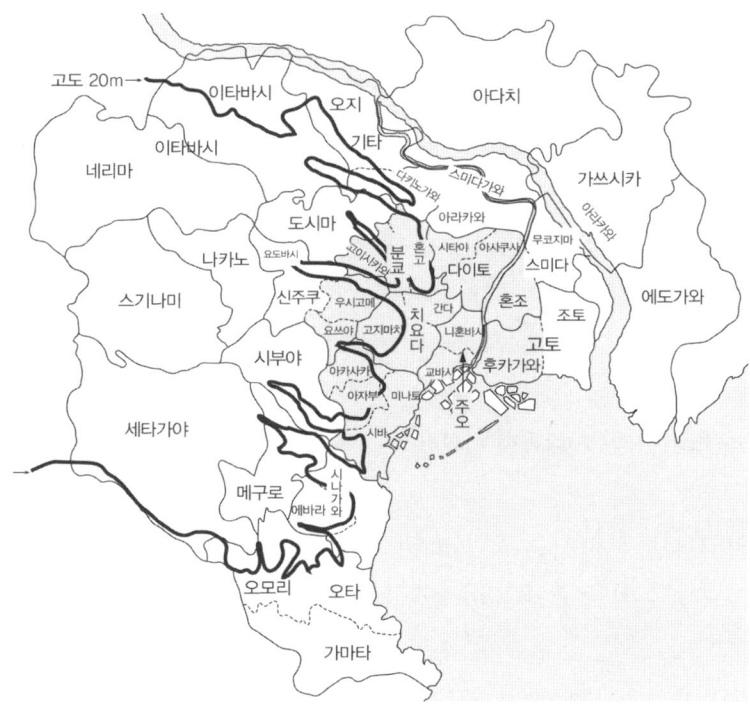

〈도표 3-1〉 도쿄 23구 / 35구 지도

분이다. 시타마치는 매우 번화하고 교통도 편리해서 상인들이 모여들었다. 반면에 야마노테는 한적하고 교통이 불편하지만, 점차 상가가 늘어나면서 조용한 장소를 선호하는 관리나 회사원이 거주하기 시작했다. 새로운 풍속이나 유행을 창조하는 장소는 시타마치였고, 야마노테는 그 풍속과 유행을 좇아갔다. 즉 경제, 문화, 교통 등 다방면에서 시타마치 쪽이 앞서 있었고, 야마노테는 한적한 주택지로 여겨져 신중간계급 가운데 특정 계층만 선호했다는 도식이 엿보인다.

물론 주민들의 사회적 위치로 보자면, 시타마치가 아래쪽에 있고 야마노테가 위쪽에 있다는 사실은 부정할 수 없다. 에도 시절에는 원래 조닌의 거주지와 무사의 거주지가 분리되어 있었고, 그 둘 사이에는 신분상의 명확한 우열이 존재했다. 그러나 시타마치에는 가부키歌舞伎나 라쿠고落語, 센류川柳 등 세련된 조닌문화町人文化[12]의 독특한 기풍이 있었고 건전한 비판 정신도 있었다. 예컨대 참근교대參勤交代[13]로 도쿄에 머무는 시골 출신 무사를 비꼬거나, 일은 하지 않고 세금만 축내는 관리를 풍자했다.

야마노테 아이, 시타마치 아이

이런 '시타마치'의 고유한 문화는 근대에 들어서도 뿌리 깊게 살아남았다. 1893년 요코하마에서 태어난 소설가 시시 분로쿠獅子

---

[12] 에도 시대 조닌이 주도한 도시 문화를 일컫는다. 17세기 후반 겐로쿠元禄 시대에는 경제적 부를 가진 일부 상층 조닌의 사회적 지위가 궁핍한 일반 무사를 넘어섰다. 이 시기에는 오사카를 중심으로 기존과 다른 자유분방하고 사치스러운 도시 문화가 발전했다. 18세기 후반 가세이化政 시기에는 문화의 중심이 에도로 옮겨와 가난한 대다수의 조닌이 즐기는 서민적인 조닌문화가 발달했다. 연극적 요소가 포함된 가부키, 만담의 형태로 진행되는 라쿠고가 인기를 끌었으며, 형식적으로 엄격한 하이쿠俳句보다는 구어를 통해 풍자와 기지를 보여주는 센류가 유행했다.

[13] 참근교대參勤交代, さんきんこうたい는 도쿠가와 막부 시기 다이묘가 격년제로 자신의 영지를 떠나 에도에서 생활하는 것을 말한다. 쇼군과 다이묘 사이의 주종 관계를 드러내기 위한 관례적 행사가 1635년 무가제 법도로 제도화되었다. 다이묘는 에도를 떠나도 그의 아내와 후계자는 에도에 남겨두어야 했고, 영지와 에도를 오가는 모든 비용도 직접 부담했다. 따라서 정치적으로만이 아니라 경제적으로도 다이묘의 모반을 억제하는 제도로 해석되기도 한다. 야마노테의 무사지는 바로 이 다이묘가 에도에 머물 때 사용하는 저택 지대를 말한다.

文六[14]는 게이오기주쿠요치샤慶應義塾幼稚舍[15]에 편입하여 기숙사에 들어갔다. 시타마치와 야마노테 출신의 학생이 섞여 있었는데, 어린 시절 분로쿠는 어느 편도 들지 않고 동료 학생을 관찰했다. 전쟁이 끝난 뒤에는 이때의 경험을 살려 〈야마노테 아이山の手の子〉, 〈시타마치 아이町ッ子〉라는 두 편의 수필을 남겼다.

원래 야마노테의 주민은 시골에서 올라온 하급무사가 주류를 이루었다. 그래서 시타마치의 조닌은 이들을 '노테'[16], '야보'[17]라고 부르며 업신여겼다. 그러나 세대가 바뀌면서 야마노테 주민도 도시 사람이 되었고, 야마노테 주민과 시타마치 주민의 사회적 위치도 변하게 되었다. 야마노테 아이들은 기업가의 자식이 많았고, 시타마치 아이를 '마칫코町ッ子'(시골 아이, 시타마치 아이)라고 놀렸다. 이 말은 시타마치 아이를 차별하는 용어였다. 시타마치를 '무식하고 구폐가 남아 있는 지역'으로 여겼기 때문이다. 그렇지만 내심으로는 '마칫코'의 자유로운 생활을 부러워하는 측면도 있었다. 둘 사이에는 다음과 같은 생활상의 차이가 존재했기 때문이다.

14 시시 분로쿠(1893-1969년)는 쇼와 시대를 대표하는 소설가, 연출가, 극작가이다. 요코하마 출신으로 본명은 이와타 도요오岩田豊雄이다. 서민의 일상을 유쾌하게 풀어낸 대중소설로 인기를 끌었다. 《에츠짱悦ちゃん》, 《커피와 연애コーヒーと恋愛》, 《딸과 나娘と私》 등의 작품이 있다.

15 일본에서 가장 오래된 사립 소학교 중 하나이다. 1874년 후쿠자와 유키치福沢諭吉의 전폭적 후원을 받아, 와다 요시로和田義郎가 게이오기주쿠慶應義塾 구내의 자택에 세웠다. 처음에는 그냥 요치샤幼稚舍로 불리다가 1898년 게이오기주쿠의 학제를 개편할 때 게이오기주쿠요치샤로 정비되었다.

16 노테ノテ라는 표현은 야마노테의 줄임말이며, 여기서는 야마노테를 비하하는 의도로 사용된 표현이다.

17 야보ヤボ라는 표현은 촌뜨기, 세상 물정 모르는 사람이라는 뜻이다. 여기서는 시골 출신 하급무사를 비하하는 표현이다.

마칫코는 부모에게서 용돈을 많이 받았고 물건을 사거나 음식을 사 먹어도 혼나지 않았다. 귀가 시간이나 공부 시간도 통제받지 않았고 자유롭고 관대한 세계에 살았다. 그래서 마칫코는 스스럼없고 쾌활해서 배우의 말투나 라쿠고 따위를 따라 했지만, 야마노테 아이들은 재주도 없고 수줍음도 많이 탔다. 마칫코는 어른들의 세계에 섞여 놀았지만, 야마노테 아이들은 절대로 그곳에 들어갈 수 없었다. 입는 것도 마칫코는 비단으로 만든 옷을 입었지만, 야마노테 아이들은 수수한 무늬가 들어간 감색의 무명옷만 입어야 했다.*

여자들의 기질도 달랐다. 소설가 하세가와 시구레長谷川時雨[18]와 오카다 야치요岡田八千代[19]는 1910년〈시타마치 여자와 야마노테 여자下町の女と山の手の女子〉라는 수필에서 이렇게 적고 있다. "시타마치 여자는 에도 정취를 간직하고 있어서 호들갑스럽고 감정적인 성향이 있지만, 화가 나도 금방 잊어버리고 뒤끝이 없다. 이에 비해 야마노테 여자는 의지가 강하고 지혜롭지만, 냉정한 면

- 시시 분로쿠獅子文六,《야마노테 아이, 시타마치 아이町ッ子, 山の手の子町ッ子》
- [18] 하세가와 시구레(1879-1941년)는 극작가이자 소설가로 본명은 하세가와 야스長谷川ヤス이고 도쿄 니혼바시에서 태어났다. 19세에 아버지의 강요로 결혼하지만 10년 후 이혼했다. 고독한 결혼 생활 중 시작한 문학 공부와 습작을 바탕으로 일본 최초의 여성 가부키歌舞伎 극작가가 되었다.《여성예술女性芸術》,《여인예술女人芸術》등을 창간해 여성 작가의 발굴과 육성에 매진했다. 1937년 중일전쟁 이후에는 여성의 총후 활동에 앞장섰으며, 위문단 단장으로 대만, 광동, 해남도 등을 방문했다.
- [19] 오카다 야치요(1883-1962년)는 극작가이자 소설가로 히로시마에서 태어났다. 신극운동의 선구자인 오사나이 가오루小山内薫의 여동생이다. 1902년 잡지《명성明星》에 첫 소설〈만남めぐりあい〉을 발표해 등단하고 이후《가부키歌舞伎》등의 잡지에 희곡을 발표했다. 1911년 여성문예지《세이토青踏》발간에 참여하고, 1913년에는 하세가와 시구레와 함께《여성예술女性芸術》을 창간하는 등 활발하게 활동했다. 1923년에 여류극작가회를 만들고 회장이 되었다.

이 있어서 행상인을 함부로 부른다. 경칭은 생략하고 '어이, 두붓집!', '생선집!'이라고 부른다. 인력거꾼에게 수고했다는 인사도 하지 않는다. 게다가 뒤끝도 있어서 험담이라도 한번 들으며 그 원한을 끝까지 잊지 않는다." 참고로 이 글에서는 니혼바시나 교바시뿐만 아니라 후카가와와 혼조도 시타마치에 집어넣었다. 《도쿄풍속지》로부터 10년 남짓 흘렀을 뿐인데, 사타마치로 여겨지는 범위가 점점 더 커지고 있었다.

후카가와에 대한 향수

비슷한 시기에 나가이 가후는 〈후카가와의 노래深川の唄〉라는 수필에서 후카가와를 예찬했다. 1908년 섣달 20일이 지났을 무렵, 가후는 자택이 있는 요쓰야에서 쓰키지築地·료고쿠両国 방면의 전차에 올라탔다. 전차가 고지마치를 지나, 시타마치의 교바시구京橋区에 들어서자 승객 구성이 달라졌다. "시타마치 여인의 나긋나긋한 말투"가 들려오기 시작했다. 정전이 일어나 돌연 전차가 멈추었다. 앞뒤로 전차가 줄지어 서 있었다. 바깥을 둘러보니 초라한 서양식 건물이 질서 없이 들쑥날쑥하고 전선은 제멋대로 뒤엉켜 조망을 가로막았다. 통나무 전봇대가 숲처럼 빽빽하고 페인트로 칠한 간판이 조잡하게 널려 있다.

도시의 풍경에 싫증이 난 가후는 이렇게 마음먹었다. "천박한 이 도시의 중심에서 한달음에 후카가와로 달려가자, 후카가와로 도망치자." 과거의 아름다웠던 도쿄의 거리가 파괴되는 가운데, 가후는 강과 수로로 둘러싸인 후카가와의 애잔하고 쓸쓸한 뒷골목, 부동명왕不動明王[20]의 참배 길을 오가는 사람들, 나무다리 난간에 기대어 바라보는 강가 따위를 사랑했다. 이런 풍경은 어설프게 서구화된 도심, 교바시구에서는 더 이상 존재하지 않았다. 그 대신 가후는 후카가와에서 시타마치의 이상향을 발견했다.

그러나 메이지 말기에서 다이쇼 시대가 되면, 후카가와는 공업화를 거쳐 공장 매연이나 폐수 등으로 크게 손상된다. 야마구치 고켄山口孤劍[21]은 《도쿄신번창기東京新繁昌記》(1918)에서 이렇게 쓰고 있다. 고토江東의 공업지인 후카가와에는 하루가 다르게 공장이 늘어나고 있다. "전통을 간직한 장인은 점점 더 줄어들고, 손이며 얼굴도 시커먼 사람이 돌아다닌다. 기름에 찌들어 작업복이 번들거린다. 이런 사람이 오늘날 후카가와를 대표하게 되었다." 나중에 다시 언급하겠지만, 그 뒤에도 후카가와를 자주 찾았던 가후는 이런 풍경도 놓치지 않았다.

---

20 부동명왕은 밀교 오대 명왕 중 하나이다. 또한 대일여래大日如來의 화신 중에 하나로 일체의 악마를 굴복시키고 밀교 수행자를 보호한다고 알려져 있다. 고보대사 弘法大師가 중국에서 밀교를 수용하여 진언종을 개조할 때 대일여래를 주불로 모셨다. 일본에서 대일여래의 화신인 부동명왕은 대중적으로 널리 숭배된다.

21 야마구치 고켄(1883-1920년)은 일본의 초기 사회주의자로 본명은 야마구치 요시조山口義三이다. 1903년 결성된 헤이민샤平民社에 참여하여 러일전쟁 반대 활동을 벌였다. 1906년 일본사회당에 참여해 평의원이 되었고, 같은 해 도쿄 전차요금 인상 반대운동을 하다가 체포되었다. 《사회주의와 부인社會主義と婦人》, 《계급투쟁사론階級鬪爭史論》 등의 저술이 있다.

4. 삼원구조: 야마노테, 구 시타마치, 신 시타마치

전후 복구와 도시 공간의 삼분할

앞에서 설명했듯이 1923년 관동대지진이 일어났고, 이는 시타마치와 야마노테의 관계를 크게 바꾸었다. 시타마치는 원래 상당 부분이 에도 시대의 매립지로 지반이 약했고, 그 위에 목조 가옥을 세웠기 때문에 지진이 일어나자 피해가 극심했다. 니혼바시, 교바시, 간다, 아사쿠사 같은 시타마치의 중심부는 완전히 파괴되어 한동안은 번화가로 기능하지 못했다. 이를 대신해 야마노테의 터미널역 주변이 번화가로 발전하기 시작했다. 시부야, 신주쿠, 이케부쿠로池袋 등이 그곳인데, 상대적으로 피해가 적었던 탓이다.

이렇게 도쿄의 중심이 서쪽으로 이동하면서 야마노테의 비중이 커지게 되었다. 이미 메이지 말기부터 교외로 인구가 유출되기 시작했지만, 관동대지진은 이런 경향에 박차를 가했다. 신중간계급의 다수가 야마노테선山手線[22]의 서쪽 철길을 따라 이주했고, 더 나아가 교외로 이어지는 주오선中央線이나 사철의 노선을

---

22 도쿄 도심을 순환하는 노선으로 서울의 지하철 2호선과 유사하다. 야마노테선의 동쪽 철도는 에도 시대 시타마치 지역에 가깝고 서쪽 철도는 야마노테 지역에 가깝다. 여기서는 야마노테선 서쪽에 위치한 철길을 따라 야마노테 범위가 넓어졌다는 의미이다. 시부야, 신주쿠, 이케부쿠로 등이 서쪽에 위치한다.

따라 거주하면서 야마노테의 범위가 점점 더 확장되었다.

 시타마치의 번화가는 빠른 속도로 재건되어 이전의 활기를 되찾았다. 그러나 상대적인 지위 하락은 피할 수 없었다. 게다가 시타마치의 중심지는 아사쿠사에서 긴자銀座로 바뀌었다. 아사쿠사는 점원이나 수공업자, 노동자가 밀집한 곳으로 시타마치 색채가 강했지만, 긴자는 야마노테의 신중간계급이 주로 찾아왔다.

 다른 한편 관동대지진의 복구 과정에서 대규모 구획 정리가 추진되었다. 지진으로 소실된 면적의 43%, 면적으로는 30제곱킬로미터에 달하는 지역이 재정비되었다. 대상 지역의 택지 면적 중 약 12%가 도로와 기타 공공용지로 변경되었다.* 이로 인해 시타마치의 주택 호수가 대지진 이전 수준으로 돌아가지 못했고, 인구도 1930년대 중반까지는 좀처럼 회복하지 못했다. 반면에 피해가 적었던 야마노테는 주택 호수나 인구 면에서 거의 변화가 없었다.**

 1925년 1월에는 내무성 고시에 따라 토지 용도가 지정되었다. 이 조치는 약간의 수정을 거쳐 1926년 9월에 확정되었다. 이로 인해 시타마치와 야마노테의 관계가 크게 바뀌었다. 야마노테의 고지대는 주택지역이 되었고 요쓰야, 신주쿠, 시부야 등지는 상업지역이 되었다. 야마노테와 스미다가와 사이에 있는 지역, 예를 들어 교바시구, 니혼바시구, 간다구, 아사카사구에서는 많은 부분이 상업지역이 되었다. 반면에 스미다가와 동쪽에 자리한 후카가와구, 혼조구에서는 대다수가 공업지구로 지정되었고, 나중에 도

- 도쿄도백년사편찬위원회東京都百年史編纂委員会,《도쿄백년사東京百年史》
- ●● 다나카 마사루田中傑,《제도부흥과 생활공간帝都復興と生活空間》

쿄로 편입된 조토구, 무코지마구, 아라카와구, 오지구에서도 같은 조치가 취해졌다. 이제 시타마치는 스미다가와를 경계로 동서로 구분되어, 도심의 구舊 시타마치는 상업지역이 되었고 동쪽의 신新 시타마치는 공업지역이 되었다.

각각의 지역에는 시가지건축법(1919년)에 따라 건설 가능한 시설의 내용이나 규모가 제한되었다. 예를 들어 주택지역에는 '거주의 안정'을 해칠 수 있는 건물이 허용되지 않았다. 마찬가지로 상업지역에는 '상업의 편리'를 침해할 수 있는 시설이 인가되지 않았다. 반면 일정 규모를 넘어서는 공장이나 창고는 공업지역에만 허가되었고, 위생상 유해하거나 보안상 위험한 건물도 그곳에만 세울 수 있었다. 이로 인해 야마노테는 점점 더 쾌적한 주택지가 되었고, 스마다가와 동쪽에 위치한 시타마치는 점점 더 공장지대의 성격이 짙어졌다.

토지 용도의 구체화

1930년 엔본円本[23] 붐에 편승해 가이조샤改造社는 《일본지리대계 대도쿄편日本地理大系 大東京篇》을 출간했다. 여기에는 당시 도쿄 시장이었던 호리키리 젠지로堀切善次郎가 참여했으며, 그 밖에도 내무성 부흥국의 간부, 메이지신궁의 구지宮司[24], 지리학·지질학역

---

23 책 한 권의 가격이 1엔인 전집이나 총서류의 책을 일컫는다. 1926년 12월 가이조샤에서 출간한 《현대일본문학전집現代日本文学全集》이 최초라고 전해진다. 책값이 내려가자 독서 대중이 크게 늘어나고 출판 시장도 많은 변화가 일어났다.

24 일본 신사의 책임자가 맡는 직책이다.

사학·경제학 등의 연구자, 소설가 가와바타 야스나리川端康成[25], 에도문학 연구가 미타무라 엔교三田村鳶魚[26], 빈민 취재로 알려진 언론인 구사마 야소오草間八十雄[27] 등이 기고자로 참가했다. 이 책은 도쿄의 전체상을 묘사한 방대한 분량으로, 관동대지진 이후 용도지정이 어떤 역할을 했는지 다음과 같이 서술하고 있다.

관동대지진 이전 호황기 시절에는 조용한 주택지로 알려진 야마노테까지 공장이 진출하고 상점가가 들어섰다. 그러나 대지진 이후 도시계획에 따라 각 지역에는 동일한 목적의 건물이 집중되었다. 그 결과 야마노테는 "다양한 생산시설과 생활양식이 혼재되지 않고", 주택지 색채가 그대로 이어졌다. 야마노테는 공업지대의 매연을 피할 수 있는 장소가 되었고 이상적인 주택지로 기능하게 되었다. 주택지의 위상에 있어서 높이, 즉 고도는 특별한 의미가 있었다. 높은 대지는 "부와 문화의 수준을 표상"했고, 고도가 낮은 혼조나 후카가와 등과 대조를 이루며 "프롤레타리

---

[25] 가와바타 야스나리(1899-1972년)는 오사카 출신의 소설가로 도쿄제국대학을 졸업했다. 한국에도 널리 알려진 《설국雪国》의 저자이다. 일본의 전통미를 계승했다는 평가와 함께 1968년 일본인 최초로 노벨문학상을 받았다. 《이즈의 무희伊豆の踊子》, 《산의 소리山の音》 등의 작품이 있다.

[26] 미타무라 엔교(1870-1952년)는 에도 시대 연구로 유명한 재야 연구자이다. 기자로도 활동했으며, 에도 시대의 풍속과 문화에 대한 다양한 저술을 발표했다. 《미타무라 엔교 전집三田村鳶魚》(전 28권)이 출판되었다.

[27] 구사마 야소오(1875-1946년)는 나가노현 출신으로 도시 하층민에 대한 연구로 알려졌다. 신문기자로 활동하다가 1922년부터 도쿄시 사회국의 촉탁으로 빈민가 등의 조사를 담당했다. 조사 결과는 다양한 형태로 재구성되어 남아 있다. 《부랑자와 매춘부 연구浮浪者と売笑婦の研究》, 《도시하층민중생활실태자료집성都市下層民衆生活実態資料集成》(전 2권), 《근대 일본의 격차와 최하층사회近代日本の格差と最下層社会》 등이 있다.

아 세계와 쁘띠 부르주아 세계 사이의 확연한 차이를 드러냈다." 노동자계급(프롤레타리아)은 시타마치에 살았고 신중간계급(쁘띠 부르주아)은 야마노테에 거주했다. 요컨대 야마노테와 시타마치는 그 이전보다 계급적 차이가 분명한 형태로 변해갔다.

문학평론가 이소다 고이치磯田光一[28]는 용도 지역을 결정한 내무성 고시가 그 뒤로 도쿄의 운명을 결정했다고 말한다. 지방에서 올라와 '표준어'를 구사하는 근대화의 지도층은 상업·정치·경제의 중심지를 가운데 놓고, 세타가야나 스기나미 방면의 야마노테에 정착했다. 이에 비해 토착의 '도쿄 방언'을 구사하는 사람들은 시타마치에 많이 살았다. 전자는 후자를 지배하고 봉쇄하며 '도쿄 방언'을 절멸하려고 시도했다. 양자 사이를 흐르는 스미다가와는 지배 세력이 추진한 근대화에 희생되어 공장 폐수로 가득한 오염된 강이 되었다.*

이렇게 도쿄는 독특한 삼원 구조를 갖게 되었다. 신중간계급이 거주하는 야마노테, 번화가로 성장한 구 시타마치, 공장지대이자 노동자계급이 거주하는 신 시타마치. 그리고 시타마치 이미지의 중심지는 구 시타마치에서 신 시타마치로 바뀌었고, 그중에서도 혼조와 후카가와로 옮겨가기 시작했다.

1925년 《부인공론婦人公論》에는 이 구조를 독특한 관점에서 보여주는 기사가 실렸다. 〈쓰레기 처리장에서 바라본 새로운 도쿄

---

28 이소다 고이치(1931-1987년)는 영문학자이자 문학 평론가이다. 요코하마 출생으로 도쿄도 가쓰시카구에서 자랐다. 도쿄대학교 영문학과 및 대학원을 졸업하고 같은 학교 교수가 되었다. 《나가이 가후永井荷風》, 《전후사의 공간戰後史の空間》 등의 저작이 있다.

• 이소다 고이치磯田光一, 《사상으로서의 도쿄思想としての東京》

塵芥掃溜場から観た新東京〉라는 제목이 붙어 있다. 기사에 따르면 야마노테와 구 시타마치, 신 시타마치 사이에는 쓰레기 내용물도 매우 달랐다. 야마노테는 쓰레기 낭비가 전혀 없었다. 생선뼈 등은 씻은 듯이 깨끗하게 발라먹었고 귤은 껍질도 거의 남기지 않았다. 귤껍질은 말려서 여름에는 모기향으로 사용되었다.

이에 반해 상점이 많은 구 시타마치의 니혼바시나 교바시에서는 음식을 아까워하지 않고 대충 먹다 버렸다. 좋아하지 않는 음식은 몇 번 깨작이다 말고 귤도 맛이 없는 것은 먹다가 남겼다. 신 시타마치에서는 혼조구의 경우 귤은 속껍질까지 모두 먹어버려 겉껍질만 남겼고, 사과는 껍질을 벗기지 않고 통째로 먹다가 씨앗 부분만 버렸다. 이처럼 사는 곳마다 사람들의 생활 습관도 크게 달랐다.

같은 영화, 다른 반응

사람들의 감수성 또한 달랐다. 다카미 준의 소설 《어떤 별 아래서 如何なる星の下に》(1940)에는 이런 일화가 나온다.

주인공인 소설가 구라하시倉橋는 아사쿠사의 아파트에 셋방살이를 하고 있다. 그는 어느 날 가까운 극장에서 영화 《작문교실 綴方教室》을 보게 된다.* 이 영화는 동명의 수필을 극화한 작품으로, 저자는 가쓰시카구에 사는 소학생이자, 가난한 직공의 딸인

* 야마모토 가지로山本嘉次郎 감독, 1938년 작품이다.

도요타 마사코豊田正子이다. 소녀는 자신의 가족 이야기를 솔직하게 그리고 있다. 섣달그믐인데도 직장에서 돈을 받지 못해 아버지는 빈손으로 설날을 맞이해야 했다. 낙담한 아버지는 집으로 돌아와 가족에게 난동을 부렸다. 구라하시는 같은 영화를 마루노우치丸の內[29]의 극장에서도 보게 되는데, 그곳의 관객은 이 장면에서 정말 크게 웃었다. 그러나 아사쿠사의 관객은 웃기는커녕 분위기가 가라앉았고, 흐느껴 우는 소리가 곳곳에서 들려왔다. 마루노우치 근처에는 샐러리맨, 학생, 금리 생활자가 많이 살았지만, 아사쿠사에는 영화 속 주인공처럼 가난한 직공이나 노동자가 많이 살았다. 그래서 영화가 흘러가자 마치 자신의 일인 양 감정이 북받친 것이다.

물론 반대의 사례도 있다. 오즈 야스지로小津安二郎[30]는 전쟁 이전에 《태어나기는 했지만生まれてはみたけれど》(1932)이라는 영화를 만들었다. 이 뛰어난 작품에서 오즈는 도쿄의 교외 지역, 아마도 이케가미선池上線 근처의 오모리구大森区에 거주하는 샐러리맨 일가를 그렸다. 소학교에 다니는 두 아들은 다른 누구보다도 자신의 아버지가 대단하다고 자랑하지만, 어느 날 근처에 사는 회사 중역 앞에서 아버지가 광대처럼 아첨하는 장면을 목격하고 만다.

---

29 야마노테 지역의 지명이다. 현재 지요다구에 위치하지만, 과거에는 고지마치에 속했다.

30 오즈 야스지로(1903-1963년)는 일본을 대표하는 영화감독이다. 1923년 쇼치쿠松竹 스튜디오에 입사하고 1927년 《참회의 칼懺悔の刃》로 데뷔했다. 소시민의 일상을 주로 다루었고, 영화마다 반복적으로 등장하는 다다미방 장면 등 독특한 작품 세계로 유명하다. 《태어나기는 했지만》, 《늦봄晩春》, 《도쿄이야기東京物語》, 《안녕하시오おはよう》 등의 작품이 있다.

아버지의 행동에 환멸을 느낀 아이들은 집에 돌아와 아버지를 비난한다. 그러나 아버지는 먹고사는 일이 그렇게 쉬운 줄 아냐고 되레 화를 내면서 두 아들을 때린다. 영화평론가 사토 다다오佐藤忠男[31]에 따르면, 샐러리맨의 비애를 다룬 이 영화는 중산계급이 많이 사는 지역이나 평론가들 사이에는 심각한 영화로 여겨졌다. 하지만 가난한 사람이 많이 사는 시타마치에서는 코믹한 영화로 받아들여졌다고 한다.*

관동대지진 이후 스미다가와 동쪽, 즉 시타마치에는 공업지대의 색채가 점점 더 강해졌다. 나가이 가후는 대지진의 복구 과정에서 그곳을 여러 번 찾아간다. 1931년 11월 20일, 혼조와 후카가와를 산책한 나가이 가후는 일기에 이렇게 남긴다. "관동대지진 전에는 공장의 매연이나 폐수 냄새가 지독해 걸어 다니는 일조차 쉽지 않았다. 그러나 이제는 공장이 깨끗해지고 도로도 포장되어, 냄새가 거의 나지 않는다." 그는 달리는 전차 안에서 새로워진 도로를 바라보며 이렇게 묘사했다.**

> 오나기가와小名木川 강변에서 스사키洲崎 유곽 앞에 이르는 곳. 널찍한 공터가 놓여 있고 수로가 몇 줄기 뒤엉켜 있으며, 멀리 지평선 너머에는 공장 굴뚝이 우뚝 솟아 있다. 메구로, 시부야와 맞닿은 교외 지역과는 전혀 다른 풍경이 펼쳐진다.

---

31 사토 다다오(1930년-)는 영화평론가이다. 1950년대부터 평론을 시작해 《영화평론映画評論》, 《사상의 과학思想の科学》 편집장을 역임했다. 현재는 영화뿐만 아니라 연극, 예능, 교육 등 여러 방면에 걸쳐 평론을 하고 있다.

* 사토 다다오佐藤忠男, 《증보판 l 일본영화사増補版 l 日本映画社》
** 나가이 가후永井 荷風, 《단초테이니치조断腸亭日乗》

〈그림 3-1〉 니시후나보리西船堀 방수로 수문 아래의 풍경

나가이 가후는 다음 해 1월 29일 더 동쪽으로 들어간다. 아라카와荒川와 나카가와中川가 합류하는 부근까지 찾아가, 가후는 수문 주변에 우거진 갈대와 건너편 강가의 공장 굴뚝을 스케치로 남겼다. 그리고는 이렇게 적고 있다. "때마침 해는 스나무라砂村 저편으로 넘어가고 석양의 그림자는 마른 갈대 사이의 물웅덩이 위에 어렸다. 이윽고 풍경이 아름다움을 더하기 시작했다." 나가이 가후는 공업화되는 동쪽의 교외 지역, 즉 신 시타마치의 풍경에도 마음이 끌렸던 모양이다.

5. 태평양전쟁 이후의 시타마치와 야마노테

전쟁 피해와 격차

전쟁은 결정적으로 시타마치와 야마노테의 격차를 심화시켰다. 시마타치에는 가난한 노동자나 자영업자가 많이 살았고 전체적으로 학력도 낮았다. 이에 비해 야마노테에서는 대체로 학력 수준이 높았고 샐러리맨이나 관리가 많았으며 교육열도 매우 높았다. 그런데 징병에서도 학력에 따른 격차가 분명히 존재했다. 구舊 교육제도 아래서는 1943년까지 징병 유예 제도가 있었는데, 고교 이상에 다닐 경우 이런 특권이 주어졌다. 사토 가오리佐藤香의 연구에 따르면, 1945년 당시 20대 청년의 징병률은 소학교 졸업자가 37%로 가장 높았고, 중학교·실업학교 졸업자가 21%로 그 다음이었다. 반면에 고교 재학 이상에서는 11%로 매우 낮게 나타났다.* 따라서 전장에서 죽어나간 사람도 시타마치 출신인 경우가 훨씬 많았다.

게다가 1945년 3월에는 도쿄대공습이 시작되어 시타마치의 거의 모든 곳이 잿더미로 변했다. 도심인 야마노테도 공습 피해가 적지 않았지만, 목조 주택이 즐비한 시타마치에 비하며 인적

* 사토 가오리佐藤香, 〈전후 사회로 본 전쟁의 영향戰後社会にみる戦争の影響〉

피해는 매우 적었다. 그리고 세타가야, 스기나미 등 야마노테 서쪽에는 택지화가 마무리되지 않아서 농지 비율이 여전히 높았다. 그래서 군사적으로 폭격할 가치가 거의 없었고 이런 이유로 피해가 적었다.

〈도표 3-2〉는 전쟁으로 인한 야마노테와 시타마치의 사망자를 비교한 결과이다. 기존의 도쿄 15구에 해당하는 지역을 각각 구 시타마치와 구 야마노테로 나누었고, 나중에 도쿄시에 편입된 지역을 각각 신 시타마치와 신 야마노테로 나누었다. 신구 지역 모두를 포함하는 자치구인 스미다墨田, 고토는 구 시타마치에 넣었고, 똑같은 경우인 신주쿠는 구 야마노테에 넣었다. 몇 개 구는 시타마치와 야마노테 모두에 걸쳐 있는데, 이에 대해서는 일반적으로 사용하는 분류 체계를 따랐다.

예를 들어 미나토구는 시타마치의 색채가 매우 짙은 옛 시바구를 포함하지만 구 야마노테로 분류했다. 마찬가지로 시나가와구와 오타구도 각각 구 시나가와와 구 가마타구를 포함하지만 신 야마노테로 분류했다. 또한 현재의 네리마구는 야마노테의 성격이 강하지만, 그 당시 통계로는 이타바시구와 따로 집계하지 않아서 일괄적으로 신 시타마치에 집어넣었다.

정리하자면 이 도표에서 '구 시타마치'는 주오구中央区, 다이토구台東区, 스미다구, 고토구를 가리킨다. '구 야마노테'는 지요다구, 미나토구, 신주쿠구, 분쿄구文京区를 의미한다. '신 시타마치'는 기타구, 아라카와구荒川区, 이타바시구, 네리마구, 아다치구足立区, 가쓰시카구, 에도가와구江戸川区를 말한다. '신 야마노테'는 시나가와구, 메구로구, 오타구, 세타가야구世田谷区, 시부야구渋谷区, 나카노구中野区, 스기나미구杉並区, 도시마구豊島区를 가리킨다.

〈도표 3-2〉 전쟁으로 인한 사망자수와 사망률

	전쟁으로 인한 사망자(명)	1945년 2월의 인구(명)	사망률
구 시타마치	80,498	999,465	8.05%
구 야마노테	3,620	834,187	0.43%
신 시타마치	6,940	1,266,440	0.55%
신 야마노테	4,307	1,942,508	0.22%

출처) 도쿄도 《도쿄백년사》, 사오토메 가쓰모토루乙女勝元, 《도설 도쿄대공습》에 표시된 숫자에서 산출. 원자료는 도쿄도민정국 〈인구동태조사〉 및 경제안정본부, 〈태평양전쟁에 의한 일본의 피해종합조사보고서〉

　결과에서 보듯이 구 시타마치의 4개 구에서만 사망자가 8만 명이 넘었고 사망률은 8%에 달했다. 그중 피해가 가장 컸던 고토 구에서는 사망자가 약 4만 명, 사망률은 14%를 넘었다. 이에 비해 야마노테와 신 시타마치에서는 사망자가 수천 명 정도에 그쳤으며 사망률도 1% 아래에 머물렀다. 특히 신 야마노테의 피해가 적었는데, 세타가야구 등은 전체 인구(27만 명) 가운데 사망자가 81명에 불과했고 사망률은 0.03%로 나타났다.•

　구 시타마치는 근대화 과정에서 심각한 공해를 견디며 일본 산업을 떠받쳤다. 신중간계급은 좋은 환경과 안전한 주택을 찾아 교외로 흩어졌지만, 가난한 노동자는 공장 근처에 모여 살았다. 그들이 사는 밀집된 나가야는 관동대지진이 발생하자 커다란 피해를 보았다. 전쟁 중에도 이곳은 집중적으로 파괴되었다. 인구가 조밀하고 공장도 많아서 폭격의 대상이 되었고 더 많은 희생자가

• 더 상세한 결과로 《세타가야 근현대사世田谷近·現代史》에서는 사망자가 111명이다.

나왔다. 이에 대해 가와모토 사부로川本三朗[32]는 이렇게 표현했다.

> 도쿄의 시타마치는 죽음에 물들어 있다. 관동대지진이 가져온 죽음, 도쿄 공습이 가져온 죽음. 시타마치 정서, 에도의 잔향, 미화된 이키粹[33]의 이면에는 시커먼 죽음이 가라앉아 있다.•

아사히신문 연재기사

1945년 이후 신 시타마치는 이전과 다름없이 공장지대로 복구되었다. 그러나 도심인 구 시타마치와 구 야마노테는 전쟁 전의 인구를 회복하면서 번화가이자 업무지구의 성격이 강해졌다. 그리고 신 야마노테는 신중간계급의 주택지가 되어 인구가 급격히 불어났다. 시타마치와 야마노테의 격차는 각각 동과 서로 그 범위를 넓히면서 부활한 것이다.

1955년 7월《아사히신문》(도쿄판)은〈야마노테와 시타마치〉라는 제목으로 24회에 걸쳐 연재 기사를 실었다.〈도깨비お化け〉,

---

32 가와모토 사부로(1944년-)는 도쿄 시부야구 요요기代々木에서 태어났다. 영화, 문학, 만화, 도쿄 등에 관한 평론과 수필을 쓰고 있다.《가후와 도쿄荷風と東京》,《하야시 후미코의 쇼와林芙美子の昭和》,《나루세 미키오, 영화의 모습成瀬巳喜男 映画の面影》,《'남자는 괴로워'를 여행하다'男はつらいよ'を旅する》등의 작품이 있다. 자서전인《마이 백 페이지マイバック.ページ》는 동명의 영화로 제작되었다.

33 '이키'란 일본 문화에 내재된 독특하고 독립적인 미의식 형태를 지칭하는 용어다. 일반적으로 에도 시대의 문화 전통을 이키와 연결해 설명한다. 대표적으로 일본의 철학자 구키 슈조九鬼周造가 쓴《이키의 구조いきの構造》(1930)를 꼽을 수 있다.

• 가와모토 사부로川本三朗,《도쿄살이東京暮らし》

〈시원한 맛涼味〉, 〈강川〉, 〈참배お参り〉 등 12개 주제에 맞추어 '야마노테', '시타마치' 각각의 풍속을 번갈아 소개했다. 예를 들어 〈도깨비〉 편을 살펴보면, 야마노테 쪽에는 요쓰야 괴담[34]이 소개되고 오이와 사당お岩靈堂에 참배하는 여성들이 그려졌다. 시타마치 쪽에는 다이토구에 위치한 도깨비 집이 선택되었다. 〈강〉 편에서는 야마노테의 골짜기를 흘러가는 센가와千川가 등장하고, 시타마치에서는 놀잇배屋形船[35]가 부활한 스미다가와 풍경이 그려졌다. 이 연재는 야마노테와 시타마치의 풍토와 문화 차이를 소개하는 기획으로, 전체적으로 교양 색채가 짙었다. 그러나 연재가 끝날 즈음, 〈멋おしゃれ〉 이라는 기사가 실렸는데, 이 주제만은 그 성격이 아주 달랐다.

야마노테 쪽에는 나카노구에 있는 '과학미용실科学美容室'이 소개되었다. 기사의 제목은 〈돈과 인내의 '미용과학'金と忍耐の"美容科学"〉이며, '미용과학'에 입각한 바디 마사지나 호르몬 목욕, 오존 미안 등의 시술이 그려지고 1회에 1,000엔이라는 비용이 부각되었다. 그 당시 고위 공무원이 갓 취임하면 8,700엔을 받았는데, 이를 기준으로 현재 가치를 계산하면 한번 시술에 대략 2만 엔 정도가 들어갔다.

이에 비해 시타마치 쪽에는 〈초열지옥의 '이면'焦熱地獄の'舞台

---

34 일본의 대표적인 괴담으로 겐로쿠 시대(1700년 전후)에 일어난 사건을 바탕으로 만들어졌다. 오이와가 남편인 이에몬에게 살해당하고 유령이 되어 복수한다는 내용이다. 쓰루야 난보쿠鶴屋南北는 이 이야기를 가부키로 만들어 1825년에 초연했다. 야마노테 요쓰야 지역(신주쿠 근처)에는 오이와를 기리는 유명한 사당이 있다.
35 야카타부네やかたぶね라고 부르며, 배에 지붕을 설치하고 뱃놀이를 즐기는 놀잇배를 말한다. 에도 시대부터 스미다가와 및 도쿄만에서 이 배를 타고 풍류를 즐겼다.

裏〉이라는 제목으로 고토구 가메이도亀戸에서 화장품 용기를 만드는 여공이 소개되었다. 공정상 고온의 가마가 필요해서 작업장의 온도는 가볍게 50도를 넘어갔다. "야마노테의 사모님奥樣族이 미용술이다, 전신 미용법이다 하며 미용실을 다니고 있을 때, 시타마치의 한쪽 구석에는 고온을 견디는 여공이 있다. 그들은 땀과 먼지를 뒤집어쓴 채 화장품 용기를 만든다." 풍요로운 소비 생활을 누리는 야마노테, 그것을 떠받치는 시타마치. 양쪽은 완벽한 대비를 보여준다. 연재 기사를 차례로 읽어 가면, 이 한 회의 기사로 전체 기사의 인상이 완전히 바뀌어 버린다.

야마노테를 위한 희생

스미다가와의 오염은 날로 심해졌다. 1955년 즈음 작가 마스다 미즈코増田みず子[36]는 아다치구의 스미다가와 주변에서 소녀 시절을 보냈다. 철교를 건너는 열차를 보거나 오가는 배를 보는 것이 좋아서 마스다는 스미다가와 제방에 자주 올랐다. 그러나 강물이 너무 검어서 물처럼 보이지 않았다. 어른들은 "스미다가와 강물은 독이다. 만지기만 해도 피부가 썩어 들어가고, 눈에 들어가면 눈이 먼다"고 말하곤 했다.•

1960년 《아사히신문》에 연재된 〈도쿄소식東京だより〉에서도

---

36 마스다 미즈코(1948년-)는 도쿄 아다치구 출신의 소설가이다. 도쿄대학교 농학부 식물방역과를 졸업하고 니혼의과대학에서 근무하면서 1977년 발표한 《사후 관계死後の関係》라는 작품으로 데뷔했다.

• 마스다 미즈코増田みず子, 《나의 도쿄이야기私の東京物語》

하나모리 야스지花森安治[37]는 이렇게 쓰고 있다.**

> 그것은 대체 무슨 색일까. 이건 스미다가와의 색이다. 싸구려 잉크를 흘려보낸 듯이, 보라색인지 감색인지 알 수 없는 색. 염색 공장의 하수구에 흐르는 색과도 비슷하다. (중략) 냄새는 또 어떤가. 이건 스미다가와의 냄새이다. 강 상류의 공장 폐수, 쓰레기와 오물, 메탄가스. 이것이 혼연일체가 되어 코를 덮쳐 온다.

사실 그 무렵 전국의 중학생은 스미다가와의 아름다움을 찬양하는 노래를 불러야 했다. 이는 〈꽃花〉이란 곡으로, 다키 렌타로滝廉太郎[38]가 만들고 다케시마 마타지로武島又次郎[39]가 가사를 붙였다. 이 노래는 1958년 중학교 3학년 가창 과목의 공통 교재로 채택되어, 1998년 학습지도요령이 바뀔 때까지 사용되었다.*** 이

---

37 하나모리 야스지(1911-1978년)는 고베 출신으로 도쿄제국대학 문학부 미학미술사학과를 졸업했다. 1948년 잡지 《생활수첩暮しの手帖》을 창간하고 30여 년 동안 편집장을 맡았다. 기획, 취재, 원고 작성, 교정은 물론이고 촬영, 표지 도안, 삽화까지 전부 손수 작업한 것으로 유명하다. 광고를 일절 싣지 않았으며, 개별 상품을 테스트하고 실명으로 기사화하는 등 독특한 태도를 유지했다.

•• 아사히신문사朝日新聞社 편, 《도쿄소식東京だより》

38 다키 렌타로(1879-1903년)는 도쿄 시바구(현재 미나토구) 출신의 작곡가이다. 1894년 십대 중반의 나이로 도쿄음악학교에 들어가 1898년 졸업했다. 1901년 독일 라이프치히 음악원으로 유학을 떠났지만 폐결핵으로 귀국했다. 아버지의 고향인 오이타大分에서 요양을 하다가 이십대의 젊은 나이에 사망했다.

39 다케시마 마타지로(1872-1967년)는 시인이자 작사가, 일본의 국문학자이다. 마타지로又次郎가 본명이지만, 하고로모羽衣라는 이름으로 더 알려져 있다. 1895년 창간된 《제국문학帝国文学》의 편집 위원이었고 시인으로 명성이 높았다. 도쿄음악학원(현 도쿄예술대학) 등에서 교편을 잡았다.

••• 마쓰모토 다다시松本正, 〈교재로 본 다키 렌타로 연구教材としての滝廉太郎に関する研究〉

기간 동안 스미다가와 주변에 사는 사람이 아니라면, 전국의 중학생은 봄날의 아름다운 강가를 마음속에 그렸을 것이다. 스미다가와 위에는 맑은 물이 흐르고 오가는 배들이 빛나는 물보라를 일으키며 언덕에는 벚꽃이 활짝 핀다고 말이다. 그러나 스미다가와는 1970년대 후반까지 오염이 심각했다. 그 이후에야 지금과 비슷한 수준으로 수질이 좋아졌다.

한편 시타마치는 도쿄의 쓰레기 처리를 도맡아 왔다. 현재의 고토구 서쪽에 자리한 에이타지마永代島는 스미다가와 하구에 있는 섬으로, 1655년 쓰레기 처리장이 되었다. 그 이후 메이지 시대에는 도쿄시 노천 소각장露天焼却場, 쇼와 시대에는 후카가와 쓰레기 처리장深川塵芥処理場, 1945년 이후에는 유메노시마 매립지夢の島埋め立て地라고 불리며 도쿄의 쓰레기 가운데 대부분을 처리했다. 주민들은 오랫동안 악취에 시달렸고 파리 떼, 교통 체증, 쓰레기 먼지 따위로 고통을 받아왔다.

이 때문에 1971년 고토구의회는 '쓰레기 반입 금지'를 결의하고 쓰레기의 구별区別 처리를 주장했다. 또한 쓰레기 처리장 건설에 협조하지 않는 스기나미구를 상대로 쓰레기 반입을 저지하는 등 행동에 나섰다. 이것이 바로 '도쿄 쓰레기 전쟁'이다. 직접적 계기는 쓰레기 문제로 시작했지만, 주민들 사이에는 그전부터 "시타마치가 야마노테에 희생되고 있다"는 불만이 펴져 있었다. 예컨대 고토구에는 하수처리장, 공장 등의 공해 시설이 몰려 있었지만 도쿄도가 설치한 문화시설은 거의 없었다.•

- 《아사히신문》, 1971년 9월 26일

6. 시타마치 이미지의 전환

〈남자는 괴로워男はつらいよ〉로 본 시타마치

1960년대 들어 '시타마치'와 '야마노테'는 전쟁 이전보다 확장되었다. 그러나 지금과 비교하면 그 범위가 작았다.

1961년 7월 18일과 8월 1일,《아사히신문》에는〈도쿄의 야마노테〉,〈도쿄의 시타마치〉라는 특집 기사가 실렸다. 그 기사에는 '시타마치'와 '야마노테'의 역사와 특징이 소개되고, 그 당시 양쪽 지역의 범위가 지도로 표시되었다.

이 지도를 살펴보면,〈도표 3-2〉에서 구 시타마치와 신 시타마치로 분류된 지역 가운데 이타바시구(와 네리마구)를 제외하면 대부분의 지역이 '시타마치'로 여겨졌다. 그러나 아다치구, 가쓰시카구, 에도가와구의 경우에는 도쿄 외곽, 그러니까 사이타마현埼玉県, 지바현千葉県의 경계 부분이 포함되지 않았다. 또한 야마노테는 나카노구, 스기나미구, 시부야구, 메구로구까지 넓어졌고, 그 대신 세타가야구와 오타구에서는 도심에 가까운 일부 지역만 포함되었다. 현재 시타마치의 상징으로 여겨지는 가쓰시카구의 동쪽 끝, 그러니까 시바마타는 '시타마치'에 들어가지 않았고, 고급 주택지의 대명사로 알려진 세이조成城와 덴엔초후田園調布도 '야마노테'로 인식되지 않았다. 이 모든 지역이 교외 지대로 여겨졌다. 덧붙이자면 기타구, 이타바시구, 네리마구, 도시마구는 어느 쪽에도 포함되지 않았다. 시타마치와 야마노테의 중간쯤으로 여겨졌을 것이다.

　1969년에 시작된 연작 영화《남자는 괴로워》는 처음부터 '도쿄의 시타마치'를 전면에 내세웠다. 첫 번째 시리즈의 예고편에는 "시타마치의 풍물 속에서/ 덤벙거리고/ 사람 좋은/ 도라상이/ 연주하는/ 웃음과 눈물의 선율집"이라는 표현이 강조되었고, 포스터에는 "뼛속까지 에도 토박이"라는 문구가 눈에 띄었다. 이 영화는 시바마타를 배경으로 하고 있지만, 그때까지만 해도 "시바마타가 시타마치"라는 생각이 널리 퍼진 것은 아니었다. 시바마타는 본래 시모사국下総国 가쓰시카군葛飾郡 시바마타촌柴又村으로 에도에서 멀리 떨어진 농촌이었다. 감독인 야마다 요지山田洋次에 따르면, 우에노나 긴자에 나갈 때 오래된 주민은 "도쿄에 간다"라고 말했다.●

　그러나 결국《남자는 괴로워》는 사람들이 생각하는 '시타마치'의 범위를 확장했고 그 이미지를 '인정人情'이나 '에도 정서' 쪽으로 바꾸는 데 도움을 주었다. 이 연작 영화의 성공으로 1970년대 중반부터 시바마타를 포함한 신 시타마치 전체가 대중 매체의 단골 주제로 떠올랐다.

● 가와모토 사부로川本三朗 감수,《도라상 완전 최종본寅さん完全最終本》

〈그림 3-2〉 도쿄의 시타마치 (《아사히신문》 1961년 8월 1일)

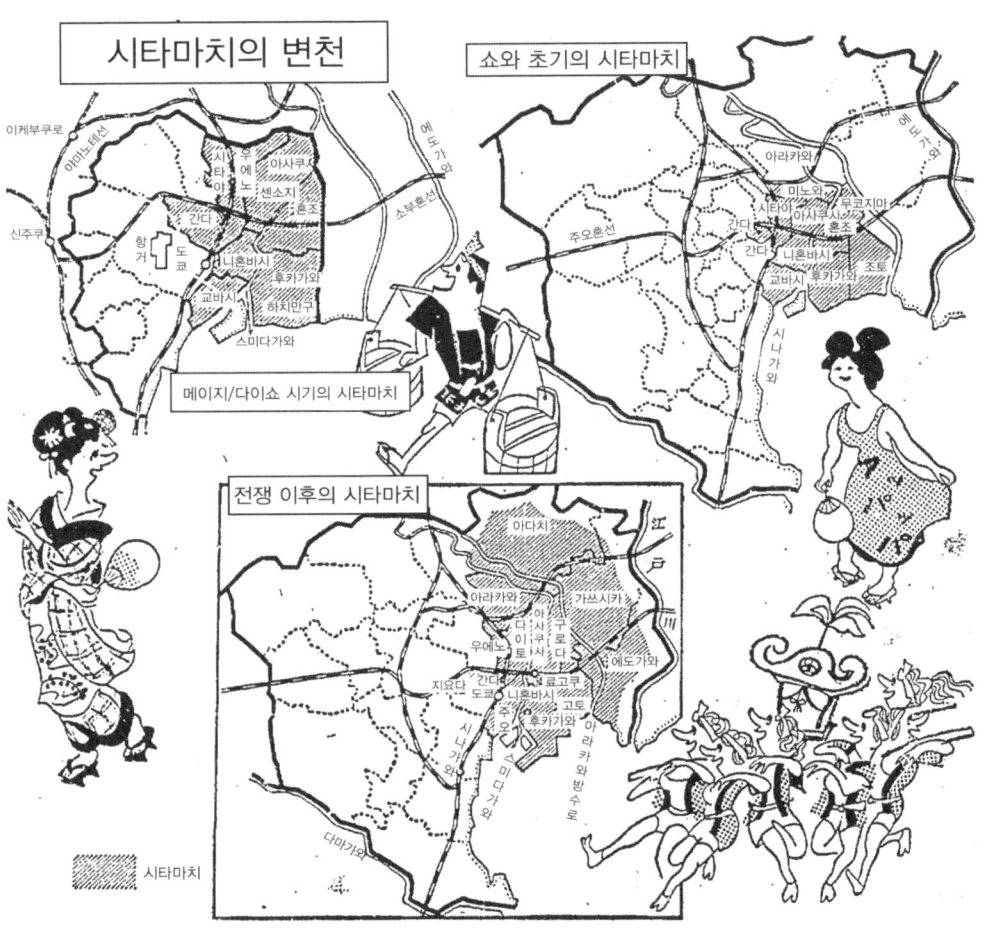

출처) 아사히신문 제공

〈그림 3-3〉 도쿄의 야마노테 (《아사히신문》 1961년 7월 18일)

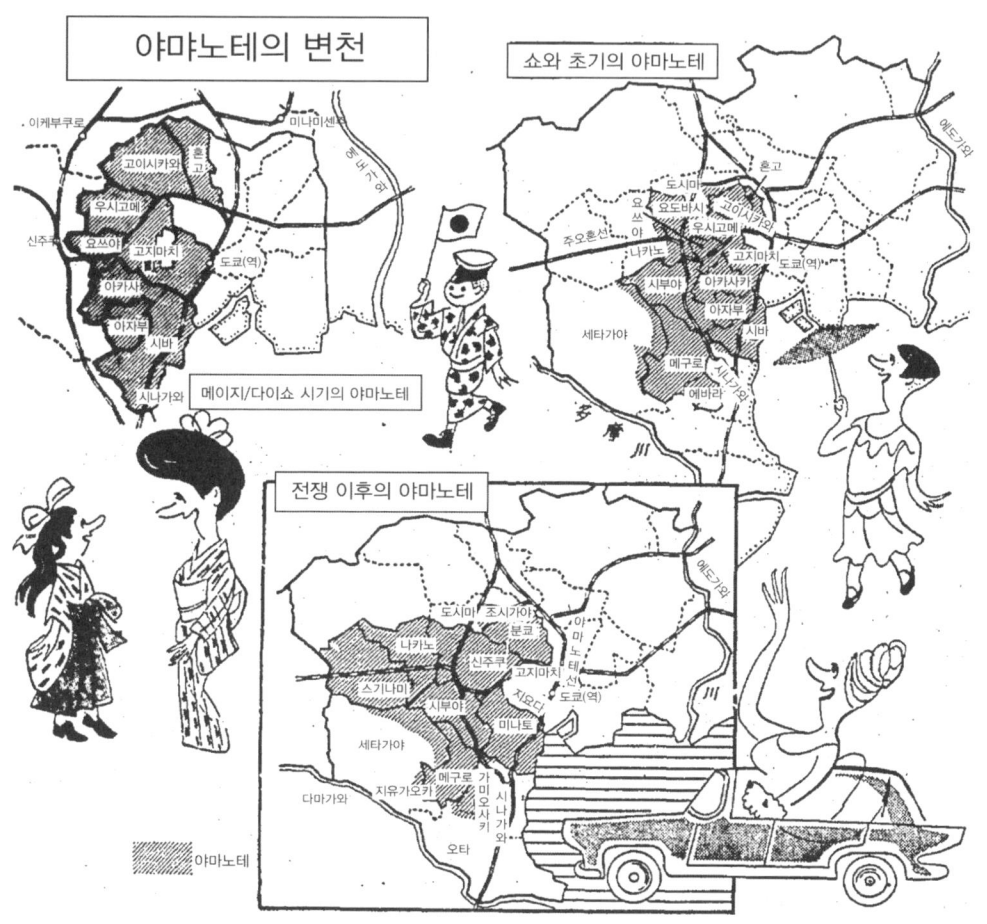

출처) 아사히신문 제공

여성지와 청년잡지로 본 시타마치

그러나 처음에는 시타마치를 다루는 방식이 고정되지 않았다. 《평범 펀치平凡パンチ》는 젊은이를 대상으로 하는 잡지인데, 1974년 7월 8일 호에는〈도쿄·시타마치의 노포 둘러보기東京·下町の老舗めぐり〉라는 기사가 실렸다. 이는 시타마치를 전면에 내세운 최초의 기사 가운데 하나였다. 여기에는 4개의 가게가 등장한다. 그중 하나는 시타마치가 아니라 야마노테의 아카사카에 위치한 쌀과자 집으로, 도쿄가 아닌 니가타新潟[40]에 위치한 노포의 지점이었다. 다른 가게는 구 시타마치의 중심에 위치한 점포로 닌교초人形町에 두 곳, 긴자에 한 곳이 있었다. 신 시타마치는 이 기사의 시야에 포함되지 않았다.

《여성자신女性自身》 1975년 8월 14일 호에는 권두 그라비어 gravure[41]로 시타마치를 다루었다. 쓰쿠다지마의 오래된 목조 주택이나 시바마타의 다이샤쿠덴帝釈天 문 앞에서 표지 모델이 포즈를 취했다. 그런데 그곳과는 복색이나 소품이 어울리지 않는다. 화려한 복장을 하고서 높다란 구두를 신었다. 이처럼 '시타마치'를 그리는 방식이 아직까지는 확립되지 않았다.

그러나 곧 상황이 변했다. 예를 들어 1976년 8월 11일《여성세븐女性セブン》에는〈에도의 자취를 찾아가다 …… 도쿄를 회고하는 산책. 옛 시대가 남아 있는 마을. 도쿄의 시타마치를 걷다〉라는

---

40 니가타는 일본 혼슈의 동해에 접한 현이다. 도쿄의 북서쪽에 위치한다.
41 원래는 사진을 오목판으로 인쇄하는 방식을 말한다. 그러나 일본에서는 잡지의 표지 사진을 뜻하며, 표지 모델을 그라비어 모델이라고 한다.

기사가 실렸다. 이 기사에는 사찰과 신사, 수로의 풍경, 노포의 모습, 화과자나 공예품을 만드는 장인의 모습이 사진·지도와 더불어 소개되었다. 게다가 "한가로운 에도의 분위기", "차분한 시타마치 정서", "옛날 그대로의 손맛" 등의 상투어가 전면에 등장했다. 달리 말해 오늘날 시타마치를 소개하는 전형적 양식이 거의 완비되었다.

그 이후 비슷한 기사가 여성이나 청년이 보는 잡지에 늘어났다. 《여성자신》, 《플레이보이プレイボーイ》, 《주간명성週刊明星》 등이 대표적이다. 다루는 장소도 넓어져 쓰쿠다지마, 후카가와, 시바마타는 물론이고 에도가와구의 고이와小岩, 아다치구의 센주千住, 기타구의 오지王子 부근이나 주조十条 지역까지 소개되었다. 이와는 대조적으로 긴자나 니혼바시 같은 도심부는 시타마치로 여겨지지 않았다. 그리고 비슷한 시기에 스기나미구, 세타가야구, 오타구의 북쪽 지역이 야마노테의 주택지로 인기를 끌면서, 중앙업무지구 색채가 강해진 지요다구, 미나토구를 밀어내고 야마노테의 대표 지역으로 여겨지기 시작했다.

시타마치에 관한 기사는 1980년대 말부터 대거 늘어나지만, 그 전형성이 확립된 것은 1970년대 후반의 일이었다. 이른바 시타마치 담론에서는 '에도의 자취', '시타마치 정서', '손맛' 따위가 강조되지만, 그 지역이 원래는 공업지대이며 야마노테와의 관계에서 경제적·계급적 격차가 크다는 사실이 시야에서 사라졌다.

〈사진 3-1〉《여성자신》 1975년 8월 14일호의 그라비어

《도쿄의 공간 인류학》

1980년대 들어서 도시론, 또는 도쿄론이라고 하는 담론이 출판계의 장르로 확립되었다. 그중 하나의 원형이 된 작품군이 있는데, 문학 평론가의 작업이 많았다. 앞에서 언급한 이소다 고이치의 《사상으로서의 도쿄》(1978), 마에다 아이前田愛[42]의 《도시 공간 속의 문학都市空間のなかの文学》(1982), 《환상의 마을幻景の町》(1986) 등이 대표적이다. 하지만 이 장르가 팽창하던 시기에 다른 분야에서도 도쿄론을 쓰기 시작했다. 예컨대 건축가인 진나이 히데노부陣内秀信[43]는 《도쿄의 공간 인류학東京の空間人類学》(1985)이라는 작품을 발표하고 그 이후 도쿄론에 지대한 영향을 미쳤다.

이 모든 저술에는 하나의 공통점이 발견된다. 즉 도쿄에는 시타마치와 야마노테의 이원 구조가 있으며 양쪽에는 격차의 문제가 있다는 것이다.

먼저 이소다 고이치는 메이지 이후 근대화를 야마노테에 의한 시타마치의 지배, 토착 문화의 파괴, 시타마치의 희생 과정으로 파악하고, 이런 내용이 문학 작품에 어떻게 표현되는지 다루

---

42 마에다 아이(1931-1987년)는 가나가와현 출신으로 일본 문학을 전공한 문학 평론가이다. 도쿄대학교 문학부를 졸업했고, 고등학교 교사, 대학교 강사 등을 역임했다. 요미우리신문, 아사히신문에서 서평 위원으로 활동했다. 주로 문학 이론을 다루었고 히구치 이치요에 관한 글을 남겼다.

43 진나이 히데노부(1947년-)는 건축학자로 1990년 도쿄대학교에서 박사 학위를 취득했다. 1982년부터 호세이대학 건축학과에서 전임강사, 조교수, 교수를 역임했다. 2007년부터는 같은 대학 디자인공학부 교수로 있다. 이탈리아 및 지중해 세계의 도시를 연구하고 도쿄에 관한 연구와 조사를 진행하고 있다.

었다. 마에다 아이는 모리 오가이森鴎外[44]나 나쓰메 소세키夏目漱石[45]의 작품 속에서 야마노테와 시타마치, 또는 야마노테의 중심부와 그 주변의 대비를 드러내며 당시의 도시 공간을 해석했다.

진나이 히데노부는 고지대의 무사지와 골짜기의 조닌지로 구분된 에도 시대의 공간적 구성이, 근대 도시인 도쿄에 어떤 형태로 이어졌는지 탁월하게 보여주었다. "조닌지는 상인이나 수공업자가 사는 상업지로 전해지고, 고위 무사의 주택지는 화족, 정부 고관, 신흥 부르주아지 등의 저택지로 남겨졌다. 또한 하급무사의 주택지는 중류 샐러리맨의 주택지로 이어졌다. 각각의 주택지는 기존의 생활과 문화를 전해준 동시에 근대 도시 도쿄를 형성했다." 이런 설명에서 알 수 있듯이 저자는 계급에 의한 거주지 분리를 분명히 알고 있었다.

간단히 말해 계급차, 경제적 격차의 공간 구조는 이미 도시론과 도쿄론에서 문제시되었다. 그러나 이런 논점은 지금까지 거의 주목받지 못했다.

도시론과 도쿄론이 등장한 시기에는 버블 경기를 기반으로

---

44 모리 오가이(1862-1922년)는 본명이 린타로林太郎이다. 아버지가 번주藩主의 시의侍醫였던 영향으로 1881년 도쿄대학교 의학부를 졸업했다. 졸업 이후 육군 군의관이 되었고, 육군성의 후원으로 독일 유학을 다녀왔다. 귀국 후에는 육군군의학교 및 육군대학교 교관으로 활동하면서 문학 활동을 병행했다. 창작 활동 외에도 안데르센의 《즉흥시인》, 괴테의 《파우스트》 등을 번역했다.

45 나쓰메 소세키(1867-1916년)는 도쿄 출신으로 본명은 긴노스케金之助이다. 도쿄대학교 영문과를 졸업했고, 1900년 일본 문부성의 국비유학생 자격으로 영국 유학을 다녀왔다. 일본 근대 문학의 시초라고 평가받는 작가로 《나는 고양이로소이다 吾輩は猫である》, 《마음こころ》 등의 작품이 널리 알려져 있다. 1984년부터 2004년까지 1,000엔 지폐의 표지 인물이었다.

도시의 소비 공간적 성격이 정점에 다다랐고, 일본이 풍요로운 중류사회라는 대중적 신념이 여전히 강고했다. 격차는 가끔씩 화제가 되기도 했지만, 이는 어디까지나 일부 부유층과 다수의 중류계급이라는 구도 안에서 문제가 되었다. 버블 경기로 부유층도 커다란 이득을 봤지만, 중산계급도 그런대로 잘 살았기 때문이다. 그래서 에도나 메이지 시대 시타마치와 야마노테 사이에 격차가 있었다고 누군가 지적해도, 이는 풍요로운 중류 도시, 그러니까 도쿄의 과거를 회상하는 추억담 정도로 소비될 뿐이었다.

그러나 지금은 상황이 달라졌다. 격차 확대는 이미 명백한 현실이 되었고 도시 경관도 완전히 바뀌었다. 이번 장에서 봤듯이, 메이지 시기부터 지금까지 시타마치와 야마노테 사이에는 격차 및 차이의 구조가 계속해서 이야기되었다. 이런 구조는 격차사회라고 불리는 오늘날 어떤 형태로 나타나고 있을까? 다음 장에서는 데이터를 사용해 이 문제를 밝혀보겠다.

제 4 장

진행하는 도시 양극화
통계로 보는 계급도시

1. 뚜렷한 격차 구조

야마노테와 시타마치에는 격차가 있는가?

시타마치의 옛 거리와 풍물은 흔히 '에도의 자취', '시타마치 정서', '손맛' 등으로 표현된다. 그러나 이런 표현은 시타마치가 원래 공업 지대이고, 야마노테와는 커다란 격차가 있으며, 야마노테의 풍요롭고 쾌적한 생활을 대가로 희생되었다는 사실을 은폐하고 있다.

시타마치와 야마노테의 격차가 이전만큼 크지 않다는 지적도 많다. 그 증거로 고도성장기 이후 자영업자의 규모가 줄어들고 피고용인의 숫자가 늘어, 결과적으로 직업 구성이나 계급적 차이가 줄어들었다. 또한 규격화된 주택이 보급되고 내구재 중심의 소비양식이 보편화되면서, 양쪽의 생활양식도 비슷하게 변했다. 이처럼 시타마치와 야마노테 사이에는 동질성이 확실히 강해졌고, 이는 부정할 수 없는 사실로 보인다.

그러나 소득수준을 근거로 작성한 각종 경제 지표를 살펴보면, 시타마치와 야마노테 사이에는 지금도 분명한 격차가 존재한다. 〈도표 4-1〉에서는 도쿄 23구 각각의 과세소득 및 연간수입의 평균치를 볼 수 있다.

소득이나 수입에 관한 자료는 몇 가지 통계가 있는데, 광역자치단체都道府県 수준에서는 소득수준을 비교적 정확히 수집할 수

〈도표 4-1〉 도쿄 23구의 경제 격차

구분	1인당 과세소득		1인당 연간수입	
	실액(만엔)	23구 전체=1	실액(만엔)	23구 전체=1
23구 전체	237.0	1.00	282.7	1.00
지요다	473.7	2.00	423.4	1.50
주오	355.7	1.50	408.5	1.45
미나토	623.8	2.63	454.5	1.61
신주쿠	283.1	1.19	327.1	1.16
분쿄	320.8	1.35	354.3	1.25
다이토	211.5	0.89	278.7	0.99
스미다	186.7	0.79	248.1	0.88
고토	204.6	0.86	262.7	0.93
시나가와	251.1	1.06	310.7	1.10
메구로	321.7	1.36	358.0	1.27
오타	228.9	0.97	268.8	0.95
세타가야	285.8	1.21	320.9	1.14
시부야	429.7	1.81	379.9	1.34
나카노	225.4	0.95	297.1	1.05
스기나미	249.7	1.05	329.2	1.16
도시마	229.8	0.97	283.9	1.00
기타	184.1	0.78	261.8	0.93
아라카와	176.5	0.74	234.9	0.83
이타바시	184.7	0.78	239.7	0.85
네리마	203.4	0.86	250.9	0.89
아다치	154.5	0.65	202.8	0.72
가쓰시카	165.9	0.70	221.5	0.78
에도가와	175.5	0.74	229.8	0.81

출처) 1인당 과세소득은 《지역경제총람》(2011년) 산출. 원자료는 총무성 자치세무국 〈시정촌세과세상황등의 조사〉(2009), 1인당 연간수입은 〈주택·토지통계조사〉(2008)에 표시된 세대수입을 세대당 인원으로 나눠서 산출

있다. 그러나 기초자치단체市区町村 수준에서는 약간의 어려움이 따른다. 이 표에 제시된 숫자에서도 몇 가지 주의할 점이 있다. 미리 요점만 말해두면 분석에는 두 가지 자료가 사용되며, 그중 하나는 시타마치와 야마노테의 경제 격차를 과대평가하고 다른 하나는 과소하게 평가한다. 그러나 어느 쪽을 사용하건 결론에는 영향을 주지 않는다.

과세소득과 연간수입

세무통계에서 확인할 수 있는 과세소득은 소득 총액이 아니라 그중 일부를 공제한 값이다. 예를 들어 급여 소득자는 필요 경비를 제하고 과세소득이 계산된다. 급여소득에서 공제액은 소득이 낮을수록 그 비율이 높아지고, 소득이 높아지면 그 비율이 낮아진다. 왜냐하면 급여소득이 10배라고 해서, 양복이나 교통비 등의 필요 경비가 10배로 늘지는 않기 때문이다.

따라서 공제 이후 저소득자 입장에서는 과세소득이 큰 폭으로 떨어지지만, 고소득자 입장에서는 공제 전보다 거의 줄어들지 않는다. 그러므로 과세소득의 격차는 공제하기 이전의 소득 격차보다 더 커지게 된다. 이처럼 〈도표 4-1〉의 좌측에 표시된 과세소득은 지역에 따른 소득 격차를 실제보다 과장하는 경향이 있다.

이에 비해 도표의 우측에 표시된 연간수입은 〈주택·토지통계조사〉에서 산출한 값이다. 이 조사는 토지와 주택에 관한 통계라서 수입에 관한 설문이 그다지 정교하지 못하다. 예를 들어 응답자는 '100만 엔 미만', '100만 엔-200만 엔' 등의 구간에서 하나를 선택한다.

이와 같은 설문에서 평균소득을 계산할 때, 보통은 구간의 중간 금액으로 결정한다. 예를 들어 응답자가 '0엔-100만 엔', '100만 엔-200만 엔' 항목에 선택한다면, 각각의 소득은 평균 50만 엔, 150만 엔 등으로 가정한다. 여기서 문제는 고소득자 구간에서 벌어진다. 소득을 정확하게 파악하는 데 조사 목적이 있지 않아서, 고소득자는 소득이 아무리 높아도 '1,500만 엔 이상' 항목에 일괄적으로 묶여 버린다.

이런 조사에 근거해 평균소득을 계산할 때, 최고 구간에 대해서는 편의상 1.5배를 곱하기도 한다. 예를 들어 최고 소득자는 1,500만 엔의 1.5배, 즉 2,250만 엔으로 간주한다. 그러나 이 방법은 세계적인 자산가인 빌 게이츠Bill Gates나 손정의孫正義도 연수입이 2,250만 엔으로 정해진다. 이렇게 하면 소득수준이 낮은 지역에서는 그다지 영향이 없을 수 있지만, 고소득자가 많은 지역에서는 평균수입 자체가 크게 낮아질 소지가 있다.

결국, 이 표에 제시된 과세소득과 연간수입이라는 두 가지 지표는 경제 격차를 과대하게 평가하거나 과소하게 산출할 위험이 있다. 실제의 격차는 양자의 중간쯤에 위치할 것이다. 이런 사실을 염두에 두면서 숫자의 의미를 살펴보자.

도심 4구, 야마노테, 시타마치

도쿄 23구의 1인당 과세소득, 즉 과세소득 총액을 유아부터 노인까지 모든 인구로 나누면 그 값이 237만 엔이다.

1인당 과세소득이 가장 높은 지역은 미나토구로 623.8만 엔이다. 이는 도쿄 23구 전체의 2.63배에 달한다. 반대로 가장 낮은 아다치구는 154.5만 엔으로 도쿄 23구 전체의 0.65배에 불과하다. 미나토구와 견주어보면 그 격차는 4배가 넘는다. 과세소득이 높은 곳은 지요다구·주오구·미나토구의 도심 3구와 시부야구로, 이들 모두 도쿄 23구 전체의 1.5배가 넘는다.

이에 비해 수치가 낮은 지역은 역시나 도심을 제외한 시타마치로 모든 구가 도쿄 전체의 0.9배를 밑돌고, 스미다구·기타구·아라카와구·이타바시구·아다치구·가쓰시카구·에도가와구의 7개 구는 0.8배를 넘지 못한다. 도심과 시부야구를 제외한 야마노테 지역에서는 10개 구 가운데 여섯 곳이 도쿄 23구 전체의 평균을 웃돌고, 분쿄구·메구로구·세타가야구의 3개 구는 1.2배가 넘는다.

이와 같이 소득수준별로 살펴보면 소득이 가장 높은 곳은 도심 3구와 시부야구, 다음으로 높은 곳은 도심 3구와 시부야구를 제외한 야마노테, 가장 낮은 지역은 도심 3구를 제외한 시타마치라는 구조가 확실히 존재한다.

번거로움을 피하고자 앞으로는 이 3개 지역을 각각 도심 4구, 야마노테, 시타마치라고 부르자. 아래에서 '도심 4구'는 지요다구·주오구·미나토구·시부야구를 가리키고, '야마노테'는 신주쿠구·분쿄구·시나가와구·메구로구·오타구·세타가야구·나카노구·스기나미구·도시마구·네리마구를 의미하며, '시타마치'는 다이토구·스미다구·고토구·기타구·아라카와구·이타바시구·아다치구·가쓰시카구·에도가와구를 가리킨다.

〈주택·토지통계조사〉에서 산출한 1인당 연간수입을 살펴보면, 역시나 격차가 조금 낮게 산출된다. 도쿄 23구 전체와 비교할 때 미나토구는 1.16배, 아다치구는 0.72배로 두 지역 사이에는

2.24배 차이가 난다. 공제하기 전의 총액이라서, 원래는 과세소득보다 연간수입이 조금 더 높아야 하지만, 미나토구에서는 오히려 반대 현상이 나타난다. 과세소득(623.8만 엔)이 연간수입(454.5만 엔)보다 훨씬 높은 것이다. 앞에서 설명했듯이, 주민들 가운데 연간수입이 1,500만 엔 이상인 세대가 너무 많기 때문이다. 그러니까 통계상의 한계로 연간수입이 너무 낮게 평가된 것이다. 비슷한 사례가 지요다구와 시부야구에서도 확인된다.

그러나 그 밖의 모든 구에서 과세소득은 연간수입보다 낮게 나타난다. 과세소득은 연간수입의 0.7배에서 0.9배 사이에 위치한다. 따라서 도심을 제외한 지역에서는 여기에 표시된 연간수입 정보를 어느 정도 신뢰해도 좋을 것이다.

격차의 전반적 경향을 살펴보면, 과세소득과 마찬가지로 연간수입도 매우 비슷한 형태로 나타난다. 연간수입 면에서 도심 4구는 도쿄 23구 전체를 크게 넘어선다. 시타마치에서는 모든 구가 23구 전체를 밑돌고, 스미다구·아라카와구·이타바시구·아다치구·가쓰시카구·에도가와구의 6구는 0.9배를 넘지도 못한다. 이에 비해 야마노테는 오타구와 네리마구를 제외한 8개 구가 도쿄 23구 전체보다 높은 값을 보인다.

격차 지도

〈도표 4-2〉는 격차의 공간 구조를 지도로 표시한 그림이다. 도심의 고소득 지역을 둘러싸고 서쪽이 상대적으로 소득수준이 높고 동쪽은 소득수준이 낮다는 사실이 확연히 드러난다.

〈도표 4-2〉 도쿄 23구의 1인당 과세대상소득액 (23구 전체=1)

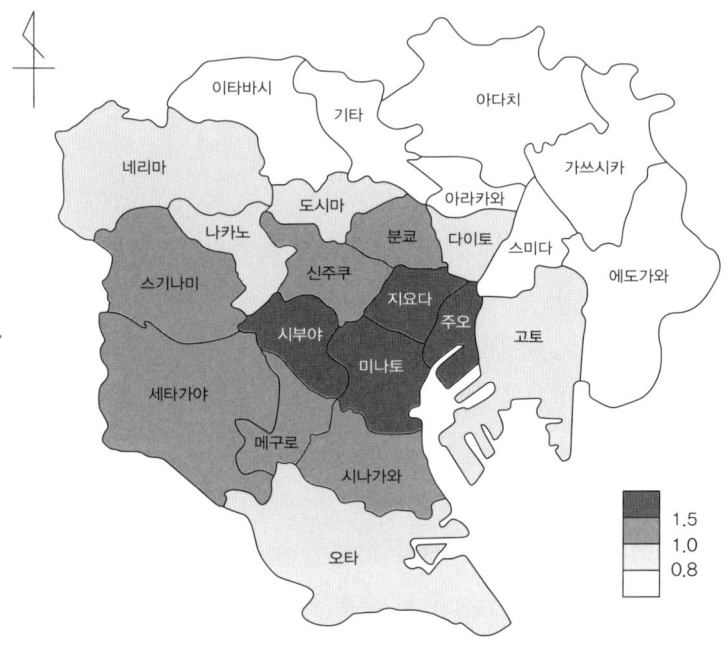

출처) 〈도표4-1〉과 같음

　동일한 공간 구조를 다른 지표에서도 똑같이 확인할 수 있다. 〈도표 4-3〉의 지도는 〈도표 4-2〉와 마찬가지로 도쿄 23구를 주민의 속성별로 구분한 것이다. 여기서는 다섯 가지 기준에 따라 지도를 작성했다. 가장 먼저 ①은 자본가계급과 신중간계급의 비율이다. 서문에서 간단히 소개했듯이 자본주의 사회에서 지배계급은 자본가계급이고, 자본가계급 밑에서 관리와 기술 업무에 종사하는 비교적 부유한 계급이 신중간계급이다.

　사람들의 소속 계급을 판단하는 방법은 기본적으로 서문에서 설명한 바와 같지만, 〈국세조사〉의 집계에서는 고용 규모를 정확히 알 수 없어서 '고용인이 있는 업주'와 '회사 임원'을 합해 자본가계급으로 간주한다. 자본가계급이 전체 주민에서 차지하는 비율은 지역에 따라 큰 차이가 나타난다. 가장 높은 곳은 주오구의 48.7%이고 가장 낮은 곳은 아다치구의 25.9%이다. 자본가 비율에 따라 구별하면, 도심 4구와 그에 가까운 야마노테 지역이 가장 높고 그 밖의 야마노테 지역이 그다음으로 높으며 시타마치 지역이 가장 낮다는 명확한 구조가 드러난다. 카스텔이나 르페브르가 지적한 대로 계급에 따른 거주지 분리는 도쿄에서도 뚜렷하게 관찰된다.

〈도표 4-3〉 도쿄 23구의 경제적·사회적 격차
① 자본가계급·신중간계급 비율

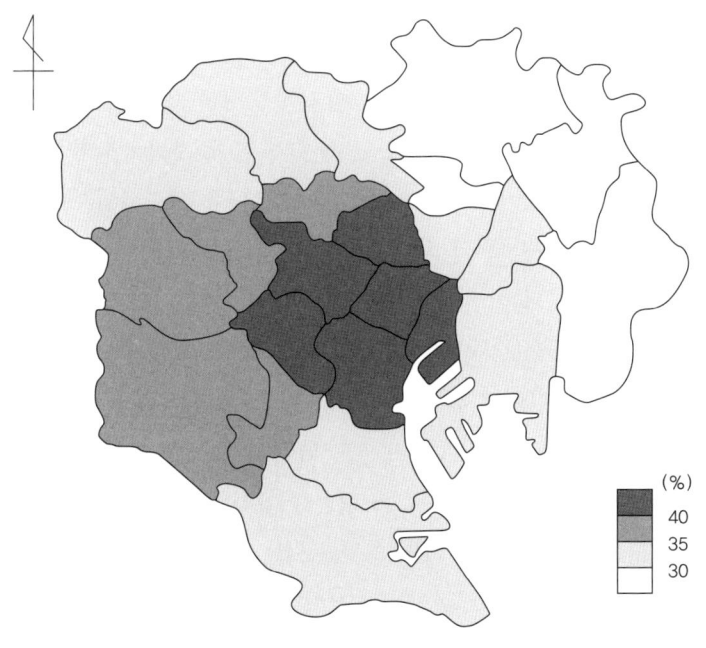

출처) 《국세조사》 (2005년)에서 산출

②는 고등교육 졸업자의 비율, 즉 대학이나 전문대短期大学 이상의 학력을 가진 주민의 비율을 표시한 것이다. 가장 높은 곳은 세타가야구의 51.2%이고, 가장 낮은 곳은 아다치구의 23.8%이다. 고학력 주민은 도심과 야마노테 지역에 많이 분포하는데, 이런 사실은 소득이나 계급의 공간적 분포와 정확히 일치한다. 그중에서도 도심에서는 분쿄구가, 야마노테에서는 서쪽에 자리한 스기나미구, 세타가야구가 고학력자 비율이 높게 나타난다. 평범한 샐러리맨이나 전문직 종사자는 수입으로 따지면 평균보다 조금밖에 높지 않아서, 지가가 높은 도심 지역에는 모두 살 수 없다. 그래서 도심뿐만 아니라 그보다 저렴한 야마노테 서쪽에서도 고학력 주민이 많은 것이다.

③은 생활보호율을 표시한 지도로 단위는 천분율(‰, 퍼밀)이다. 가장 높은 곳은 다이토구의 37.8‰이고, 가장 낮은 곳은 주오구와 세타가야구의 7.2‰이다. 여기에도 소득수준이 반영되어 시타마치가 높고 야마노테가 낮은 경향이 있지만, 예외가 없는 것도 아니다. 도심에 가까운 야마노테의 신주쿠는 생활보호율이 높은데, 이는 나중에 설명하겠지만 지역 내부의 경제 격차가 매우 크다는 사실과 밀접하다. 반대로 시타마치의 고토구와 에도가와구에서는 생활보호율이 높지 않다. 인구가 갑자기 늘어나면서 생활수준이 그런대로 높아지고, 비교적 젊은 노동자 세대가 많이 거주하기 때문이다. 이에 관해서도 뒤에서 서술할 생각이다.

④는 2006년에 실시한 학력평가 가운데 중학교 국어의 평균 점수를 표시한 것이다. 가장 높은 곳은 지요다구의 76.3점이고, 가장 낮은 곳은 아다치구의 65.5점이다. 여기서도 도심과 야마노테에서는 점수가 높고 시타마치에서는 점수가 낮다는 명확한 구

② 고등교육 졸업자 비율

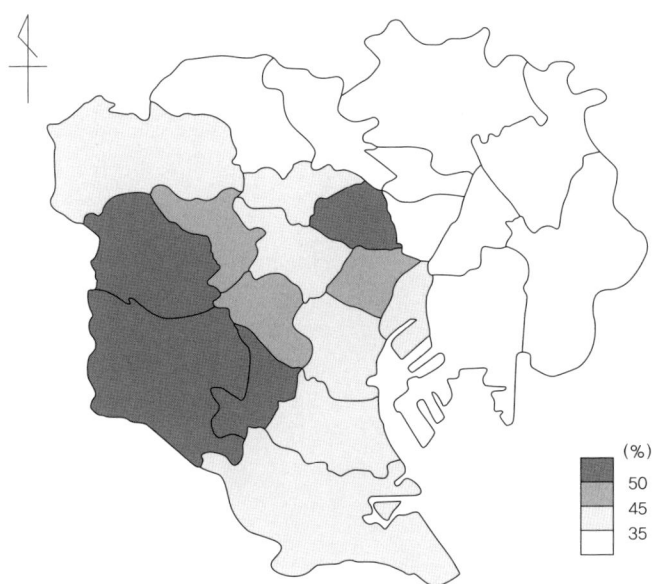

출처) 《국세조사》(2000년)에서 산출

③ 생활보호율

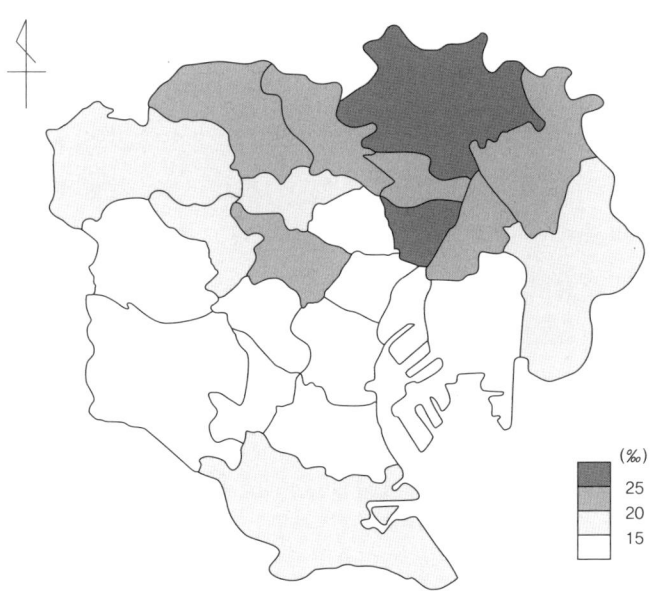

출처) 도쿄도 복지보건국 〈복지위생통계연보 헤이세이 20년도〉

④ 중학교 국어 평균점수

출처) 도쿄도 교육위원회 〈아동·학생의 학력향상을 위한 조사보고서〉(2006년)

조가 발견된다. 이는 시타마치 아이들의 열악한 처지가 반영된 결과이다. 시타마치는 교육 환경이 나쁘고 가정 형편이 좋지 않아, 아이들이 공부에 전념하지 못한다. 소득수준이 가장 높은 미나토구가 의외로 부진하지만, 여기에는 명확한 이유가 있다. 학력평가의 대상이 공립중학교로 한정되어, 사립학교의 우수한 학생이 통계에 빠져 있기 때문이다.

⑤는 다소 놀랄만한 데이터로 남성의 평균수명이다. 가장 높은 곳은 네리마구의 81.2세이고 가장 낮은 곳은 다이토구의 76.7세로 4.5년의 차이가 난다. 다이토구는 예전부터 간이 숙박소가

많은 곳이다. 원래는 일용직 노동자의 숙소로 쓰였고, 지금은 연고도 없고 가난한 고령의 남성이 생활보호 대상자로 살아간다. 그래서 남성의 평균수명이 내려간 것이다. 반면에 오랫동안 정주해 살아가는 지역 주민만 살펴보면, 평균수명이 반드시 짧은 것은 아니다.

그런데도 시타마치와 야마노테 사이에는 명확한 '수명의 격차'가 존재한다. 스미다구, 고토구, 아라카와구 등 시타마치의 많은 지역에서 평균수명은 78세를 밑돈다. 그러나 메구로구, 세타가야구, 스기나미구 등 야마노테의 많은 곳에서는 80세를 넘어간다.

⑤ 평균수명

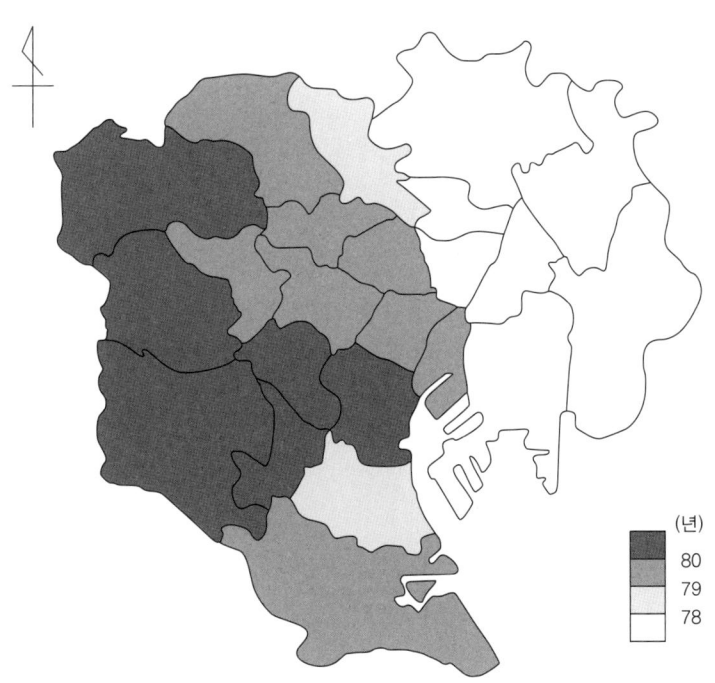

출처) 《시구정촌별 생명표》(2005년)에서 산출

2. 양극화를 검증하는 방법

계급 내 격차와 계급 간 격차

그러면 다음으로, 실제 데이터에 기초해 1장에서 소개한 사센과 카스텔의 가설을 살펴보자. 이들에 따르면 전 지구화가 진행되면서 대도시 지역에는 중간소득층이 감소하고, 고소득층과 저소득층이 동시에 증가한다. 한편에서는 고도의 기술이나 판단이 필요한 고소득 직군이 집중되고, 다른 한편에서는 그 직군의 노동과 생활을 지탱하는 단순 노동자가 늘어나기 때문이다. 이는 결국 사회 전체의 격차 확대로 이어지고, 이것이 바로 두 사람이 주장하는 '도시 양극화' 가설이다.

그러나 '도시 양극화'를 데이터로 검증할 때, 몇 가지 곤란한 문제가 생긴다. 이 문제는 사실 간단한 문제가 아니다. 일단 분석 방법에 관해 간단히 정리하고 넘어가자. 다소 전문적인 내용이 들어 있어서, 복잡함을 느낀다면 이 부분을 건너뛰고 읽어도 전혀 무리가 없다.

간단하지 않다고 말한 가장 큰 이유는 도시 양극화에도 여러 가지 형태가 있기 때문이다. 이는 사회 전체의 격차 확대가 다양한 형태로 진행된다는 사실과 같은 말이다. 논의를 단순화하기 위해 자본가계급과 노동자계급만 있다고 가정해보자. 이런 사회에서 격차 확대는 무엇을 뜻할까? 가장 먼저 떠올릴 수 있는 것은 자본가계급과 노동자계급 사이에 격차가 커지는 경우이다.

예를 들어 예전에는 경영자와 노동자 사이의 임금 격차가 3배 근처에 머물렀지만, 어떤 계기로 그 격차가 10배까지 벌어진 것이다. 이는 근래 일본에서 실제로 일어난 일이다. 과거 대기업에서는 사장의 연간수입이 2,000-3,000만 엔 정도인 경우가 많았고, 현장 노동자도 관리직으로 올라가면 700-800만 엔까지 받는 경우가 적지 않았다. 그러나 최근에는 억대 연봉을 받는 사장이 늘고 있지만, 노동자 임금은 오히려 낮아지는 경향이 있다.

그러나 다른 형태의 격차 확대도 생각할 수 있다. 예를 들어 경제가 성장하지 않는 상태에서 기업 간 실적 차이가 일어나면, 자본가 전체의 평균수입은 변하지 않아도 자본가계급 내부에서 격차가 확대될 수 있다. 또한 노동자계급이 정규직 노동자와 비정규직 노동자로 분리된다면, 전체 노동자의 평균수입은 변하지 않아도 노동자계급 내부에서 격차가 벌어질 수 있다.

이런 경우 사회 전체의 격차는 확대되지만 계급 간 격차는 확대되지 않는다. 달리 말해 계급 간 격차와 사회 전체의 격차는 일단 별개의 문제이다. 따라서 사회 전체의 격차 확대는 계급 간 격차의 확대와 계급 내부의 격차 확대, 두 가지 형태로 이뤄진다. 참고로 최근 일본에서는 계급 간 격차도 벌어지고, 계급 내부에서도 격차가 벌어지고 있다. 이른바 격차의 전면적 확대가 일어난 것이다.*

• 이 점에 관한 상세한 내용은 하시모토 겐지,《'격차'의 전후사'格差'の戰後史》를 참조하기 바란다.

사회 전체 격차, 지역 간 격차, 지역 내부 격차

도시의 경우도 마찬가지로 볼 수 있다. 도시가 양극화되는 것도 도시 내부의 각 지역, 이를테면 시타마치와 야마노테 사이에 격차가 커지는 경우, 시타마치 내부·야마노테 내부 각각에서 격차가 커지는 경우, 그리고 이 두 가지 상황이 동시에 벌어지는 경우, 이 모두를 생각할 수 있다. 더욱이 각각의 주민 구성에서 균질화가 일어나면, 예컨대 시타마치는 빈곤층 중심으로, 야마노테는 부유층 중심으로 바뀌어 버리면, 각각의 내부에서는 격차가 줄어들지만 시타마치와 야마노테 사이에는 격차가 커질 수 있다. 이런 경우도 논리적으로 얼마든지 가능하다.

 도시의 양극화가 발생해도 이것이 어떤 경우에 해당하는가에 따라 도시의 본래 모습이 크게 달라진다. 따라서 도쿄의 양극화 문제를 다루기 위해서는 복합적 접근이 필요하다. 우선 ①도쿄 전체의 격차를 확인해야 하고, 이어서 ②도쿄를 구성하는 각 지역 간의 격차 변화를 검토한 다음, ③각 지역 내부에서의 격차 변화를 종합적으로 고려해야 한다.

 또 한 가지 어려운 문제는 데이터의 제약이다. 일본 전체의 경제 격차를 알고 싶다면, 몇 가지 신뢰할 만한 통계 자료를 이용할 수 있다. 후생노동성의 〈소득재분배조사〉, 〈국민생활기초조사〉, 총무성의 〈전국소비실태조사〉 등이 그것이다. 그러나 이런 조사는 전국 집계만 제공하거나 광역자치단체, 도시 규모별 통계만 제공한다. 기초자치단체의 정보를 알 수 없기 때문에, 이런 조사는 도시 양극화를 검증하는 데는 어느 정도 한계가 따른다. 대신에 단서가 될 만한 자료는 〈지방세과세상황 등에 관한 조사市町村

税課稅狀況等の調〉, 〈주택·토지통계조사〉이다. 두 조사는 앞에서 봤듯이 도쿄 23구의 평균소득 및 연간수입 자료를 제공한다.

그러나 두 가지 자료에는 각각의 특징이 있다. 앞에서도 언급했듯이 〈지방세과세상황 등에 관한 조사〉에서는 기초단체별 과세소득의 평균치를 얻을 수 있다. 공제하기 전의 총소득에 비해 격차가 다소 부풀려진다는 단점도 있지만, 이 조사는 세무통계라는 점에서 정확성 시비가 거의 없으며, 지역 간 경제 격차의 증감을 확인하는 데 믿을 만한 정보를 제공해준다. 그렇지만 기초단체별 평균치만 존재하고 주민들의 소득 분포를 알 수 없어서, 기초단체 내부의 격차에 관해서는 확인할 방도가 없으며, 지니계수 역시 산출할 수 없다는 한계가 존재한다.

이와 달리 〈주택·토지통계조사〉에서는 기초단체별 주민의 소득 분포를 알 수 있다. 따라서 기초단체 내부의 격차를 구체적으로 확인할 수 있고 기초단체별 지니계수도 산출할 수 있다. 그러나 앞에서 서술했듯이, 이 통계에서는 개략적인 항목으로 수입을 조사한다는 한계가 존재한다. 그 결과 부유층의 수입이 실제보다 축소되고 부자들이 많이 사는 지역에는 소득수준이 낮게 평가된다. 따라서 지역 내부뿐만 아니라, 지역 간 격차도 체계적으로 과소평가될 위험이 존재한다. 게다가 조사 항목의 숫자와 내용이 조사 연도에 따라 일정하지 않다. 가장 최근의 조사에서는 고소득 세대를 '1,500만 엔 이상'으로 묶고 있지만, 1988년과 1993년의 조사에서는 '1,000만 엔 이상', 1983년 조사에서는 '700만 엔 이상'으로 훨씬 넓게 잡고 있다. 따라서 조사 시점이 달라지면 지니계수 간에는 비교할 수 없다는 문제가 생긴다.

그러나 지니계수의 근소한 차이를 무시한다면, 격차의 기본적인 추세를 확인하는 데는 특별히 문제가 되지 않는다. 격차가 확대되는지 아니면 축소되는지 정도는 이 자료에서 충분히 확인할 수 있다. 또한 모든 지역에서 같은 항목이 적용된다는 점에서, 지역 간 비교도 얼마든지 가능하다. 마지막으로, 이 조사에서는 세금이 포함된 총수입을 묻고 있는데, 여기에는 앞으로 지출될 세금뿐만 아니라 앞으로 이전될 사회보장 급여가 들어 있다. 따라서 이 조사의 소득 지표에는 세전소득과 세후소득(1장 참조)이라는 두 가지 측면이 모두 반영된다. 그러나 최근에는 고령화가 진행되면서 연금 급여의 비중이 높아져, 세후소득에 가까운 지표가 되었다고 여겨도 좋을 것이다.

다만, 지니계수를 근거로 지역 내부의 격차를 검토할 때, 한 가지 주의해야 할 점이 있다. 이 조사에서는 세대별 수입이 조사의 초점이지만, 세대별 규모는 소득계층에 따라 크게 달라진다. 2008년 조사를 살펴보면, 도쿄 23구의 세대당 인원은 '1,500만 엔 이상' 구간에서 3.05명으로 나타난다. 그러나 연간수입이 '300만 엔 미만'일 때는 1.54명으로 조사되었다. 이때 전자의 연간수입이 후자의 10배라고 가정해보자. 그러면 전자가 후자보다 10배로 잘 사는 것일까? 물론 아니다. 인원수가 많은 만큼 생활비도 늘어나기 때문이다.

게다가 세대당 인원도 조사 시점이나 지역에 따라 달라진다. 예컨대 도쿄 23구를 기준으로 1983년에는 2.69명으로 나타나지만, 2008년에는 2.05명까지 세대당 인구가 감소했다. 또한 2008년 자료에서 구별 통계를 살펴보면, 인원수가 가장 많은 가쓰시카구는 2.35명, 가장 적은 미나토구는 1.73명으로 조사되었다.

이처럼 세대 인원에서 차이가 나는 경우, 격차를 측정하기 위해서는 조정값을 부여해야 한다. 여러 방법을 사용하지만 일인당 수입이 가장 간단하다. 세대수입을 세대원 수로 나누는 방법이다. 그러나 이렇게 한다고 해서 모든 문제가 해결되지 않는다. 왜냐하면 인원수가 2배로 는다고 해서 주거비, 내구재 소비, 광열비 따위의 생활비가 단순히 2배로 늘지는 않기 때문이다. 그래서 많은 경우 '등가소득'이 사용된다. 이는 세대의 연간수입을 세대원 수의 제곱근으로 나눈 값이다. 실제로 많은 연구가 세대의 부를 판단하는 기준으로 등가소득을 채택하고 있다. 따라서 여기서도 각 소득계층의 연간수입을 세대원 평균의 제곱근으로 나누어, 등가소득을 계산할 것이다. 그리고 이를 사용해 지니계수를 산출하고자 한다.[1]

---

[1] 이를 간단히 표현하면 다음과 같다. 가구소득을 y, 세대원 수를 h라고 하면, 등가소득(균등화된 가구소득)은 $y^e = y/\sqrt{h}$이다. 엄밀하게 말하면 여기에 표본조사의 가구 가중치를 반영해 보정된 지니계수를 구한다.

3. 양극화의 진행

사회 전체의 격차는 확대되고 있는가

여기서는 먼저 도쿄 23구 전체에서 격차가 얼마나, 어떻게 확대되는지 살펴보자. 〈도표 4-4〉는 1983년부터 2008년까지 소득 격차의 추이를 지니계수로 표시한 것이다. 이 통계의 정확도를 알아보기 위해, 우선은 일본 전체의 수치를 따져보자.

〈도표 4-4〉 지니계수로 본 연간수입(등가소득)의 격차 변화

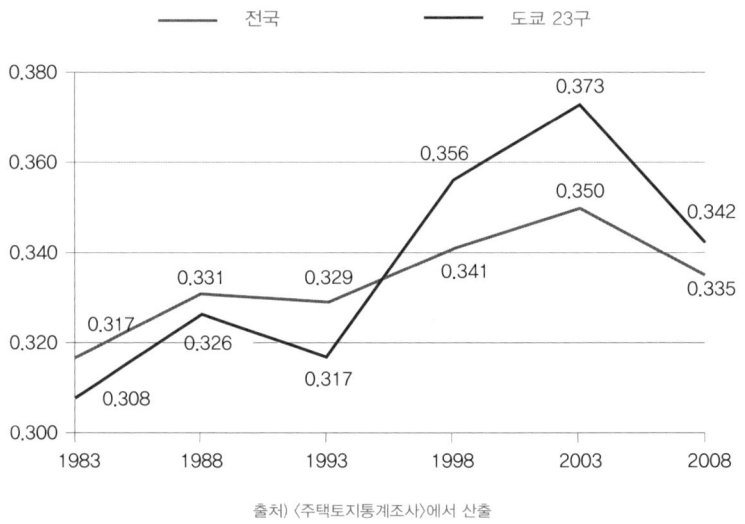

출처) 〈주택토지통계조사〉에서 산출

지니계수는 1983년부터 1988년까지 큰 폭으로 상승하지만 버블 붕괴[2] 뒤에는 정체 상태에 머물다가 1990년대 후반부터 다시 올라가기 시작한다. 그러다가 최근에는 약간 낮아지는 경향이 나타난다. 이 결과를 〈도표 1-2〉, 즉 〈재분배소득조사〉에서 산출한 지니계수(최근 연도는 2007년)와 비교하면, 전체적으로 지니계수가 약간 낮게 그려지고 1990년대 이후의 상승 폭도 그다지 크지는 않지만, 변화의 경향 자체는 매우 비슷하게 드러난다.

특히 세후소득의 지니계수는 거의 비슷한 움직임을 보인다고 할 수 있다. 차이가 있다면 2008년의 하락 폭이 크다는 점에 있지만, 이는 〈주택·토지통계조사〉가 매년 데이터를 갱신하면서 2008년 리먼 쇼크의 효과를 반영했기 때문이다. 그 당시 금융 위기는 중고中高 소득자층에게 타격을 가했고 그로 인해 지니계수가 낮아진 것이다. 결론적으로 〈주택·토지통계조사〉의 자료는 격차의 크기를 파악하는 데는 적합하지 않을 수 있지만, 변화의 경향 자체를 보기에는 그다지 문제가 되지 않는다.

그렇다면 일본 전체와 도쿄 23구를 비교해 격차의 경향을 확인해보자. 연간수입의 격차는 양쪽 모두 2003년까지 기본적으로 확대되고 있다. 원래는 일본 전체의 격차가 더 컸으며, 버블 붕괴 직후인 1993년에는 그 차이가 더욱더 벌어졌다. 이는 버블 붕괴가 도쿄의 부유층에게 매우 커다란 충격을 주었고, 그 결과 도쿄의 지니계수가 낮아졌기 때문이다.

---

2 앞에서도 언급했지만 일본의 버블 경기는 1990년 주식 및 부동산 가격이 폭락하면서 붕괴한다. 수많은 은행과 기업이 파산하고 그 후 10년 이상을 불황 상태에 빠진다. 이 시기를 가리켜 보통 '잃어버린 10년'이라고 부른다.

그렇지만 1998년이 되면 도쿄 23구의 지니계수가 급격히 상승해 일본 전체의 수치를 넘어서고, 2003년에는 그 차이가 더욱 벌어졌다. 1980년대부터 2000년대 전반까지 일본의 사회 격차는 기본적으로 계속 커져 왔지만, 특히 도쿄에서는 전국 평균보다 훨씬 빠르게 격차가 벌어졌다. 따라서 도쿄만 놓고 볼 때 양극화의 진행은 분명한 사실로 확인된다.

한편 2008년에는 격차가 축소되었다. 도쿄 23구의 격차는 일본 전체보다 큰 폭으로 줄어들지만, 격차의 크기로 보면 일본 전체보다 여전히 큰 상태로 머물렀다. 리먼 쇼크는 중간 및 고소득자가 집중된 도쿄에 더 많은 영향을 미쳤지만, 확대일로의 양극화 추세는 완전히 꺾이지 않았다.

지역 간 격차는 확대되고 있는가

다음으로 지역 간 격차를 살펴보자. 〈도표 4-5〉는 도쿄 23구의 과세소득을 기준으로 격차 추이를 살펴본 그림이다. 이 도표는 화폐가치의 변동이 없다는 전제 아래, 1975년부터 2009년까지 도쿄 23구 전체의 평균액을 1로 잡은 다음, 각 구의 일인당 과세소득을 지수指數로 변환하여 그래프로 그린 것이다.[3]

달리 말해, 이 그래프는 〈도표 4-1〉에서 실액 항목의 우측에

---

3   따라서 각 자치구의 지수 값이 1보다 높으면 도쿄 23구 전체 평균보다 일인당 과세소득이 높다는 뜻이고, 지수 값이 1보다 낮으면 일인당 과세소득이 전체 평균보다 낮다는 뜻이다. 결국 이 그래프로 각 자치구별 소득 격차와 그 추이를 알 수 있다.

〈도표 4-5〉 도쿄 23구의 소득 격차 추이 (23구 평균=1)

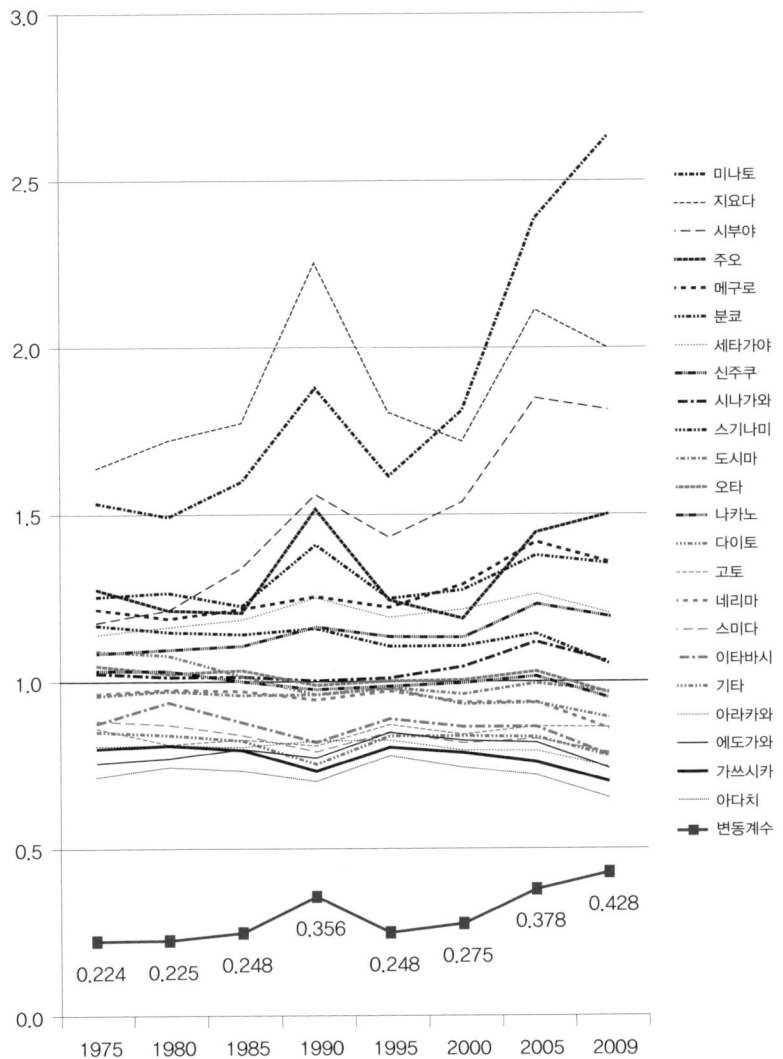

출처) 1인당 과세대상소득액에 근거함. 데이터 출처는 〈도표 4-1〉과 같음.
변동계수는 23구의 소득(실액)의 표준편차를 평균치로 나눈 것.
그래프 우측의 범례는 2009년의 소득이 높은 순으로 배열했다.

표시된 숫자를 시계열로 그려본 것이다. 그 밑에는 [소득의] 변동계수를 산출했는데, 이를 통해 지역 간 격차의 크기를 확인할 수 있다. 변동계수란 모든 그래프(이 경우는 23구 전체)의 평균값이 얼마나 퍼져 있느냐, 즉 평균값의 변동성을 대표하는 값으로 표준편차를 평균값으로 나눠서 구한다. 결국 이 도표에서 변동계수가 올라가면, 도쿄 23구 사이의 경제 격차가 더 커진다는 의미이다.[4]

도쿄 23구 사이에 보이는 소득 격차는 실로 역동적인 움직임을 보여준다. 1985까지는 격차가 비교적 작았고, 그 당시 소득이 가장 높았던 지요다구와 가장 낮았던 아다치구 사이에도 그 차이는 2.3배 근처에 머물렀다.

그렇지만 1990년이 되면 격차가 급속하게 벌어진다. 도심 4구에서는 소득수준이 매우 높아지고, 시타마치에서는 모든 지역이 상대적으로 낮아졌다. 버블 경기가 오직 부유한 지역에만 부를 안겨준 것이다. 반면에 버블이 붕괴하고, 1995년쯤에는 격차가 급격히 줄어들어 대략 1985년 수준으로 돌아갔다. 앞에서도 봤듯이 버블이 사라진 직후에는 도쿄 23구 전체에서 소득 격차가 줄어들고, 지역 간 격차도 동시에 감소한 것이다.

그러나 여기서 멈추지 않고 다시 급격한 격차 확대가 시작되고 2005년에는 격차의 크기가 1990년과 동일한 수준까지 올라섰다. 2009년 무렵에는 소득수준이 높은 구 가운데 지요다구와 시

---

[4] 이 도표에서는 수치 말고도 직관적으로 변동계수를 알 수 있다. 가장 위에 있는 그래프와 가장 아래에 있는 그래프의 간격이 넓어지면 변동계수가 상승하고 간격이 좁아지면 변동계수가 하락한다. 그리고 각각의 그래프는 각 구의 소득수준을 의미하므로, 그래프의 진폭(따라서 변동계수)이 커지면 도쿄 23구의 소득 및 경제 격차가 커진다.

부야구에서는 소득수준이 정체하고 미나토구에서는 급격히 올라갔다. 반면에 시타마치의 각 구에서는 소득수준이 더욱 낮아졌다.

변동계수로 살펴보면 지역 간 격차는 1990년대까지 계속 커지다가 1995년에 큰 폭으로 줄어들었다. 하지만 2000년에는 다시 확대되기 시작해 2005년에는 급격히 올라가 1990년과 비슷한 수준으로 돌아갔다. 추세는 다소 약해졌지만 그 후에도 확대 경향은 멈추지 않아서, 2009년에는 변동계수가 0.428을 기록했다. 〈도표 4-4〉에서 봤듯이 2000년대 후반에는 경기 침체가 일어나 도쿄 전체의 격차가 줄어들고 지니계수가 떨어졌다. 그러나 변동계수상에서 지역 간 격차는 여전히 감소하지 않았다.

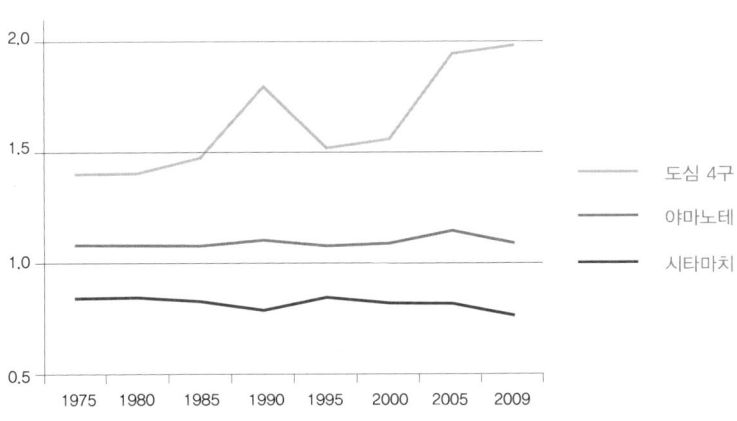

〈도표 4-6〉 도심·시타마치·야마노테의 소득 격차 추이(23구 평균=1)

출처) 데이터는 〈도표 4-5〉와 같음. 수치는 〈도표 4-5〉에 표시된 지표를 일괄 평균한 것.

〈도표 4-6〉은 〈도표 4-5〉에 표시된 지수를 도심 4구, 시타마치, 야마노테의 세 지역별로 평균한 것이다. 이렇게 보면 격차 확대의 구조를 확실히 알 수 있다. 도심 4구는 버블 전후의 심한 변

동을 거쳐 근래에는 소득수준이 빠르게 상승했다. 리먼 쇼크 이후 제동이 걸리긴 했지만 상승세는 꺾이지 않았다.

시타마치는 어떨까. 먼저 시타마치는 1990년에 소득수준이 갑자기 떨어진다. 이는 세 지역 가운데 유일한 추세인데, 버블 경제의 혜택이 피해갔기 때문이다. 1995년에는 소득수준이 잠시 올랐다가 그 뒤에는 꾸준히 낮아졌다. 반면에 야마노테는 2005년에 다소 상승한 것 말고는 거의 변동이 없었다. 즉 경제 성장이나 도쿄로 집중된 부 가운데 비례 배분적 혜택이 주어진 것이다. 그 결과 시타마치와 야마노테 사이에는 격차가 더욱 벌어졌다.

이처럼 기본적인 추세로 보면, 전체 격차의 크기로 보건 지역 간 격차로 보건 도쿄에서는 양극화가 진행되었다. 그중에서도 지역 간 격차의 확대가 더욱 뚜렷하게 나타났다.

도시 양극화의 진행

기존의 연구에서 도쿄의 양극화는 단순히 부정되거나, "양극화가 되는 부분도 있다"거나 "양극화의 조짐이 있다"는 식으로 다소 모호한 평가를 받는 경우가 많았다. 그 이유는 대부분의 연구가 1990년대 중반부터 후반 사이에 이뤄졌기 때문이다.

버블이 붕괴한 직후라 그 당시에는 도시 양극화가 뚜렷하지 않았다. 도쿄의 격차는 버블기에 한창 커지다가 이 시기에 줄어들기도 했다. 따라서 양극화는 일반적 추세가 아니라 버블기의 일시적 현상으로 여겨졌다. 또한 같은 맥락에서 사센이나 카스텔의 양극화 가설도 충분히 설득력 있는 주장으로 간주되지 않았다.

양극화 현상을 확실히 인정한 최근의 연구자는 인문지리학자 도요타 데쓰야豊田哲也를 들 수 있다. 그는 이 책에서 사용한 것과 동일한 자료(1983년, 1993년, 2003년의 〈주택·토지통계조사〉)를 사용해, 지니계수가 아니라 5분위 배율[5]이라는 소득지표를 산출했다. 이를 통해 도요타는 도쿄대도시권, 오사카대도시권, 나고야대도시권의 세 지역에서 양극화가 진행 중이라는 명확한 증거를 제시했다.

그리고 도쿄에서는 도심을 정점으로 거리가 멀어질수록 소득 수준이 낮아지는 뚜렷한 구조가 발견되었다. 게다가 도심 안에서도 오사카나 나고야에 비해 소득 격차가 매우 크다는 사실이 밝혀졌다.•

이 책에서는 분석 대상이 도쿄 23구로 한정되고 분석 방법도 다르긴 하지만, 양극화가 진행된다는 사실 자체는 재차 확인되었다. 이에 더해 새로운 사실도 밝혀졌다. 리먼 쇼크 이후 2008년에는 중간 및 고소득 계층의 소득이 정체되고, 이로 인해 전체 격차가 어느 정도 축소되었다. 그런데도 지역 간 격차는 오히려 확대되었다. 이제까지 본 적이 없는 새로운 흐름이 나타난 것이다. 게다가 그 과정에서 시타마치와 야마노테의 격차는 전례가 없을 정도로 커지게 되었다. 격차 확대는 도시의 양극화된 공간 구조를 점점 더 뚜렷이 부각시켰다.

---

5 소득 격차를 확인할 수 있는 대표적인 지표 중 하나이다. 소득 최상위 20%(5분위 계층)의 평균소득을 소득 최하위 20%(1분위 계층)의 평균소득으로 나눈 값이다. 1에 가까울수록 그 사회의 경제 격차(불평등 정도)가 감소하고, 1보다 커질수록 경제 격차가 증가한다.

• 도요타 데쓰야豊田哲也, 〈사회계층 양극화와 도시권의 공간 구조社會階層分極化と都市圈の空間構造〉

4. 지역 내 격차의 변동과 도쿄의 변화

지역 내 격차

다음으로 지역 내 격차를 살펴보자. 〈도표 4-7〉은 2008년 자료에서 도쿄 23구 각각의 지니계수를 산출한 다음, 내림차순으로 정렬한 도표이다.

지니계수가 가장 높은 곳은 신주쿠구로 나타났다. 신주쿠구에는 도심에 가까운 야마노테의 고급 주택지가 분포하고 업무지구 근처에는 고층 맨션이 즐비하다. 반면 그 옆에는 독신 거주자, 외국인 등이 거주하는 협소한 임대 주택이 많아서, 이런 결과가 나왔다. 지요다구는 두 번째로 계수가 높았고 미나토구는 세 번째, 시부야구는 여섯 번째, 주오구는 아홉 번째 순서로 소득수준이 높은 도심 4구는 모두 상위권을 차지했다.

그 밖의 구를 살펴보면 지니계수가 높은 곳은 기타구(0.355), 분쿄구(0.351), 도시마구(0.344), 스기나미구(0.342) 등이고, 계수가 낮은 곳은 에도가와구(0.307), 스미다구(0.310), 오타구(0.315), 네리마구(0.317) 등이다. 시타마치의 기타구가 상위에 있고 야마노테의 네리마구, 오타구가 하위에 있는 등 반드시 일관된 경향이 보이지는 않지만, 전체적으로 살펴보면 지니계수는 시타마치에서 다소 낮고 야마노테에서 약간 높은 경향이 드러난다. 이와 관

〈도표 4-7〉 도쿄 23구의 지니계수(2008년)

도쿄 23구	지니계수
신주쿠구	0.376
지요다구	0.369
미나토구	0.367
기타구	0.355
분쿄구	0.351
시부야구	0.346
도시마구	0.344
스기나미구	0.342
주오구	0.339
아다치구	0.336
세타가야구	0.335
메구로구	0.332
나카노구	0.331
고토구	0.330
다이토구	0.328
시나가와구	0.328
이타바시구	0.327
가쓰시카구	0.326
아라카와구	0.324
네리마구	0.317
오타구	0.315
스미다구	0.310
에도가와구	0.307

출처) 〈주택·토지통계조사〉에서 산출

련해 3개 지역별로 지니계수의 평균치를 구해보면, 도심 4구는 0.355, 시타마치는 0.327, 야마노테는 0.337이다.

〈도표 4-8〉은 3개 지역별로 지니계수의 추이를 살펴본 것이다. 비교를 위해 일본 전체의 지니계수도 같이 표시했다. 3개 지역의 지니계수는 매우 비슷한 움직임을 보여준다.

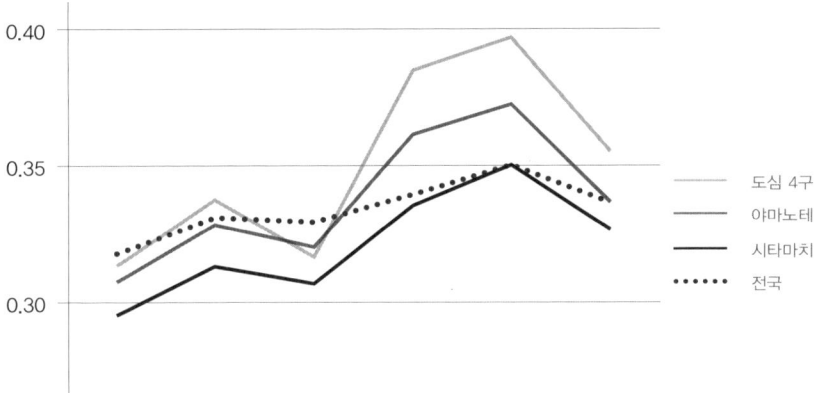

〈도표 4-8〉 3개 지역별로 본 소득 격차의 추이(등가소득·지니계수)

출처) 〈주택토지통계조사〉에서 산출

도심 4구의 지니계수가 가장 높고, 그다음이 야마노테, 시타마치 순으로 나타난다. 이는 거의 일관된 흐름이지만, 지역을 불문하고 격차 확대가 지속되었다는 사실은 공통으로 확인된다. 1983년 시타마치의 지니계수는 0.294로 전국의 지니계수(0.317)보다 낮았지만, 2003년에는 0.351까지 올라가 일본 전체의 지니계수와 거의 비슷한 수준에 도달했다. 시타마치는 일찍이 넉넉지 않은 서민이 모여 살아 격차가 작은 지역으로 알려졌다. 그러나 최근에는 도심이나 야마노테 정도는 아니지만 격차가 조금씩 커졌다. 그래서 격차가 작다고 하기에는 어려운 지역이 되었다.

그 배경에는 두 가지 흐름이 존재한다. 한편에서는 상대적으로 소득수준이 높은 신중간계급이 이주하면서 젠트리피케이션이 일어났고, 다른 한편에서는 빈곤층의 집적이 진행되었다.

계급 구성과 수입 분포의 변화

〈도표 4-9〉는 1985년과 2005년 도쿄 23구의 계급 구성을 3개 지역별로 구분한 자료이다. 계급 구성의 기본 특징을 살펴보면, 도심 4구에서는 자본가계급의 비율이 다른 지역보다 높게 나타난다. 반면 시타마치에서는 노동자계급의 비율이, 야마노테에서는 신중간계급의 비율이 다른 지역보다 높게 나타난다. 이는 두 시점 모두에서 공통으로 확인된다.

계급 구성의 비율 변화를 살펴보면 세 지역 모두에서 자본가계급과 구중간계급의 비율이 줄어들고, 노동자계급의 비율이 대폭 늘어난다. 중소 영세기업과 자영업자가 도태하고 노동자계급이 증가한 탓이다. 이런 결과는 마르크스의 양극화 주장과 대체로 일치하는 변화이다. 마르크스에 따르면 자본주의가 발전함에 따라 중간계층이 분해되고 자본의 집적이 진행되어, 종국에는 소수의 자본계급과 다수의 노동자계급만 사회에 남겨진다.

이에 비해 신중간계급의 비율은 23구 전체로 보면 큰 변화가 없는데, 21.2%에서 21.5%로 아주 약간 증가했을 뿐이다. 그렇지

〈도표 4-9〉 도쿄 23구의 계급 구성 변화

	조사년도	자본가 계급	신중간 계급	노동자 계급	구중간 계급	합계
23구 전체	1985	57.9만 (14.3%)	85.4만 (21.1%)	197.2만 (48.7%)	64.5만 (15.9%)	404.9만 (100.0%)
	2005	48.7만 (12.5%)	83.9만 (21.5%)	213.4만 (54.8%)	43.7만 (11.2%)	389.7만 (100.0%)
도심 4구	1985	6.3만 (22.5%)	6.3만 (22.4%)	11.2만 (40.0%)	4.2만 (15.1%)	28.0만 (100.0%)
	2005	4.6만 (20.5%)	5.2만 (23.1%)	10.2만 (44.8%)	2.6만 (11.6%)	22.7만 (100.0%)
시타마치	1985	21.5만 (12.8%)	26.9만 (16.0%)	89.6만 (53.4%)	29.9만 (17.8%)	167.9만 (100.0%)
	2005	18.8만 (11.0%)	31.7만 (18.5%)	101.5만 (59.2%)	19.5만 (11.4%)	171.5만 (100.0%)
야마노테	1985	30.1만 (14.4%)	52.2만 (25.0%)	96.4만 (46.1%)	30.3만 (14.5%)	209.0만 (100.0%)
	2005	25.2만 (12.9%)	47.0만 (24.0%)	101.7만 (52.1%)	21.6만 (11.0%)	195.5만 (100.0%)

출처) 〈국세조사〉에서 산출. 윗줄은 실제 인구수(만 명), 아랫줄은 구성비(%)

만 세 지역별로 살펴보면 도심 4구와 시타마치에서는 증가세를 보이고 야마노테에서는 감소하는 경향이 드러난다. 특히 시타마치에서는 16.0%에서 18.5%로 크게 늘어났다. 그 결과 신중간계급에서는 공간적 분포가 어느 정도 균질성을 띠게 되었다.

도표상에는 표시하지 않았지만 개별 구를 살펴보면, 신중간계급 비율이 3% 이상 대폭 늘어난 자치구는 모두 7개로 주오구(15.2% → 22.0%), 스미다구(12.3% → 17.2%), 지요다구(19.5% → 24.2%), 다이토구(10.8% → 15.1%), 에도가와구(14.7% → 18.9%), 고토구(16.8% → 20.4%), 아라카와구(13.3% → 16.9%)로 나타났다.

이상의 7개 구는 도심 4구 가운데 구 시타마치를 포함한 2개 구, 도심에 가깝고 임해부에 위치하여 교통이 편리한 시타마치의 5개 구로 이뤄진다. 이런 지역에서는 신중간계급이 증가했지만 구중간계급이 큰 폭으로 감소했다. 또한 주오구와 시타마치의 5개 구에서는 노동자계급이 전반적으로 증가했다. 그러나 그 내용을 살펴보면, 공장 등에서 일하는 단순노동자는 현저하게 감소했다. 예전에는 도심 주변의 주상공혼재지구에 영세한 자영업자와 단순노동자가 많이 살았다. 그러나 공장이 폐업하거나 이전하고 신중간계급이 이주해 오면서 이제는 지역의 성격이 많이 바뀌었다. 젠트리피케이션이 일어난 것이다. 도쿄 완간의 매립지나 공장이 있던 지역에, 지난 20년간 고층 맨션이 급격히 늘어났고 도시의 경관이 완전히 변해버렸다. 이렇게 계급 구성의 변화가 공간적으로 표현된 것이다.

요컨대 도쿄에서는 계급 구성이 어느 정도 균질하게 변해갔다. [모든 지역에서 자본가계급이 줄어들고 노동자계급이 늘어났으며, 시타마치에서는 신중간계급이 늘어났다.] 그러나 앞에서 봤듯이 도심 4구, 시타마치, 야마노테 사이에는 소득 격차가 줄어들지 않고 오히려 벌어졌다. 계급 구성이 변하기도 했지만, 빈곤층의 분포 양상이 바뀌면서 지역 간 격차가 커졌기 때문이다. 버블기 이후의 변화를 살펴보기 위해 1993년과 2008년의 통계를 비교해보자.

〈도표 4-10〉은 도심 4구, 시타마치, 야마노테 각각에 대해 세대별 연간수입이 어떻게 변했는지 추적한 것이다. 도심 4구에서는 연간수입 1,000만 엔 이상의 고소득 세대가 많이 증가했지만, 연간수입 500만 엔 전후의 중간소득 세대와 200만 엔 미만의 빈곤 세대가 감소했다. 전반적으로 부유한 사람이 늘었다고 할 수 있다.

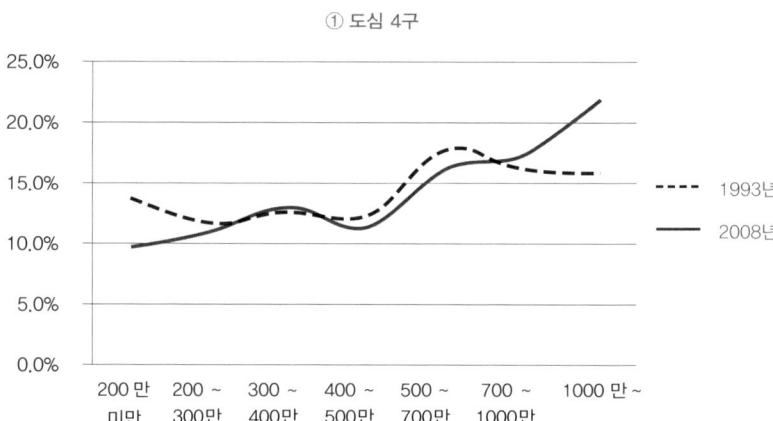

〈도표 4-10〉 도쿄 23구의 세대별 연간수입 분포의 변화(1993-2008년)
① 도심 4구

이와는 반대로 시타마치에서는 연간수입이 400만 엔 이상의 중간 및 고소득 세대가 대폭 감소하고, 300만 엔 미만의 저소득 세대가 많이 증가했다. 특히 200만 엔 미만의 빈곤 세대는 구성비로 따지면 12.5%에서 17.1%로, 세대수로 따지면 14.7만 세대에서

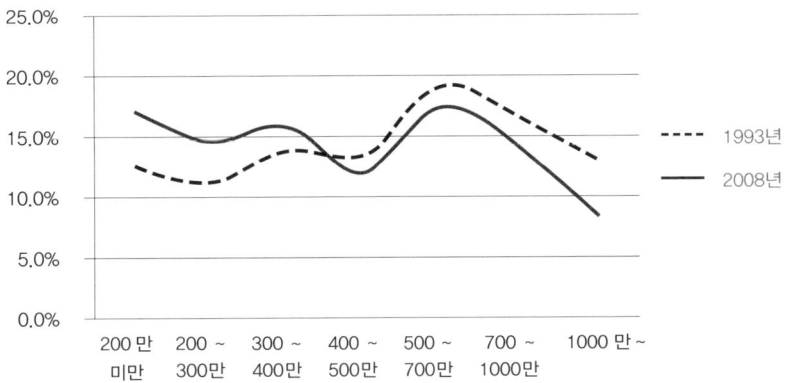

23.5만 세대로 약 9만 세대가 늘어났다. 따라서 전체적으로 빈곤화가 진행되었다. 마지막으로 야마노테에서는 연간수입이 1,000만 엔 이상의 고소득 세대가 줄어들지만, 200만 엔 미만의 빈곤 세대도 똑같이 줄어들었다. 그 결과 빈곤 세대의 비율이 많이 떨어져 13.3%까지 낮아졌다.

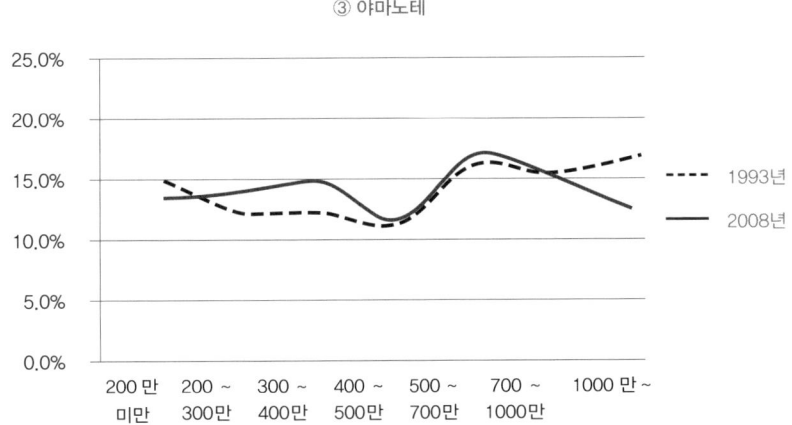

출처: 〈주택토지통계조사〉에서 산출. 그래프는 보기 쉽도록 매끄럽게 만들었다. 대부분의 그래프가 연간수입 500~700만에서 정점을 찍는 것처럼 보이지만, 이는 이 부분의 범위가 200만엔으로 그 이하 부분의 범위가 100만엔이었던 것에 비하여 넓게 잡혀 있기 때문에 그렇게 보이는 것일 뿐, 반드시 소득분포 자체가 이 부분에서 정점을 찍은 것은 아니다.

원래 야마노테는 도심과 교외의 중간 부근에 목조로 지어진 임대 아파트가 많았고 청년층을 중심으로 독신 세대가 밀집했다. 따라서 평균적인 소득수준이 높은 반면에 빈곤 세대의 비율도 낮지 않았다. 그러나 최근 들어 야마노테의 빈곤 세대가 줄어들면서, 빈곤 세대 비율은 이전과 달리 시타마치보다 낮아졌다. 그렇다고 야마노테 내부의 격차가 줄었다고 단정하기는 쉽지 않다. 실제로 500만 엔 전후의 중간소득 세대가 거의 늘지 않았고, 오히려 평균을 약간 밑도는 연간수입 300만 엔 전후의 세대가 큰 폭으로 늘어났다. 그 때문에 2008년의 소득 분포가 가로로 넓게 보이는 것이다.

도시 양극화의 메커니즘

도표에서는 생략했지만 연간수입 200만 엔 미만의 빈곤 세대가 얼마나 증가했는지 구별로 살펴보면, 상위권에는 아다치구의 +8.7%를 필두로 에도가와구(+5.8%), 기타구(+4.9%), 스미다구(+4.1%) 등 시타마치에 속한 구들이 나란히 등장한다. 반대로 빈곤 세대가 감소한 지역은 -4.2%의 세타가야구를 시작으로 주오구(-3.9%), 나카노구(-3.4%), 시부야구(-3.2%) 등과 같이 도심 또는 야마노테에 속한 구들이다.

이처럼 시타마치에서는 신중간계급이 늘기도 했지만, 수입의 전반적 감소가 일어나면서 빈곤의 집적이 이루어졌다. 반면에 야마노테에서는 노동자계급이 늘어났지만, 오히려 빈곤 세대가 줄어들어 평균을 다소 웃도는 소득수준을 유지했다.

앞에서 봤듯이 리먼 쇼크를 거치면서 격차가 축소되는 등 격차의 변동은 단순하게 진행되지 않는다. 그리고 각 구마다 고유한 사정이 있어서, 격차 확대는 일률적으로 판단하기 어렵다. 그러나 이상의 분석을 정리하면, 버블기 이후 도쿄의 양극화는 다음과 같은 형태로 진행되었다고 할 수 있다.

먼저 도심 4구에서는 구 시타마치 지역을 중심으로 젠트리피케이션이 일어났다. 구중간계급과 단순노동자가 밀려나고 그 대신 부유층이 점점 더 늘어났다. 게다가 지구화된 자본주의를 배경으로 부유층은 점점 더 소득을 늘려갔다. 실제 부유층의 숫자는 수만 명에 불과해도, 도심에 치솟은 초고층 빌딩이나 맨션이 가시화되면서 그들의 존재감은 꾸준히 커져만 갔다. 그런데도 일정 비율의 자영업자가 도심에 존재하고, 단순 사무 노동이나 서비스 노동에 종사하는 노동자계급이 줄어들지도 않았다. 그 결과 도심 4구에서는 극단적인 소득 격차가 일어났다.

시타마치에서는 도심이나 바다에 가까운 지역에 젠트리피케이션이 일어났다. 특히 이곳에서는 부유층보다 신중간계급의 비율이 높아졌다. 그들은 비교적 젊은 사무직 종사자로, 안정된 생활을 누릴 정도로도 벌이가 있지만, 부유층만큼은 소득을 올리지 못한다. 다른 한편 시타마치에서는 빈곤층의 집적이 일어났다. 데이터의 한계 탓에 빈곤층 구성이 정확히 어떤지는 알 수 없지만, 짐작건대 자영업자와 영세 기업주가 많은 비중을 차지할 것이다. 또 그들이 운영하는 회사에서 생계를 해결하는 저임금 노동자, 그런 곳에서 퇴출되거나 퇴직해야 하는 고령자, 실업자 등이 대다수를 차지할 것이다. 요컨대 시타마치는 계급 구성으로 보면 야마노테와 크게 다르지 않지만, 그곳에 사는 신중간계급이 반드시 고소득 계층은 아니라는 점에서, 그리고 다른 계급 및 무직 고령자 등 빈곤층이 늘어난다는 점에서, 야마노테와 비교할 때 경제 격차가 오히려 확대되었다.

야마노테는 예전부터 주택지를 중심으로 다수의 부유한 신중간계급 세대가 있어서, 소득수준으로 따지면 23구 전체의 1.1배 정도이고 시타마치와 비교하면 대략 1.4배 정도를 유지하고 있다. 또한 시타마치와 대조적으로 빈곤층이 오히려 줄어들었다. 따라서 급격한 부유화가 진행 중인 도심 4구만큼은 아니지만, 부유한 주택지 성격이 아직까지 사라지지 않았다. 그러나 노동자계급 비율이 급격히 증가한다는 점에서, 그 내부에는 매우 큰 격차가 있다고 생각할 수 있다.

이처럼 도심 4구, 시타마치, 야마노테는 각각의 내부에 커다란 격차가 존재하며 그 구조도 변하고 있지만, 지역 간 격차의 구조는 기본적으로 변하지 않은 채 오히려 확대되는 경향이 있다. 이런 지역 내 격차와 지역 간 격차가 중첩되면서, 도쿄의 양극화는 [전반적으로] 일어난 것이다.

제5장

계급도시를 걷다

도쿄의 양극화는 깊어지고 있다. 시타마치와 도심, 시타마치와 야마노테 사이에는 격차가 점점 더 커지고 있다. 각 지역 안에서도 격차가 점점 더 벌어지고 있다. 2008년에는 세계적인 경제 위기로 이런 경향에 잠시 제동이 걸리기도 했지만, 아마도 그 효과는 오래가지 못할 것이다.

이미 몇 차례 말했듯이 이런 격차의 확대는 도시 환경을 변화시킨다. 원래 도시란 가난한 사람과 부유한 사람의 거주 공간을 분리하고, 이를 통해 계급 구조를 공간적으로 표현하는 장소였다. 격차 확대는 이런 경향을 강화해 계급 구조의 새로운 공간적 표현을 드러내고 있다. 조금만 의식적으로 살펴보면 여러 곳에서 그 모습(이른바 '계급도시')을 목격할 수 있다.

여기서는 몇몇 지역을 선별해 계급도시 도쿄의 공간 구조를 체감하려고 한다. 차례로 답사를 나가보자.

1. 롯본기힐즈에서 도쿄 완간으로

도심 속에 잠든 골짜기

오늘날 일본에서 격차의 거대한 존재는 어디에서 느낄 수 있을까? 시각적 장소를 하나만 꼽자면 아무래도 미나토구의 롯본기힐즈 주변을 떠올릴 것이다. 1장에서 다루기도 했지만 그 인상이 너무도 강렬해서 쉽게 잊히지 않는다. 〈도표 4-7〉에서 봤듯이 미나토구의 지니계수는 0.367로, 신주쿠구와 지요다구 다음으로 높은 값이다. 롯본기힐즈 주변만이 아니라 미나토구 전체가 높은 수준의 격차를 짐작하게 한다. 여기서 범위를 조금 넓혀 롯본기힐즈를 북서쪽 끝에 놓고 대략 3킬로미터 근방을 걸어보자.

  출발점은 도쿄타워 근처의 지하철 히비야선日比谷線 가미야초역神谷町駅이다. 롯본기 방향의 출구로 나와서 도로 우측으로 걸어가다 보면, 오른쪽으로 꺾어지는 길이 나온다. 거기로 들어가면 인쇄공장이나 자동차 정비공장 등이 곧바로 나오고 골목 안쪽으로 더 들어가면 목조 주택이 나란히 늘어선다. 대강 지은 주택 사이로 주차장이 보인다. 10년 전쯤에는 작은 가정집이 그곳에 있었다.

  지형도에 따르면 이 길은 해발 고도가 약 15미터이지만, 좌우로 30미터만 벗어나면 25미터 전후로 높아지는 상당히 깊은 골짜기 지형이다. 좌측(방위로 따지면 남쪽)에는 신흥종교단체의 거

〈사진 5-1〉 가미야초 주차장 골목(역자촬영)

대한 건물이 서 있다. 맨션이 늘어선 우측의 절벽 위에는 초고층 빌딩이 차례로 보인다. 도심 속의 에어포켓 같은 장소로, 거대한 건물 사이에 끼어 있다. 이 주변은 현재 아자부다이麻布台 1초메를 반으로 나눴을 때 북쪽 지역에 속하지만, 원래 지명은 아자부가젠보초麻布我善坊町라고 해서 에도 시대에는 오나오치大縄地, 즉 하급무사의 주택지였다. 참고로 남쪽과 북쪽의 높은 대지는 다이묘의 저택이 있던 장소로, 큰 건물 사이에 골짜기가 놓여 있다는 위치 관계는 지금도 변하지 않았다.

길은 언덕으로 이어지는데, 이 언덕길을 오치아이자카落合坂[1]라 부른다. 위로 올라가면 수도고속도로首都高速道路가 나타나고,

---

1 '사카/자카坂'는 일본어로 언덕을 뜻한다.

여기에서 왼쪽으로 꺾으면 곧바로 이쿠라카타마치飯倉片町 교차로가 나온다. 길을 건너서 다시 왼쪽으로 들어가면, 바로 길 건너 외무성 이쿠라공관飯倉公館이 자리하고 니혼유세이그룹日本郵政 group 이쿠라빌딩飯倉ビル이 보인다. 그 앞에 남쪽으로 내려가는 급격한 언덕이 2개 나타난다. 네즈미자카鼠坂와 마미아나자카狸穴坂이다. 두 언덕 사이에 있는 것이 아자부마미아나초麻布狸穴町, 그 서쪽이 아자부나가사카초麻布永坂町이다. 이 지역은 주소 표기가 바뀌면서 아자부다이麻布台 3초메의 일부가 되었지만, 나가사카초永坂町에 살고 있던 마쓰야마 젠조松山善三[2]와 다카미네 히데코高峰秀子[3] 부부의 반대 운동으로 마을 명칭이 바뀌지 않고 그대로 남아 있다.

2005년 〈국세조사〉에 따르면 마미아나초狸穴町와 나가사카초永坂町의 인구는 각각 329명, 145명에 불과하다. 언덕길은 불과 250미터 길이에 14미터가 떨어지는 급경사를 이룬다. 가파른 언덕을 내려가면 양 측면에 녹음이 우거져, 맞은편의 맨션과 저택

---

2 마쓰야마 젠조(1925-2016년)는 시나리오 작가이자 영화감독이다. 1948년 쇼치쿠 오부나 촬영소松竹大船撮影所에 입사해 기노시타 게이스케木下惠介 감독 밑에서 수련했다. 1954년 《황성의 달荒城の月》을 통해 시나리오 작가로 데뷔했다. 《인간의 조건人間の條件》 시리즈의 각본을 비롯해 평생 동안 1,000편이 넘는 작품을 집필했다. 1961년에는 《이름도 없고 가난하고 아름다운名もなく貧しく美しく》이란 작품으로 감독이 되었다.

3 다카미네 히데코(1924-2010년)는 아역 출신의 영화배우이다. 《작문교실綴方教室》, 《카르멘 고향에 돌아오다カルメン故郷に帰る》, 《24개의 눈동자二十四の瞳》, 《뜬 구름浮雲》 등에 출연했다. 1955년 2월 25일 기자회견을 열고 《24개의 눈동자》에서 조감독을 맡았던 마쓰야마 젠조와 결혼을 발표했다. 당대의 유명 여배우가 가난한 조감독과 결혼했기 때문에 '격차 결혼'이라는 말과 함께 화제를 모았다. 결혼 후 아자부주반 근처에서 살다가 그곳에서 사망했다.

이 드문드문 보인다. 급경사가 끝나는 지점에 마미아나공원狸穴公園이 나타나고, 다시 한번 완만한 경사를 내려가면 아자부주반麻布十番 교차로 근처로 나가게 된다. 여기까지가 옛 아자부구이다. 맞은편에는 신주쿠교엔新宿御苑[4] 등에서 흘러나온 후루카와古川 가 흐르고, 다리를 건너면 옛 시바구가 나온다. 여기가 야마노테와 시타마치의 경계선이다.

강 건너편은 현재 미타三田 1초메이지만, 이 지역의 서쪽 절반은 옛 미타오야마초三田小山町에 해당한다. 미타오야마초는 남쪽의 고지대와 북쪽의 저지대로 나뉜다. 남북으로 약 150미터, 동서로 약 100미터 범위의 북쪽 저지대는 작은 단독 주택이며 나가야, 마치코바, 상점 따위가 밀집한 지역으로 약 200세대 정도가 살고 있다. 한 집의 면적은 작은 경우 30제곱미터가 되지 않는다. 좁은 골목에는 화분이 나란히 늘어서, 전형적인 시타마치의 정서를 풍긴다. 최근까지는 이 지역의 동쪽 블록도 비슷한 모습을 보였지만, 그중 일부는 재개발이 이루어져 '파크코트아자부주반パークコート麻布十番'이라는 초고층 맨션이 들어섰다. 남아 있는 지역에도 재개발을 추진하는 업자가 있는지, "마을을 파괴하는 재개발 반대"라고 쓰인 깃발이 매달려 있다.

이 지역을 조사한 도시사회학자 마치무라 다카시町村敬志에 따르면, 토지가 매각되는 과정에서 부지가 잘게 쪼개져 소유권이 분산되었다. 게다가 1967년 도덴都電[5]이 폐지된 뒤에는 가장 가까운 역까지 걸어서 20분이 걸렸다. 따라서 도심에 위치하지만 교

---

4 신주쿠구와 시부야구에 걸쳐 있는 일본식 정원이다.
5 도쿄도에서 운영하는 전차이다.

〈사진 5-2〉 네즈미자카 언덕길(역자촬영)

5장 계급도시를 걷다

〈지도 5-1〉 미나토구

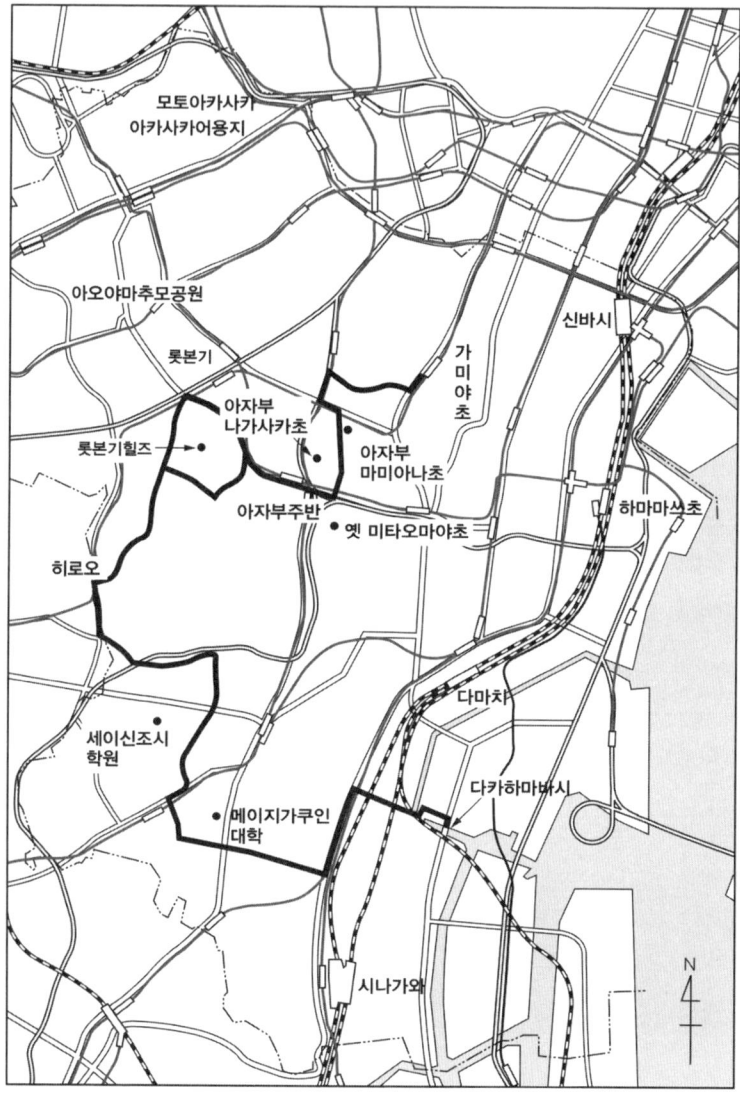

굵은 선은 저자의 답사 경로(이하 같음)

통이 불편해 개발의 손길이 거의 미치지 않았다. 그러는 동안 가옥이 점점 더 낡아가고 인구가 눈에 띄게 줄어들었다.

그래서 주민들은 미나토구의 협력 아래 '마을 만들기 모임'을 결성하고 계속 살 수 있는 마을 만들기 활동을 시작했다. 버블 경기가 시작된 무렵의 일이었다. 그리고 지금까지 개발업자가 주도하는 재개발을 거부한 채, 개발까지도 포함한 장기적인 마을 조성에 고민하고 있다. 그 목표는 자기 땅, 자기 집에서 계속 거주하는 데 있다. 마을 주민은 이를 기본적 권리로 보고 오늘날 도심에서는 거의 사라진 이 권리를 방어하고 있다.* 고급 주택지의 부유한 계층만이 아니라, 서민들이 도심에 정착해 자신의 생활 문화를 지킨다는 점에서, 이는 주목할 만한 시도라고 할 수 있다.

롯본기힐즈와 주변 지역

구 미타오야마초三田小山町의 바로 앞쪽이 아자부주반麻布十番이고, 거기서부터 언덕을 올라가면 롯본기힐즈가 나온다. 그 주변을 걸어보면 부유함과 궁핍함, 새로운 것과 낡은 것이 너무나도 뚜렷이 대비되어 놀라게 된다.

롯본기힐즈는 오늘날 일본의 새로운 부를 상징하는 지역이다. 그 중심에 해당하는 모리타워森タワ-에는 골드만삭스, 바클레이즈 캐피탈Barclays Capital, 구글 등 세계를 대표하는 금융기관이나 IT기업이 입주해 있으며, 인근의 롯본기힐즈레지던스에는 이

• 마치무라 다카시町村敬志,《'세계도시' 도쿄의 구조전환'世界都市' 東京の構造転換》

런 기업에서 일하는 엘리트 계층과 오늘날 최상위 부자가 살고 있다. 가장 최근에 발표한 2005년 고액납세자 명단에 따르면, 롯본기힐즈와 그 주변을 아우르는 롯본기 6초메 지역에는 고액납세자가 164명 거주하고 있다. 이는 덴엔초후 3초메의 113명, 세이조 4초메의 52명 등 다른 부자 동네보다 훨씬 많은 숫자이다. 초초메町丁目[6] 단위로 보면 아마 전국에서 가장 많을 것이다. 약 1,100세대가 살고 있으므로 전 세대의 1/7정도가 고액납세자로 볼 수 있다.

그러나 기복이 심한 주변 지역을 돌아보면, 전혀 다른 풍경이 펼쳐진다. 완전히 다른 세계라고 해도 이상하지 않다. 길을 사이에 두고 반대편에는 미나토구가 관리하는 구민 주택이 있는데, 그곳의 집세는 2만 6,000엔부터 시작한다. 언덕 아래 아자부주반 뒷길에는 빨랫줄에 세탁물이 걸려 있는 낡고 작은 아파트가 즐비하다. 언덕 위 모토아자부元麻布에는 저택이 많지만, 아자부주반으로 이어지는 저지대 공간에는 낡고 작은 목조 가옥이 빼곡하다. 저지대에 접한 곳에는 어린이 놀이터가 자리하고, 그 너머에는 외관이 번쩍이는 롯본기힐즈가 우뚝 서 있다.

롯본기힐즈 서쪽 언덕을 내려가면 히로오広尾에 이른다. 미나토구와 붙어 있는 시부야구의 동쪽 끝이다. 언덕 위에는 히로오가든힐즈広尾ガーデンヒルズ와 세이신여자대학聖心女子大学이 자리하고, 인접한 미나미아자부南麻布에는 외국인이 많이 사는 고급 주택지와 내셔널아자부마켓ナショナル麻布マーケット이 자리한다. 그러나

---

[6] 일본의 기초자치단체인 시구정촌市区町村 아래에 있는 구획 단위이다. 한국의 동洞에 상응하는 단위라고 생각하면 된다.

〈사진 5-3〉 롯본기 근처의 고층빌딩 (역자촬영)

〈사진 5-4〉 미야무라 어린이 놀이터宮村兒童遊園에서 바라본 롯본기힐즈

〈도표 5-1〉 요보호세대 분포도

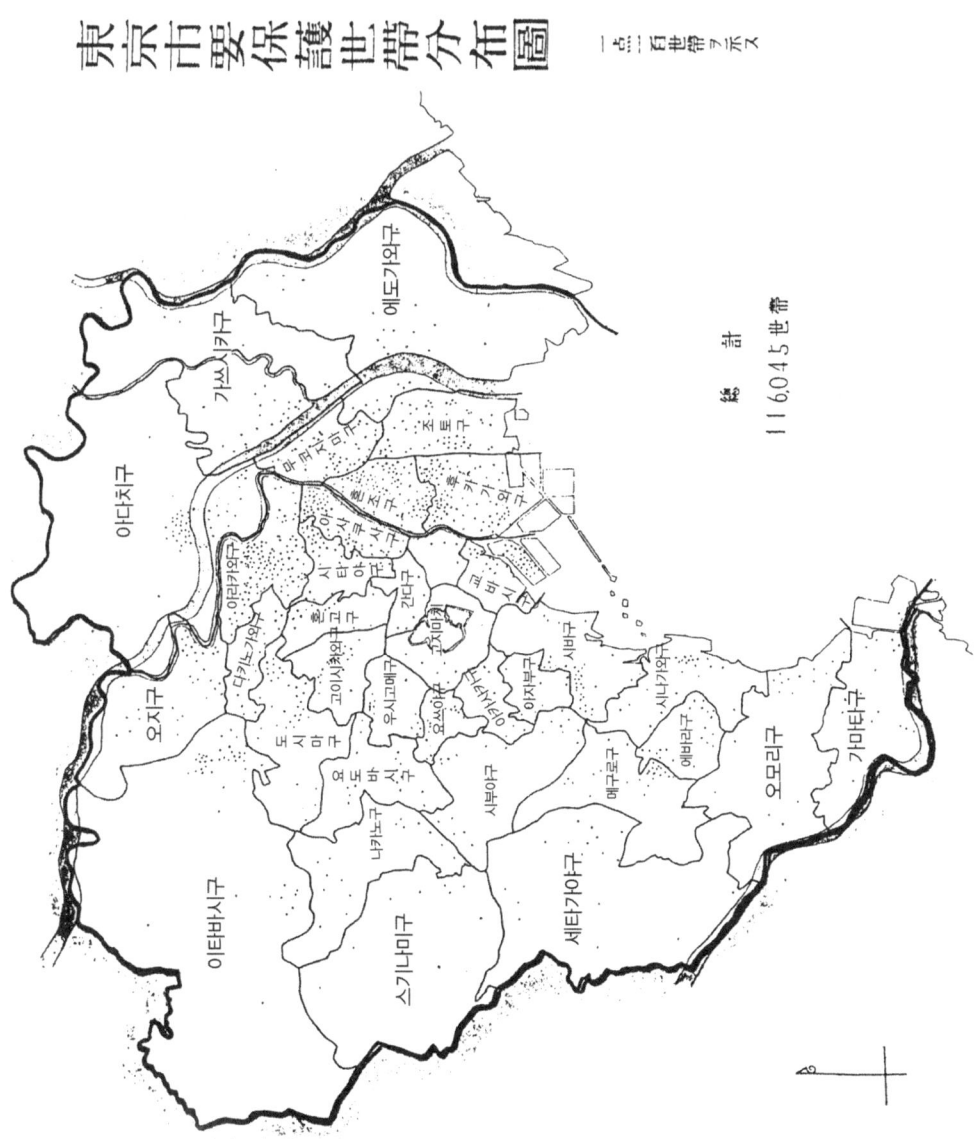

역 앞에 있는 상점가인 히로오산포도리広尾散歩通り7에는 지극히 서민적인 풍경이 펼쳐진다. 생선가게, 채소가게, 반찬가게, 목욕탕 등이 나란히 늘어선다.

이 상점가는 고급 주택지로 둘러싸여 있지만 이렇듯 서민적 풍모를 간직하고 있다. 그 배경에는 도쿄도가 운영하는 히오로 5초메 아파트가 있다. 이곳은 총 696세대로 상당한 규모를 자랑한다. 도영주택은 주택난에 빠진 저소득자를 가장 먼저 배려한다. 그래서 소득이 평균보다 한참 아래인 가구만 입주할 수 있다.《이코노미스트The Economist》의 마스다 에쓰스케増田悦佐가 말하듯이, 이 아파트는 그 존재만으로 히오로가 획일화된 고급 주택지로 변하지 않게 한다. 그 덕분에 이곳은 "고급 주택지와 서민적 상점가가 공존"하는 "평화로운 광경"을 자아낸다.•

이 상점가 입구에서 남쪽으로 이동하면 덴겐지바시天現寺橋라는 다리가 나온다. 다리 아래로 앞에서 언급한 후루카와 강이 흐르지만, 여기서부터는 상류인 시부야구 쪽으로 이름을 바꾸어 시부야가와渋谷川라고 부른다. 그곳에서 왼쪽으로 돌아가면 다누키바시狸橋라는 작은 다리가 곧이어 나온다. 이 다리를 건너 시로카네白金로 나가보자. 시로카네는 1초메부터 6초메까지 있는데, 그중에 1, 3, 5초메가 후루카와 근처의 저지대 지역이고 짝수인 2, 4, 6초메가 고지대 지역이다. 1934년에 발행한《도쿄시요보호세대조사東京市要保護世帶調査》에는 생활보호가 필요한 가구의 분포가 아래와 같이 지도로 표시되어 있다. 그에 따르면 바로 이곳부터 후

---

7 '~도리通り'는 일본어로 길, 도로를 뜻한다.
• 마스다 에쓰스케増田悦佐,《도쿄 '진화'론東京'進化'論》

루카와를 따라 미타오야마초三田小山町에 이르기까지 빈곤층이 밀집되어 있다.

1959년부터 1961년까지 산케이신문產經新聞에는 도쿄풍토도東京風土図라는 기사가 연재되었다. 기사를 살펴보면 이 근처에는 금속을 가공하고 일용품을 제조하는 마치코바가 늘어서 있었고, 강변을 따라 가늘고 긴 공업지대가 형성되었다. 지금도 몇 개는 남아 있지만 대부분 아파트나 작은 맨션으로 바뀌어, 작은 목조 주택과 혼재하고 있다.

다카하마바시高浜橋 옆 판자촌

3초메에서 1초메로 가기 직전 오른쪽으로 꺾으면 점차 급경사를 이루고, 곧이어 산코자카三光坂 아래 교차점이 나온다. 그 앞이 시로카네 4초메 지역이다. 여기서 풍경은 갑자기 녹음이 우거진 주택지로 바뀐다. 길가에는 고급스런 저층의 맨션이 늘어서고 커다란 대문의 저택이 이어진다. 세이신여자학원聖心女子学院 입구에는 경비원이 삼엄하게 경계를 서고 있다. 곧 메구로도리目黒通り에 다다른다. 메구로도리를 건너가면 구와하라자카桑原坂가 나타나고, 이 언덕을 내려가면 메이지가쿠인대학明治学院大学이 나온다. 메이지카구인대학에 접한 사쿠라다도리桜だ通り를 건너 곧바로 걸어가면, 급한 내리막길이 나타나고 서민적인 목조 주택이 점점 더 늘어난다. 그 앞이 바로 국도 15호선이다. 이 지점의 해발 고도는 약 4미터. 시로카네 4초메의 저택이 해발 25미터 전후로, 이곳과 비교하면 20미터 이상 높은 지역이다.

여기서 다마치田町방향으로 조금 걸어가면, JR[8]선 아래로 도쿄 완간 지역으로 건너가는 다카나와高輪 고가가 나온다. 그 주변에는 야마노테선山手線, 게이힌토호쿠선京浜東北線, 요코스카선橫須賀線, 도카이도혼선東海道本線, 도카이도신칸선東海道新幹線 등 여러 선로가 지나간다. 그래서 반대쪽으로 건너가려면 한참을 걸어야 한다(약 250미터 정도). 이 고가 아래 통행로가 하나 있는데, 그 높이가 겨우 1.5미터에 불과하다. 승용차나 택시만 간신히 통과할 수 있다. 키가 165센티미터만 넘어도 허리를 펴지 못하고 지나가야 한다. 앞에서 걸어가고 있는 남성은 머리를 숙이고 거침없이 나아간다. 이 길이 익숙한 모양이다. 나는 엉거주춤한 자세로 멈칫거리며 걸어간다.

통행로를 빠져나오면 다시 새로운 세계가 펼쳐진다. 수로, 하수처리장, 공장, 창고, 자재 적치장 따위가 눈에 들어온다. 조금 떨어진 곳에는 고층 맨션, 업무용 빌딩이 늘어서 있다.

이 주변은 예전 게이힌京浜 공업지대의 일부로 공장이 많았고, 특히 항만 노동자가 생계를 이어가는 장소였다. 수로 근처에는 집 없는 수상생활자도 많았다. 최근에는 젠트리피케이션이 일어나고 있지만, 당시의 모습을 그대로 간직한 구역도 남아 있다. 바로 다카하마바시高浜橋 북쪽이다. 이곳에는 거의 판잣집에 가까운 주택이 십여 채 모여 있다. 건물의 일부는 운하 쪽으로 튀어나와 물가에 세워진 가느다란 기둥에 의지하고 있다.

수로 쪽에는 곱창구이 간판이 몇 군데 보이고, 밤에는 근처에

---

8 JR은 일본 국철의 민영화에 따라 출연한 철도사업자의 통칭이다. 1987년 일본의 국철은 민영화되었고 12개 법인으로 쪼개졌다.

〈사진 5-5〉 고가 아래 통행로(역자촬영)

〈사진 5-6〉 다카하마바시高浜橋 옆 판자촌

〈사진 5-7〉 현재의 다카하마바시, 젠트리피케이션 이후(역자촬영)

서 일하는 노동자 계층이 찾아든다. 여기에는 나름대로 이유가 있다. 1938년 시바구의 역사芝區史를 살펴보면, 조선에서 건너온 500명가량의 노동자 가족이 이곳에 모여 살았다. 그들의 흔적이 바로 여기에 희미하게 남아 있는 것이다. 게다가 주변에는 도영 주택이 많이 분포한다. 간단히 말해 미나토구의 저소득층이 몰려 사는 지역이다.

롯본기힐즈에서 여기까지는 직선거리로 불과 3킬로미터. 지금까지 걸어온 거리로 따져도 6킬로미터 남짓에 불과하다. 그러나 이 거리 안에 몇 가지 풍경이 중첩된다. 초고층 맨션에는 지구화된 자본주의의 정점에 자리한 새로운 특권 계급이 거주한다. 고지대 주택지에는 구 특권 계급이 살아가고 시타마치 쪽에는 서민이 분포한다. 일부 지역에는 작은 맨션이나 아파트가 밀접하고, 다른 지역에는 1945년부터 빈곤층이 살아간다. 이 모두가 한 지역에 몰려 있어, 이곳만 둘러봐도 오늘날 격차의 정점에서 밑바닥 근처까지 그 구조를 실감할 수 있다. 현대 일본의 격차를 알고 싶다면, 먼저 미나토구를 걸어볼 일이다.

자, 걸을 만큼 걸었으니 롯본기 쪽으로 돌아가 맥주로 목이라도 축이자. 롯본기라고 하면 우선 고급 레스토랑이나 세련된 바가 떠오를지 몰라도, 서민적인 이자카야가 없는 것은 아니다. 첫손에 꼽히는 가게는 도쿄미드타운東京ミッドタウン 근처에 자리한 '산슈야 롯본기점三州屋六本木店'이다. 롯본기 번화가에서 벗어난, 조금은 어둑한 골목길에 있지만 주변 분위기가 좋은 편이다. 산슈야는 노렌와케暖簾分け[9] 식으로 성장한 가게로 긴자, 간다, 신바시 등

---

9 상가나 식당에서 성실하고 믿을 만한 종업원에게 분점을 내어주는 일이다.

에도 지점이 있다. 메뉴는 가게에 따라 조금씩 다르지만, 어패류 요리를 중심으로 회, 생선구이, 생선조림 등이 공통으로 나온다. 도리토후鳥豆腐도 똑같이 나오는데, 닭 육수에 닭고기와 두부를 넣고 끓인 요리로 맛이 끝내준다. 가게도 작은 편이고 다른 지점에 비하면 메뉴가 단출하지만, 그 맛은 결코 뒤지지 않는다. 가격은 롯본기라는 위치를 감안할 때 놀랄 만큼 저렴한 수준이다. 주로 롯본기에 살거나 일하기는 하지만 서민적인 문화를 즐기는 사람이 많이 찾아온다.

아자부주반에는 대중적인 이자카야가 몇 군데 있다. 최근에는 지하철 개통으로 교통이 좋아져 고급스런 가게도 늘었지만 서민풍의 전통이 여전히 살아 있다. 그중에서도 가장 추천할 만한 곳이 '아베짱あべちゃん'이다. 1933년에 개업한 꼬치구이 집으로 닭고기와 돼지고기 내장을 재료로 사용한다. 꼬치 소스가 들어 있는 항아리는 몇십 년째 사용하고 있는데, 항아리 옆으로 흘러내린 소스가 숯불에 그슬려 검게 빛나는 용암처럼 뭉쳐 있다. 당연히 맛도 끝내준다. 달콤하게 맛을 낸 곱창 조림도 훌륭하다. 흥미롭게도 고객층이 매우 다양하다. 프리터 느낌의 젊은이 무리가 있는가 하면 세련된 느낌의 커플, 품위 있는 노부부, 직장인 그룹, 대기업 임원처럼 보이는 외국인 사업가도 앉아 있다. 미나토구에 살거나 거기서 일하는 다양한 계층이 한 자리에 모인 것이다.

경제 격차가 확대되면서 서로 다른 계급이 분리되는 경향이 강해진다. 그런 과정에도 모든 계급이 공통으로 즐기는 이자카야가 있다는 사실이 더없이 반갑다. 이런 가게가 늘어난다면 더 많은 사람이 이렇게 느끼지 않을까. 우리 모두가 같은 인간이며, 그래서 사람 사이에 극단적 차별이나 격차가 없어야 한다고 말이다.

〈사진 5-8〉 롯본기 산슈야(역자촬영)

2. 두 세계를 연결하는 분쿄구의 언덕길

태양 없는 거리

분쿄구는 언덕이 많은 지역이다. 야마노테대지의 동남쪽 끝에 자리하는데, 그 가장자리가 손가락 모양으로 생겼다. 몇몇 대지가 손가락을 펴듯이 도쿄만, 스미다가와 방향으로 뻗어 가고 이 대지와 주변의 낮은 지대가 언덕길로 이어져 있다.

　대지 위에는 몇몇 대학과 사원, 학교, 고급 주택지가 자리한다. 언덕 아래 낮은 곳에는 서민이 사는 주택지와 상점가가 분포한다. 에도 시대에는 대지 위에 다이묘의 저택이 있었고, 저지대 쪽에는 하급무사나 조닌이 사는 거리가 있었다. 따라서 이들 언덕은 격차를 상징하는 동시에 격차의 공간적 표현이기도 했다. 그리고 언덕길은 격차로 분리된 이질적 세계를 연결하는 가교이기도 했다. 예전부터 분쿄구에는 문인이 많이 살았다. 그래서 사회적 격차를 상징하는 이 언덕과 언덕길은 몇몇 작품의 무대가 되기도 했다.

　분쿄구의 지니계수는 0.351로 미나토구만큼은 아니지만 도쿄 23구 가운데 다섯 번째로 높다. 롯본기힐즈처럼 풍요로움을 과시하는 랜드마크는 보이지 않지만, 주의 깊게 살펴보면 '교육지구'라는 평온한 인상은 사라지고 커다란 격차가 확연히 느껴진다.

〈지도 5-2〉 분쿄구

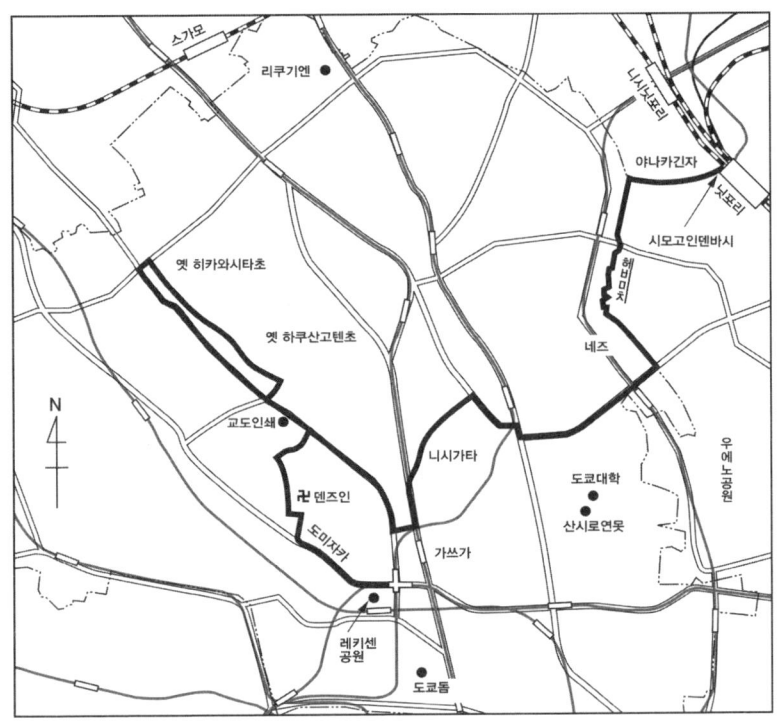

이번에는 이 분쿄구 내의 동쪽 지구, 그러니까 고이시카와를 서남쪽 정점으로 하는 직삼각형 모양의 3킬로미터 정도를 돌아보고, 바로 인접한 다이토구의 다니나카谷中, 아라카와구의 닛포리日暮里까지 걸어보자.

출발점은 도영 지하철 가스가역春日駅이다. 이곳은 동쪽의 혼고대지本郷台地와 서쪽의 고이시카와대지小石川台地 사이에 자리한 골짜기 지형이다. 동서로 뻗은 가스가 거리는 오르막과 내리막

5장 계급도시를 걷다 199

이 반복된다. 가스가 거리를 따라 걷다 보면 서쪽으로 레키센공원礫川公園이 나온다. 레키센공원의 '레키礫'는 자갈이란 뜻인데, '고이시小石' 역시 작은 돌을 말한다. 그래서 고이시카와小石川, 이른바 작은 돌의 강이 된 것이다. 예전에는 골짜기 아래 강가에 자갈돌이 많아서, 그렇게 불렸다고 한다. 레키센공원은 언덕을 깎아서 만들었다. 2개의 공원으로 이루어져 있는데, 통행로 근처에 광장이 하나 있고 이어진 계단 위에 두 번째 광장이 있다. 건너편에는 주오대학中央大學의 고라쿠엔後樂園 캠퍼스가 자리한다. 레키센공원을 바라보고 오른편이 도미자카富坂 지역이다.

도미자카 아래의 해발 고도는 약 7미터로 시작하지만 200미터가량 걷는 동안 20미터까지 올라간다. 그 이후 경사가 완만해지면서 해발 고도 25미터 정도의 평탄한 능선이 나타난다. 길가에는 도립 다케하야고등학교竹早高等學校, 도쿄가쿠게대학東京学芸大学 부속 다케하야소학교·중학교, 다쿠쇼쿠대학拓殖大学, 아토미학원跡見学園, 쓰쿠바대학筑波大学 부속 소학교·중학교·고등학교, 오차노미즈여자대학お茶の水女子大学 등이 차례로 보이고, 그 건너편에는 고코쿠지護國寺가 위치한다. 간단히 말해 도쿄대학 주변과 더불어 교육 지구다운 풍경이 펼쳐진다. 아시아태평양전쟁 전에는 학교와 사원 주변에 귀족이나 고위 관료, 실업가 등이 사는 고급 주택지가 많았다. 도쿠가와 요시노부德川慶喜[10]가 여생을 보낸 곳도 바로 여기였다.

---

10 도쿠가와 요시노부(1837-1913년)는 도쿠가와 막부의 마지막 쇼군이다. 1867년 10월 14일 교토의 니조조二条城에서 국가 통치권을 천황에게 반환하는 대정봉환大政奉還의 상주문을 제출하고, 이는 메이지유신으로 이어졌다.

능선에서는 양쪽으로 내리막길이 이어진다. 북쪽 길로 방향을 잡아보자. 도미자카를 거의 다 올라온 지점에 덴즈인伝通院이 자리한다. 덴즈인은 도쿠가와 이에야스의 생모인 오다이노카타於大の方[11]의 법호로, 그녀의 장례식이 이곳에서 치러졌고 묘도 남아 있다. 그러나 덴즈인은 또 다른 사건으로 유명하다. 바로 다이쇼 말기에 일어난 교도인쇄쟁의共同印刷争議[12] 사건이다. 도쿠나가 스나오德永直[13]는 《태양 없는 거리太陽のない街》에서 이 사건을 소설로 그려냈다.

덴즈인에서 왼쪽으로 조금 가면 북쪽으로 내려가는 언덕길이 나타난다. 길을 따라가면 오른쪽으로 꺾이는 더욱 좁은 내리막길이 나오고, 이 길로 접어들어 조금 더 내려가면 인쇄나 제본에 종사하는 작은 공장이 몰려 있다. 그중에 큰 곳도 있는데, 왼쪽에 있는 것이 교도인쇄소의 대공장이다. 이곳이 쟁의 사건의 무대이다. 노동자의 투쟁은 완전히 실패한다. 푼돈을 받는 대신 쟁의단 전체가 해고를 받아들인다.《태양 없는 거리》에서는 마지막 결의대회가 덴즈인에서 열린다.

11 오다이노카타(1528-1602년)는 도쿠가와 이에야스의 생모이다. 흔히 덴즈인으로 불린다. 아버지는 전국시대 다이묘 중 한 명이었던 미즈노 다다마사水野忠政이다.

12 1926년 1월 교도인쇄주식회사에서 발생한 파업이다. 회사 측이 일본노동조합평의회日本労働総同盟 소속 노동자를 차별하자 이에 반발해 일어났다. 전국의 지원을 받으며 60일 남짓 파업이 이어졌지만, 사측에서 폭력단을 투입하고 파견노동자를 동원해 조업을 재개하자 실패로 돌아갔다.

13 도쿠나가 스나오(1899-1958년)는 노동자 출신 소설가이다. 교도인쇄 공장에서 일했으며 1926년에는 파업에 나섰다가 해고되었다. 그 경험을 바탕으로《태양 없는 거리》를 썼다. 전일본무산자예술동맹ナップ/NAPF에 참여했지만 1930년대 중반 전향했다.

〈사진 5-9〉 덴즈인(역자촬영)

〈사진 5-10〉 교도인쇄공장 입구(역자촬영)

공장 건너편에는 센카와도리千川通り가 있다. 예전에 이곳을 흐르던 센카와千川[14] 줄기를 덮었기 때문에 현재의 지명이 생겨났다. 북쪽으로 걸어가면 또다시 길이 급해지고, 언덕을 올라가면 혼고대지로 이어지는 하쿠산대지白山台地가 나타난다. 이곳에 고이시카와식물원小石川植物園이 자리한다. 그러니까 센카와도리는 대지 사이에 끼어 있는 골짜기 지형이다. [한쪽에는 도미자카 언덕이 있고 다른 쪽에는 하쿠산대지가 있다.] 그 주변은 본래 습지로, 에도 시대에는 논밭이었고 메이지 시대에 들어 빈민가가 되었다. 앞에서 언급한 《도쿄시요보호세대조사》에 의하면, 센카와를 따라 띠 모양으로 빈민층이 분포했다. 교도인쇄 노동자가 바로 이 지역에 살았다.

《태양 없는 거리》에는 기복이 심한 지형과 그 사회적 의미를 기술하는 부분이 많다. 이야기는 세쓰쇼노미야攝政宮, 즉 훗날의 쇼와천황昭和天皇이 쓰쿠바대학筑波大学의 전신인 도쿄고등사범학교를 방문하는 장면으로 시작한다. 교장의 안내를 받은 세쓰쇼노미야는 교정에 자리한 게이힌바시迎賓橋에 문득 멈춰 선다. 그러고는 녹음이 우거진 양편 언덕의 아름다운 풍경을 바라본다. 교장은 숲을 가리키며 저쪽은 도쿠가와 공작의 하쿠산 저택, 그 오른쪽이 호소카와 공작의 별저, 아베 후작의 저택 자리, 산 중턱에 있는 것이 식물원이라고 설명을 이어간다. 그러나 세쓰쇼노미야는 다른 곳을 바라보고 있다.

---

14 다른 이름으로는 야바타가와谷端川 혹은 고이시카와小石川라 한다. 3장에 나왔던 야마노테의 센카와千川하고는 한자가 같아도 다른 곳이다.

"이쪽 산과 저쪽 산 사이에 골짜기가 있을 터인데……
보고 싶구려."
"예!"
대답은 했지만 늙은 교장은 당황했다. 백발의, 정수리까지 머리가 벗어진 이마에 손을 대고서, 이윽고 결심한 듯 아뢰었다.
"저, 예전에는 센카와조스이千川上水라고 하는 멋진 계곡이 흘렀고 물도 깨끗했습니다. 한데 요즘은 논이며 강을 덮어서 공장이 생기고 마을도 4개 정도 생겨서 3-4만 명의 사람이 살고 있습니다."
실크 모자가 놀란다.
"저런 삼림 사이에 말입니까? 허어."

그곳이 바로 '태양 없는 거리'였다. 그 모습은 다음과 같이 묘사되고 있다.

'골짜기 바닥의 거리'는 사실 '태양 없는 거리'였다.
센카와 도랑은 옛 모습을 완전히 잃어버렸다. 지면에 들러붙은 듯이 나가야가 늘어서고 물길을 뒤틀어, 도랑은 부엌 아래로 빠져나가고 변소를 거쳐 흐른다. 먼지, 코크스骸炭, 빈 병, 넝마와 폐지에 강폭도 사라져 홍수라도 나야 겨우 그 존재를 드러낼까 했다. 그 센카와 도랑이 '골짜기 바닥 거리'의 중심이듯이, 이로부터 멀어져 언덕으로 올라갈수록 2층 건물도 나오고 가정 형편이 좋아진다. [언덕 위에 사는 것], 이는 홍수를 피하고 태양에 가까이 가려는 노력이자, 생활의 고급스러움을 나타내는 잣대와 다르지 않았다. 산 정상에는 마쓰하라松平라고 하는 화족이 살았고 그 옆에는 오카와大川 사장의 저택이 있었다. 중간관리자급 직공, 사무원 등은 이런 사실에 위압감을 느꼈지만, 그마저도 매우 자연스런 현실로 받아들였다.

〈사진 5-11〉 하쿠산고덴초白山御殿町의 골목길

꼭대기 근처에는 화족이나 시장이 살아가고, 그 밑에는 약간 여유가 있는 사람이나 관리자급 직공, 사무원 등이 거주한다. 골짜기를 흐르는 도랑 주변에는 나가야가 자리하고 가장 밑바닥에 노동자가 살아간다. 놀라운 서열화 구조가 아닌가.

당시의 마을 이름은 하쿠산고덴초白山御殿町와 히카와시타초氷川下町, 현재의 마을 이름은 하쿠산白山 3초메, 센고쿠千石 2초메 지역이다. 각각 센카와도리에 접해 있는데, 이곳은 지금도 골목길이 많고 길가에는 양쪽으로 작고 낡은 목조 주택, 작은 인쇄 공장이 몰려 있다. 주거겸용 공장도 많이 보인다. 센카와도리 주변의 많은 지역이 맨션으로 바뀌고 있지만, 아직도 그 당시 모습이 남아 있다. 반면에 북쪽의 급한 오르막 위에는 차분한 분위기를 풍기는 주택지가 자리한다. 중후한 외관을 자랑하는 고급 맨션이나 푸른 정원에 둘러싸인 단독 주택 따위가 보인다.

여기서 센카와도리의 남동쪽 방향으로 걸어가면, 처음에 출발한 가스가역 북측 상점가가 나온다. 엔마도리えんま通り라고 불리는 곳인데, 그 앞에는 '곤약 염라대왕'으로 알려진 겐카쿠지源覚寺[15]가 자리한다. 한때는 시타마치풍의 상점가였지만 지금은 길 양쪽으로 고급 맨션이 빼곡히 들어서면서 분위기가 완전히 바뀌었다. 여기서도 젠트리피케이션이 휩쓸고 있는 것이다. 그래도 꽤 많은 상점이 남아 있어서 시타마치풍의 이자카야도 볼 수 있다.

---

15 염라대왕을 모시는 사당이다. 에도 시대 후기 눈병에 걸린 노파에게 염라대왕이 자신의 오른쪽 눈을 주고 낫게 했는데, 노파가 이에 감사하여 자신이 좋아하는 곤약을 바쳤다고 한다. 이런 고사에 따라 본당의 염라상에 곤약을 올리고 있다.

야마노테의 도쿄대학

다음으로 도쿄대학 주변을 걸어보자. 가스가역 주변의 해발 고도는 약 6미터. 이에 비해 도쿄대학의 아카몬赤門[16]은 약 24미터 높이에 위치한다. 따라서 어느 길로 가더라도 급격한 경사를 올라가야 한다. 혼고本鄕 3초메 교차로를 거쳐 히가시도미자카東富坂를 올라가는 것이 가장 편한 길이지만, 조금은 멀리 돌아가 보자.

엔마도리에서 하쿠산도리白山通り로 나와서 오른쪽 길을 따라 북쪽으로 걸어간다. 니시카타西片 교차로를 지나 맨션이나 비즈니스 빌딩을 몇 개 지나면 커다란 할인점이 눈앞에 들어온다. 여기에서 오른쪽으로 꺾어서 다시 오른쪽에 보이는 언덕으로 올라간다. 이곳이 바로 신자카新坂, 별칭 후쿠야마자카福山坂이다. 매우 가파른 언덕이며, 오른쪽은 거의 절벽이라고 해도 좋을 정도이다. 그 절벽 아래를 예전에는 마루야마후쿠야마초丸山福山町라고 불렀다. 히구치 이치요樋口一葉[17]가 말년을 보내며《탁류にごりえ》,《키재기たけくらべ》를 쓴 곳이 바로 이곳이다. 절벽 위에는 구 행정명으로 고마고메니시카타초駒込西片町라고 해서 원래는 후쿠야마번福山藩 아베가阿部家의 저택이 자리했다.

메이지유신 이후 아베가는 광대한 토지의 대부분을 임대하여

---

16 도쿄대학교 혼고 캠퍼스를 상징하는 문이다. 붉은색을 띠고 있어서 붉은 문이라는 의미의 아카몬赤門이라고 부른다.
17 히구치 이치요(1872-1896년)는 일본의 근대 문학을 대표하는 작가 중 한 명이다. 아버지의 이른 죽음으로 십 대의 나이로 집안의 생계를 책임져야 했고 돈을 벌려고 직업 작가가 되었다. 극심한 생활고에도 작품 활동을 이어가다가 폐결핵으로 이십 대의 젊은 나이에 사망했다. 2004년부터 5천 엔 지폐의 모델이 되었다.

〈사진 5-12〉 도쿄대 아카몬(역자촬영)

〈사진 5-13〉 니시카타 주택지(역자촬영)

택지 경영에 뛰어들었다. [고급] 주택지를 만들려고 의도적으로 목욕탕이나 점포, 별장지의 영업도 허가하지 않았다. 입주민도 학자나 고관 위주로 받아들였다.* 게다가 도쿄제국대학과 가깝다는 지리적 이점도 있어서, 지식인이 많이 사는 학자마을로 불리게 되었다. 아베가는 1945년 이후 토지 사업에서 손을 뗐지만, 지금까지도 니시카타라고 하면 도심과 가까운 고급 주택지로 알려져 있다. 아시아태평양전쟁 시기에는 공습 피해도 거의 입지 않아서, 전쟁 이전 야마노테 주택지의 분위기가 여전히 남아 있다. 그러나 땅값이 비싸다 보니 지금은 도쿄대학 교수들이 거의 살지 않는다. 사회적 지위가 높아도 급료가 높지 않기 때문이다. 절벽 위의 대지에도 완만한 기복이 있어서 중심부의 높은 곳에는 저택이 많고 주변부는 아주 조금이지만 서민적인 풍모가 엿보인다. 이 주택지를 빠져나오면 농학부가 위치한 도쿄대학 야요이弥生 캠퍼스를 만나게 된다. 야요이 캠퍼스의 남쪽이 혼고本郷 캠퍼스이다.

  도쿄대학 주변에는 아카몬에서 정문에 이르는 혼고도리本郷通り 일대의 고도가 가장 높고, 그 주변으로 내리막길이 이어진다. 혼고도리에서 하쿠산도리로 내려가는 중턱에 기쿠자카菊坂 골목이 자리한다. 젊은 시절 히구치 이치요가 살았던 곳이다. 안내판을 따라 그곳에 가면, 다시 옆으로 빠져나가는 길이 나온다. 거기로 내려가면 좁다란 골짜기 길이 있는데, 거의 도랑이라고 불러도 좋은 정도이다. 민가 사이에는 아주 오래된 우물이 보인다. 그 당시부터 내려왔다고 한다.

- 이나바 요시코稲葉佳子, 〈아베가가 만든 학자마을, 니시카타초阿部様の造った学者町……西片町〉

캠퍼스 안으로 들어가 보자. 혼고도리와 반대 방향, 즉 동쪽으로 가다 보면 내리막길이 나온다. 중심 부분은 울창한 숲이다. 숲 앞에는 언덕이라기보다 절벽에 가깝고, 그 아래로 산시로 연못三四郎池이 자리한다. 원래는 이쿠토쿠엔신지育德園心字池 라고 불렸는데, 나쓰메 소세키의 소설에 등장하면서 이름이 바뀌었다. 절벽 아래 연못이 있는 것은 일본식 정원에서 자주 보이는 양식이다.

연못의 남쪽에는 의학부, 동쪽에는 의학부 부속병원이 위치한다. 이 주변에는 '데쓰몬鐵門'이라고 하는 문이 하나 있는데, 캠퍼스 중심에서 멀어서 찾는 사람이 드물다. 예로부터 데쓰몬은 도쿄대학 의학부의 대명사로 쓰였다. 그 위치가 의학부와 부속병원 관계자의 전용처럼 느껴진 탓이다. 데쓰몬을 나와서 캠퍼스를 벗어나면 왼쪽으로 무엔자카無緣坂의 내리막이 나타난다. 무엔자카 아래에는 격자모양의 문이 달린 작은 집이 모여 있다. 모리 오가이의 소설《기러기雁》에는 다음과 같은 이야기가 나온다. 의대생인 오카다岡田는 언덕 위 하숙집에 살면서 매일 같이 아랫마을로 산책하러 나간다. 고리대금업자의 첩인 오타마お玉는 의대생 오카다를 남몰래 연모한다.

언덕 아래 시타마치

캠퍼스 남쪽의 다쓰오카몬龍岡門에서 가스가도리春日通り로 나오면

〈사진 5-14〉 히구치 이치요의 옛 집 골목

〈사진 5-15〉 산시로 연못(역자촬영)

〈사진 5-16〉 도쿄대 데쓰몬(역자촬영)

유시마텐진湯島天神[18] 아래로 향하는 언덕길이 나온다. 기리도시자카切通坂이다. 그 아래를 내려가면 덴진시타天神下가 나온다. 뒤돌아 걸어가면 혼고 3초메 교차점이 나오고, 히가시도미자카東富坂라는 언덕 위에 도착한다. 이곳을 내려가면 가스가春日 지역에 이른다. 도쿄대학이 혼고대지 위에 자리하므로 양쪽 끝에 언덕이 있는 것이다. 어느 쪽이건 경사가 급해서, 인력거나 짐수레를 쓰던 시절에는 매우 고달픈 지역이었다. 우치다 핫켄內田百閒[19]의 《도쿄일기東京日記》에는 이런 사정을 감안해 가스가 교차로에서 덴진시타까지 터널을 뚫는다는 이야기가 등장한다. 터널 속에는 찻집이나 광장도 마련한다. 핫켄 특유의 기발한 상상력이 넘치는 이야기이다. 예전에는 짐수레를 밀어주고 품삯을 받기도 했는데, 언덕 아래에는 일꾼들이 진을 치고 있었다. 나중에 소개할 유시마湯島의 이자카야인 이와테야岩手屋의 주인에 의하면, 1945년 이후에도 한동안은 그런 풍경이 펼쳐졌다고 한다.

캠퍼스 반대쪽에는 네즈根津로 내려가는 야요이자카弥生坂가 있다. 네즈는 저지대 지역이다. 모리 마유미森まゆみ에 따르면 네즈는 옛날부터 조닌의 마을, 프롤레타리아의 마을, 도호쿠 출신의 이주자 마을, 서민의 마을로 통했다고 한다.* 네즈는 전형적인 야

---

18 도쿄시 분쿄구에 있는 신사이다. 도쿄대학 동남쪽에 있으며, 도쿄대학이 자리한 혼고대지의 동쪽 언덕길 아래에 위치한다.
19 우치다 핫켄(1889-1971년)은 후쿠오카 출신으로 소설가이자 수필가이다. 도쿄대학교 독문학과를 졸업하고 육군사관학교, 해군기관학교, 호세이대학 등에서 독일어를 가르쳤다. 나쓰메 소세키의 제자이며, 특유의 해학적인 수필로 유명하다. 1937년부터 죽을 때까지 도쿄 고지마치구(현재 지요다구)에 살았다.
• 모리 마유미森まゆみ, 《불가사의한 마을 네즈不思議の町根津》

마노테 주택지인 니시카타와 불과 1킬로미터 거리에 위치한다. 그런데도 네즈는 시타마치 분위기를 물씬 풍기는 지역이다.

물론 간다나 후카가와 같은 전형적인 시타마치 지역과는 다르지만, 네즈의 주택지를 걷다 보면 1950-60년대 분위기를 느낄 수 있다. 마치 시간이 멈춘 듯이 가느다란 골목길이 얼기설기 이어지고, 작은 목조 가옥이 어깨를 맞대고 서 있다. 아이들이 뛰어다니고 그 옆에는 나이가 지긋한 어른들이 담소를 나눈다. 골목 틈새로는 고양이가 얼굴을 내민다. 이런 골목이 일부만 남은 것이 아니라, 네즈초根津町의 큰 도로와 네즈 신사 주변을 제외하고 인구 6,000명에 가까운 지역 전체가 비슷한 느낌이다.

언어학자 오기노 쓰나오荻野綱男 팀이 1981년에 조사한 바에 따르면, 니시카타와 네즈는 여러 면에서 대조적이다. 주민들의 학력(남성)을 살펴보면 니시카타에서는 대학원 졸업이 20%, 대학 졸업이 30%를 넘었지만, 네즈에서는 대학원 졸업이 거의 없고 대졸자도 20% 정도에 불과했다. 남성의 직업은 니시카타에서는 전문직, 기술직, 관리직이 50% 정도를 차지했지만, 네즈에서는 소매업, 판매직, 서비스직 등이 절반을 넘었다. 평균수입은 니시카타가 현저히 높았다. 출신지에서도 차이가 났는데, 니시카타에는 야마노테 출신이 다수를 차지하지만 네즈에는 시타마치 출신이 많았다. 말씨로 보자면 니시카타 주민들은 "알고 계십니까?" 같이 정중한 말투를 사용하지만, 네즈에서는 "알아요?" 같은 단순한 말투를 사용했다.•

- 오기노 쓰나오荻野綱男, 〈야마노테와 시타마치에서 경어 사용의 차이山の手と下町における敬語使用のちがい〉

네즈에서 뒷길을 지나 센다기千駄木, 야나카谷中 쪽으로 걸어가 보자. 센다기는 분쿄구에 있지만 야나카는 다이토구에 속한다. 그 경계선에는 작은 길이 하나 있는데, 주택지 가운데를 구불거리며 지나간다. 이 길을 헤비미치[20]라고 부른다. 헤비미치를 빠져나오면 요미세도리よみせ通り 상점가를 만나고, 그 중간에서 오른쪽으로 꺾으면 야나카긴자谷中銀座 상점가가 나온다. 야나카긴자는 최근에 관광지로 변해서 세속적 느낌이 들기도 하지만, 오래된 가게들이 여전히 건재하다. 상점가 끝에는 '유야케단단夕やけだんだん', 즉 저녁노을 계단이라는 완만한 언덕이 있다. 그 주변에는 길고양이가 많아서 고양이를 좋아하는 사람이 즐길만한 장소이다.

계단을 끝까지 올라가도 오르막이 계속된다. 그러다가 야나카추모공원谷中霊園 북쪽으로 이어진다. 이곳은 야마노테대지의 동쪽 끝이지만, 북서쪽에서 동남쪽으로 대지가 굽어져, 어떤 곳에는 대지라고 할 만한 부분이 100미터 폭으로 좁아진다. 그 앞에는 시모고인덴바시下御隠殿橋라고 불리는 과선교跨線橋[21]가 자리한다. 그 아래로 야마노테센, 게이힌도호쿠선, 도호쿠혼선東北本線, 조반선常磐線, 도호쿠신칸선東北新幹線, 게세이혼선京城本線이 지나간다. 하루에만 2,500대의 열차가 통과하며, 일본에서도 손에 꼽히는 육교이다. 이 다리에서 선로의 양쪽을 바라보면 상당한 낙차에 놀라게 된다.

서쪽의 대지에는 야나카추모공원, 사원, 조용한 주택지가 보

---

20 헤비へび는 일본어로 뱀을 뜻한다. 즉 헤비미치へび道, 蛇道는 뱀처럼 구불구불하게 생긴 길이다.
21 과선교, 또는 구름다리는 철로 위를 지날 수 있도록 육교처럼 만든 교량이다.

이고 남쪽에는 도쿄예술대학東京芸大, 우에노공원上野公園이 자리한다. 북쪽에는 다바다문사촌田端文士村[22]이 있었던 다바다田端대지로 연결된다. 이에 반해 동쪽의 급격한 언덕을 내려가면 저지대의 환락가를 만나게 된다. 이자카야 체인점, 유사 성매매업소가 간판을 걸어놓고 어지럽게 난립한다. 그 맞은편에는 요란한 색채의 재개발 빌딩이 우뚝 솟아 있다.

이런 비슷한 광경이 남쪽으로는 우구이스다니鶯谷의 러브호텔 거리로, 북쪽으로는 니시닛포리西日暮里의 환락가로 이어진다. 원래 야마노테선이 지나가는 곳에는 안쪽이 고지대, 바깥쪽이 저지대로 이뤄진 경우가 많다. 이를 감안해도 이곳은 유난히 경사가 급하다. 산비탈을 깎아가면서 노선을 증설했기 때문이다. 고지대의 선로 쪽에서 아래를 바라보면, 말 그대로 깎아지른 절벽이라서 가까이 다가서면 오금이 저린다. 고도의 차이, 사회적 격차. 양쪽 모두 너무나 급해서, 도쿄도 안에서 수위를 다투는 곳이다. 그러나 최근에는 재개발로 새로운 맨션이 늘어나고, 신중간계급이 이주하면서 고도와 사회적 격차는 일대일로 대응하지 않는다. 양자 사이의 관계는 다소 복잡한 양상을 띠게 되었다.

---

22 메이지 말기에서 쇼와 초기에 문사나 예술가들이 모여 작품 활동을 펼친 곳이다. 화가인 고스기 호안小杉放庵, 도예가 이타야 하산板谷波山, 소설가 아쿠타가와 류노스케芥川龍之介, 무로 사이세室生犀星 등이 활동했다.

〈사진 5-17〉 헤비미치(역자촬영)

지형과 대응하는 계급관계

가스가에서 출발해 여기까지 7킬로미터 정도를 걸었다. 일부러 멀리 돌아 그 사이에 몇 개의 언덕을 오르내렸다. 앞으로 보겠지만 언덕 자체가 사회적 격차와 연결된다. 〈도표 5-2〉를 살펴보자. 이 도표는 〈국세조사〉에 기초해 분쿄구의 지역(초초메)별 자본가

〈사진 5-18〉 유야케단단(역자촬영)

계급 비율을 표시한 것이다. 자본가계급의 비율은 4단계로 구분했다. 도심의 고급 주택지를 포함한 분쿄구는 전체적으로 자본가계급 비율이 높아서 각각의 구분선은 18%, 22%, 26%로 잡았다.

〈국세조사〉의 집계표는 시기에 따라 변화가 있는데, 1990년까지만 초초메별로 자본가 구성을 파악할 수 있다. 그 이후에는

〈사진 5-19〉 과선교에서 바라본 철도(역자촬영)

해당 자료가 없기 때문에 이 도표에는 최근의 경향, 특히 젠트리피케이션 영향이 반영되지 않았다. 게다가 1945년 이후에는 주거표시 변경으로 고지대와 저지대의 기초 단위가 통합된 경우가 많아서, 초초메별 집계만 가지고 계급의 공간적 분포를 확정하는 것은 어려움이 따른다.

이런 한계에도 이 도표에는 분명한 경향이 나타난다. 도심에 가장 가까운 유시마를 정점으로, 북쪽으로 이어지는 혼고대지와 서쪽으로 이어지는 고이시카와대지를 따라서 띠 모양으로 자본가계급의 비율이 높아지고, 대지 사이의 골짜기 지역과 저지대 지역에는 자본가계급의 분포가 낮아진다. 지형, 특히 고도는 계급의 공간적 분포와 분명히 대응하고 있다.

〈도표 5-2〉 분쿄구의 자본가계급 분포도

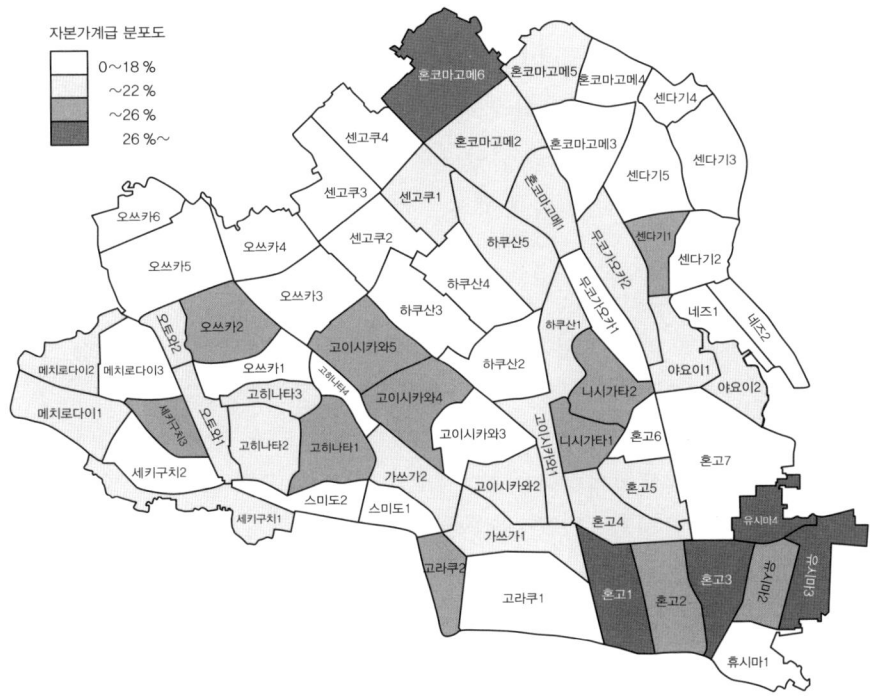

나카노 시게하루中野重治[23]는 그의 자전적 작품《무라기모むらぎも》에서 공간의 이 구조를 선명하게 그려냈다. 주인공 가타구치 야스키치片口安吉는 도쿄제국대학 학생으로, 우에노공원 근처의

23 나카노 시게하루(1902-1979년)는 도쿄제국대학 독문과를 졸업했다. 시인이자 소설가로 전일본무산자예술동맹 및 일본프롤레타리아문화연맹コップ/KOPF에 참여했다. 1932년에는 교도소에 갇혔다가 1934년 전향을 선언하고 석방되었다.

5장 계급도시를 걷다 221

높은 대지인 야나카시미즈초谷中清水町˚에 살았다. 그는 매일 언덕을 내려가 네즈를 가로질러, 다시 언덕을 올라가 혼고대지로 통학했다. 그리고 훗날 교도인쇄쟁의를 지원하면서 가타구치는 또 다른 저지대도 드나들었다. 그 위에는 고이시카와식물원이 자리한 대지가 있었다. 간단히 말해 3개의 고지대가 솟아 있고 그 사이에 2개의 저지대가 놓여 있다. 그는 분명 고지대 인간이었다. 그러나 그곳에서 일종의 불안을 느끼고 있었다.

> 3개의 고지대에도 삶이 있고 2개의 저지대에도 삶이 있었다. 고지대 쪽 삶에는 일종의 합리성이, 저지대 쪽 삶에는 일종의 불합리성이 있었다. 이 합리성에는 소부르주아적 측면이 있었고, 불합리성에는 프롤레타리아적 요소가 있었다. (중략) 그는 저지대의 난잡한 불합리성 쪽으로 삶을 옮기고 싶었다. 그러나 그렇게 할 수 없었다. 옮겨간 이후의 미래가 불안했기 때문이다.

자, 수많은 언덕을 오르내리고 그만큼 많은 지역을 둘러봤으니 피로가 한층 더할 것이다. 이자카야에 들러 쉬어가기로 하자. 유시마의 기리도시자카를 내려가 그대로 덴신시타 교차로를 건너가자. 바로 오른쪽 골목으로 들어가면 좋은 가게가 나온다. 앞에서 언급한 이와테야이다.

이름 그대로 주인장이 이와테현岩手県[24] 출신으로, 술과 안주

- 현재의 다이토구 이케노하다池之端 3초메와 4초메 지역이다.
24 도후쿠 지역에 위치한 현으로 태평양에 접해 있다. 미야기현宮城県 북쪽에 위치한다. 2011년 동일본대지진으로 큰 피해를 입었다.

모두 이와테풍이다. 가게의 간판주는 리쿠젠타카타陸前高田[25]의 명주 스이센醉仙이었다. '과거형'으로 말한 데는 이유가 있다. 동일본대지진으로 양조장이 무너졌기 때문이다. 양조장이 쓰나미에 쓸려가고 그 장면이 방송에 거듭해서 나왔다. 듣자하니 마지막 주문이 들어가고 불과 두 시간 만에 지진이 일어났다. 지금은 이와테현의 다른 양조장에서 술을 받아온다. 기존 거래처가 복구되면 도쿄의 술집 가운데 가장 먼저 스이센이 들어올 것이다.

1949년 선대 주인이 가게를 열었는데, 그때는 덴진시타에 더 붙어 있었다고 한다. 그 무렵 짐수레를 밀어주는 인부가 많아서 품삯을 받으면 가게에 들어와 소주에 매실주, 포도주를 섞어서 마셨다고 한다. 다른 한편 도쿄대나 도쿄예술대의 교수도 손님으로 찾아왔다. 언덕 아래의 세계는 [다양한 계층이 어울리는] 이런 곳이다. 이를 떠올리면 오타마와 오카다가 마주치는 것도 그럴싸한 이야기로 다가온다. 지금도 이런 전통이 남아서 고객층이 매우 다양하다. 아자부주반의 '아베짱'과 마찬가지로, 언덕 아래에는 좋은 이자카야가 생겨나기 마련이다.

---

25 이와테현 남동부에 위치한 도시이다. 동일본대지진으로 인해 집중적 피해를 입었다.

3. '국경'마을 이타바시와 네리마

급격한 대비

다시 〈도표 3-1〉의 지도로 돌아가자. 야마노테대지의 끝자락, 주변부를 따라 해발 20미터의 등고선이 보일 것이다. 도심에서는 남북으로 꼬불꼬불 휘어서, 지금까지 살펴본 미나토구와 분쿄구의 복잡한 지형을 만든다. 그러다가 도심이 끝나는 지점에서 남쪽이건 북쪽이건 서쪽으로 방향을 돌린다. 그리고는 도쿄 23구 바깥으로, 여전히 구불거리며 내달린다. 남쪽에서는 세타가야구와 가나가와현神奈川県의 경계인 다마가와多摩川 근처를 지나고, 북쪽에서는 이타바시구를 남북으로 관통하며 지나간다.

특히 북쪽 지역이 흥미롭다. 왜냐하면 이 등고선이 도심을 에워싸고 동쪽의 시타마치, 서쪽의 야마노테 사이를 구분하기 때문이다. 그리고 양자 사이에는 언덕을 경계로 날카로운 대비를 이루었다. 따라서 도쿄의 북쪽에서도 등고선이 지나므로, 해발고도와 사회·경제적 특성 사이에는 비슷한 관계가 나타날 것이다. 물론 도심의 미나토구나 분쿄구와 그 형태는 다르겠지만, 일단 그 대비를 확인하러 가자.

출발점은 JR사이쿄선埼京線의 우키마후나도역浮間舟渡駅이다. 이 역은 이타바시구와 거의 붙어있는 기타구에 위치한다. 그래서 주소지는 기타구 우키마浮間이다. 500미터쯤 걸어가면 구 경계를 넘어가고 이타바시구 후나도舟渡가 된다. 역 주변은 평탄한 저지로 해발 고도는 1미터 정도이다. 여기서 북서쪽으로 고가 밑을 지나면 조금 넓은 도로가 나오는데, 다시 서쪽으로 나카센도中山道를 건너가면 이타바시구에 접어든다. 이 주변은 공장지대를 이룬다. 작은 마치코바, 약간 규모가 있는 중소기업 공장, 구립 아파트형 공장 따위가 곳곳에 보인다. 이곳을 빠져나오면 길 양쪽에 커다란 공장이 모습을 드러낸다. 오른쪽이 일본금속日本金属[26] 이타바

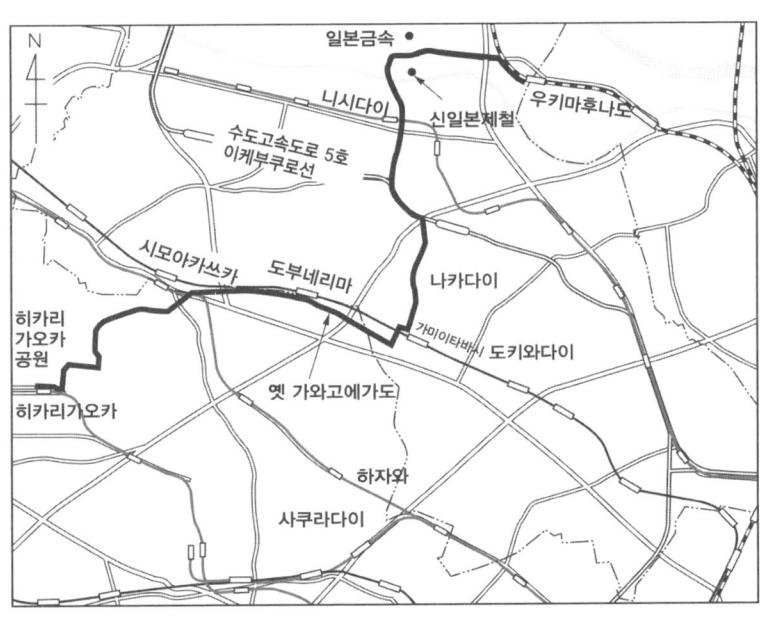

〈지도 5-3〉 이타바시구와 네리마구

---

26 일본금속은 일신제강홀딩스日新製鋼ホールデイングス, 일신제강日新製鋼에 합병되어 일신제강주식회사日新製鋼株式會社로 바뀌었다.

5장 계급도시를 걷다 225

시 공장, 왼쪽이 신일본제철新日本製鐵 도쿄공장이다.

공장 부지는 도로를 따라 500미터 가까이 이어진다. 특히 신일본제철은 한쪽 길이만 450미터에 달한다. 도쿄 23구 안에 이렇게 큰 공장이 있다는 사실이 놀랍다. 그러나 공장은 쥐 죽은 듯이 고요하고 오가는 사람도 거의 보이지 않는다. 나중에 조사해보니 1935년에 건설된 이 공장은 정밀한 심리스 파이프seamless pipe[27]를 생산한다고 한다. 공장은 매우 크지만 노동자는 114명에 불과하다. 공장 뒤로 돌아 신 가시가와新河岸川를 건너간다. 강 건너 조용한 수면 위로 검붉은 갈색 지붕이 멀리까지 이어진다. 가만히 보고 있으면 조금 쓸쓸한 느낌이 든다.

〈사진 5-20〉 신가시가와新河岸川 건너편 신일본제철 공장

27 이음매가 없는 파이프를 뜻한다. 무계목강관이라고도 한다.

여기서 남쪽으로 조금 가면, 도영지하철 미타선三田線 니시다이역西台駅이 나온다. 지하철이라고는 하지만 역은 지상에 있다. 미타선은 메구로에서 출발해 도심을 지나 거대 주택 단지로 알려진 다카시마다이라高島平까지 이어진다. 도심에서 다카시마다이라 방향으로 몸을 실으면, 니시다이에 조금 못 미쳐 시무라산초메역志村三丁目駅이 나온다. 이곳에서 지상 구간이 시작된다. 지하철이 야마노테대지에서 저지대로 빠져나왔기 때문이다.

주위에는 신 시타마치풍의 무미건조한 풍경이 펼쳐진다. 공장이나 창고가 흩어져 있고, 폐업한 공장이나 창고 부지에 맨션과 공영 주택이 들어서 있다. 니시다이역을 지나쳐 다시 10분 정도 걸어가면 수도고속도로 5호선이 나타난다. 이곳에서 동쪽으로 방향을 잡아보자. 왼쪽은 공장지대에서 이어지는 평탄한 지형이지만, 오른쪽은 급격한 경사를 이룬다. 위치에 따라서는 언덕이 아니라 깎아지른 벼랑에 가깝다. 이 고속도로가 야마노테대지의 최북단을 따라 달리기 때문이다. 그야말로 시타마치와 야마노테 사이의 국경인 것이다.

급격한 언덕과 절벽 곳곳에 맨션이 서 있다. 현관은 지상에 있지만 반대쪽 베란다는 대부분 지하에 파묻힌 형태로, 아예 지하로 들어간 맨션도 보인다. 대규모 맨션도 몇 개 있는데, 민간 회사가 개발한 S.C.라는 분양 맨션이 눈에 띈다. 해발 높이로 20미터가 떨어지는 급경사에 14개 동이 흩어져 있다. 거주자는 약 6,000명이다. 원래는 큰 화학 공장이 있었는데 약 30년 전에 맨션이 들어왔다. 완공 당시에는 공장과 창고만 있는 마을에 고급 맨션이 생겼다고 화제가 되었다. 요즘 식으로 말하자면 젠트리피케이션의 선구적 형태였다. 주거용 건물은 단지 외곽에 둥글게 배치하

〈사진 5-21〉 니시다이역 근처 주택 단지 중 하나인 하스네단지(역자촬영)

〈사진 5-22〉 수도고속도로 5호선(좌), S.C.맨션(우)(역자촬영)

고 중앙 사면에는 잡목림을 본 따 녹지가 조성되었다. 녹지에는 폭포가 흘러서, 생기 없는 주변 풍경과 확연한 대비를 이루었다. 관리소에는 직원과 경비원이 24시간 상주했다.

대규모 맨션과 주변 지역 주민들 간의 격차

사실 이곳은 내게 그리운 장소이다. 20대 말에서 40대 중반까지 약 20년 동안 이곳에 살았기 때문이다. S.C. 단지는 야마노테대지의 북쪽 끝, 정확히는 시타마치와 야마노테의 경계선에 걸쳐 있다. 여기에 사는 것은 여러 가지 의미로 자극을 주었다.

각종 설비가 완비된 대규모 맨션이라서 사는 데는 불편함이 없었다. 그러나 얼마 지나지 않아 다음과 같은 사실을 알게 되었다. 맨션 주민과 예전부터 살던 주민 사이에 몇 가지 알력이 생겨났다. 맨션에는 도심으로 통근하는 고학력 사무직이 많았다. 계급 구성으로 보면 신중간계급이 다수를 이루고 회사의 경영자도 적지 않았다. 이와 달리 주변 지역에는 공영 주택, 작은 아파트, 협소한 목조 주택이 많았고 노동자와 자영업자가 대거 분포했다. 아토라쿠타즈 라보ア トラクターズ·ラボ라는 회사는 임대주택 마케팅을 전문으로 하는데, 도내 구립소학교의 학군별로 주민들의 평균수입을 추산하여 그 결과를 홈페이지에 공개한다. 물론 학군별 평균수입 같은 것이 공식 통계로 있을 리 없지만, 앞에서 사용한 〈주택·토지통계조사〉, 〈국세조사〉를 사용하면 근사치를 구할 수 있다. 전자에서는 기초단체별 수입통계를 계산하고, 후자에서는 초초메별 연령분포 및 주거면적을 산출하여 양자를 조합하면,

소득의 평균치를 어느 정도 추산할 수 있다. 이 수치는 임대주택 거주자의 통계라는 단서가 붙어 있지만, 추계 방식의 특성상 임대와 자가를 엄밀히 나눌 수 없어서 지역 주민의 전체 소득이라고 생각해도 거의 틀리지 않는다.

그 자료를 살펴보면 M소학교는 S.C. 부지에 인접하고 학생의 절반 정도가 S.C. 주민의 자녀였다. 이곳이 속한 학군에는 평균수입이 831만 엔으로 조사되었다. 도쿄 23구에서는 롯본기힐즈에 가까운 미나토구립 난잔소학교南山小學校, 도심의 명문인 지요다구립 고지마치소학교麴町小學校, 반초소학교番町小學校 등에 이어 일곱 번째로 높았다. 이 지역을 조사한 도시사회학자 분야 도시코文屋俊子에 따르면, 주변 지역에서는 S.C. 단지를 "고지대의 고급 주택가로 느낀다"고 한다.•

부모들은 진학 문제에 열성이어서 학급당 절반 정도가 사립학교에 도전한다. 학부모의 대다수가 대학을 나왔기 때문에, 소학교 교사를 깔보는 경우도 적지 않다. 6학년이 되면 담임에게 무리한 요구를 하기도 한다. "우리 아이는 입시 준비를 해야 하니깐 숙제를 내지 말라"고 말이다. 몇몇 부모는 단체로 몰려가 입시에 대한 이해가 부족하다고 교사를 나무란다. 이런 이야기가 심심찮게 들리지만, 그렇다고 모든 아이가 원하는 학교에 가는 것도 아니다. 어쩔 수 없이 집 근처 공립 중학교에 들어가면, 이번에는 S.C.를 제외한 주민이 다수파를 이룬다. 일부 학부모는 다수파 부모가 "질이 낮다"고 멸시하기도 한다.

이렇게 주변 지역을 깔보는 심리는 교육 말고도 다른 점에서

• 분야 도시코文屋俊子,《단지의 이미지団地のイメージ》

〈사진 5-23〉 시타마치와 야마노테를 가르는 절벽 위에 선 고층 맨션

도 자주 확인된다. S.C.에 사는 사람은 주변의 다른 주민보다 세금을 많이 낸다. 그래서 관리조합 임원 중에는 "맨션의 환경 정비에 구청이 더 많은 돈을 써야 한다"고 노골적으로 말하는 경우도 있었다. 물론 겉으로는 주변의 마을과 협력 관계에 있어서 본오도리盆踊り 행사[28] 등에는 다 같이 참여한다. 그러나 그때에도 주변 동네를 공공연히 무시하는 사람이 있었다. 간단히 말해 절벽 위 야마노테 주민은 시타마치와 [자신을 구별하고] 차별적 지위를 갖고 싶었다.

절벽 끝 맨션을 지나서 남쪽으로 걸어가면 거리는 단독 주택지 색채가 조금씩 짙어진다. 잠깐 동안 복잡한 지형이 이어지지만, 언덕을 하나 올라가면 거리의 표정이 바뀐다. 곧바로 길은 평탄해지고 완연한 주택지가 눈앞에 드러난다. 특히 도심 쪽에 가까운 도키와다이常盤台는 1945년 이전부터 고급 주택지로 이름이 높았다.

이처럼 시타마치와 야마노테의 경계선이 구의 중심부를 지나면서, 주민들이 속한 계급에서도 공간적인 차별적 분포가 나타난다. 〈도표 5-3〉은 〈도표 5-2〉와 마찬가지로 〈국세조사〉에서 자본가계급의 분포를 초초메별로 살펴본 지도이다. 도심인 분쿄구와 비교하면 자본가계급 비율이 전반적으로 낮기 때문에, 구분선은 12%, 14%, 16%로 낮추어 표시했다.

후나도의 공장지대에서 다카시마다이라에 걸친 저지대 지역

---

28 오본 무렵 마을 주민이 모여서 추는 춤이다. '오본'은 일본의 명절로 백중날, 백중맞이라고 한다. 원래는 음력 7월 15일에 치렀으나 근대화 이후 양력 8월 15일 전후로 지낸다.

<사진 5-24> 나카다이 쪽에서 바라본 S.C. 맨션(역자촬영)

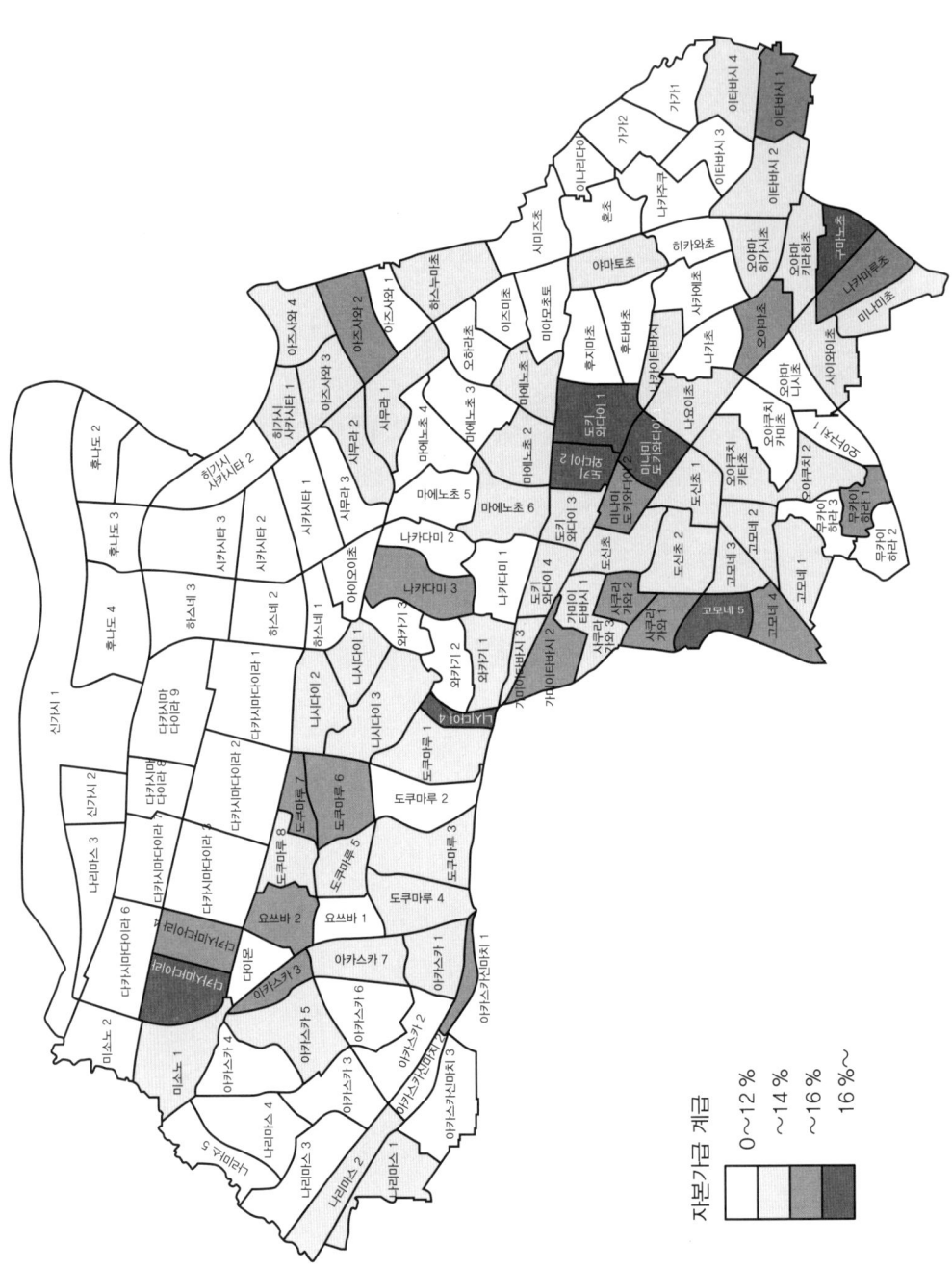

〈도표 5-3〉 이타바시구의 자본가계급분포도

에는 극히 일부를 뺀다면 자본가계급의 비율이 낮은 지역이 연속된다. 이에 비해 야마노테대지의 외곽 지역에 해당하는 동쪽의 아즈사와小豆沢에서 시무라志村, S.C.가 위치한 나카다이中台, 니시다이西台, 도쿠마루德丸에 이르는 지역에는, 자본가계급의 비율이 높게 나타난다. 비율이 낮은 지역과 비교적 높은 지역의 경계선은 〈도표 3-1〉에 표시된 20미터 등고선과 거의 일치한다.

서로 다른 길을 가는 이타바시와 네리마

더 남쪽으로 내려가면 도부토조선東武東上線의 가미이타바시역上板橋駅 근처에서 선로를 넘어가게 된다. 그 앞쪽이 네리마구와 경계를 이룬다. 여기서 더 남쪽으로 걸어가면 하자와羽沢, 사쿠라다이桜台 등 야마노테 정취가 물씬 풍기는 주택지로 들어가게 된다. 이런 식으로 걷다 보면 도쿄 23구를 시타마치와 야마노테로 나눌 때, 역시 그 경계는 이타바시구와 네리마구 사이에 있다고 확신하게 된다. 지형적으로나 시각적으로나 양자의 차이는 그만큼 뚜렷하다.

  두 지역은 3장에서 언급했듯이, 한때는 이타바시구라는 하나의 구였다. 1932년에 도쿄는 35구로 확장하는데, 이미 그때부터 현재의 네리마 지역에서는 분리 요구가 일어났다. 1947년 3월 도쿄 35구는 일단 22구로 정리되었다. 그러나 분리 운동은 민주화의 분위기를 타고 더욱 강화되어, 같은 해 8월 구舊 이타바시구 의회에서 분리가 확정되었다. 그 결과 현재의 네리마구가 탄생했다. 구 이타바시구는 80만 제곱킬로미터가 넘어서 면적으로 따지

<사진 5-25> 도부토조선 철도 건널목(역자촬영)

면 22구 가운데 가장 넓었고, 인구 면에서도 현재의 이타바시구와 네리마구를 합치면 125만 명이나 되었다. 이를 고려하면 분구는 올바른 판단이었다. 그러나 분구에는 그 이상의 의미가 담겨 있었다.

분리 요구는 주로 주민들의 불편함에서 출발했다. 현재의 이타바시구의 동남부는 일찍부터 상공업이 발달해 구청이 설치되었다. 그러나 네리마구에서 구청까지는 왕래가 너무 힘들었다. 바로 가는 교통편이 없어서 철도를 타고 한참을 가야 했다. "세금을 내러 가는데 세금보다 교통비가 더 드는" 상황이 벌어졌다. 게다가 분위기도 많이 달랐다. 이타바시는 공업 지역이고 네리마는 농업이 발달했다. 네리마의 지역 지도자는 "이타바시는 공업이 중심이고 네리마는 농업이 중심이니, 주택을 적절히 배치해 전원도시가 되는 것이 [우리의] 목표"라고 하면서, 양쪽의 지역상이 근본적으로 다르다고 주장했다. 이를 받아들인 도쿄도는 몇 가지 근거로 분리의 필요성을 인정했다. 예컨대 양자는 인적 구성이 다르고, 교통 및 도시계획상의 특성이 다르며, '생활공영권生活共榮圈'이 서로 독립되어 있었다.• 이렇듯 이타바시와 네리마는 원래부터 서로 다른 지역사회였다.

사실 1945년 이전부터 이미 이타바시와 네리마가 서로 다른 길을 가는 조짐이 있었다. 1915년 무사시노철도武藏野鉄道••가 개통하면서 네리마의 일부 지역이 신중간계급의 주택지로 개발되었기 때문이다.

작가인 다카다 히로시高田宏 등은 1945년 이전의《문부성직원록文部省職員錄》을 이용해 도쿄제국대학 교수의 거주지 분포를 조사했다. 이에 따르면 메이지 중기의 제국대학 교수 중 많은 사람이 혼고, 고이시카와, 간다, 니혼바시 등 도심부의 야마노테와 시타마치에 살았다. 하지만 다이쇼 시대가 되면 대부분의 교수가 야마노테에 살게 되고, 그 범위도 도쿄 서부의 주오선 연변으로 확대되었다. 그리고 쇼와 시대가 되면 남쪽으로는 세이조, 덴엔초후, 북쪽으로는 네리마와 현대적 의미의 야마노테 전체로 넓어졌다. 그 분포도를 살펴보면, 신기하게도 도쿄제대 교수들의 주소지는 – 네리마를 가로질러 서쪽에서 동쪽으로 흐르는 – 샤쿠지이가와石神井川의 남쪽으로 대부분 한정되고, 이타바시구에 접한 북쪽 지역에는 거의 보이지 않았다.•••

- •《네리마구사 현세편練馬区史 現勢編》
- •• 현재의 세이부이케부쿠로선西武池袋線을 말한다.
- ••• 이와부치 준코岩渕潤子 편,《도쿄 야마노테 대연구東京山の手大研究》

5장 계급도시를 걷다　237

다양성이 존재하는 히카리가오카단지

농촌이면서 신중간계급의 주택지인 네리마의 특징은 1945년 이후에도 얼마간 이어졌다. 1963년 〈도쿄도 소득분포조사東京都所得分布調查報告〉에 따르면 도쿄 23구의 평균 급여소득을 100으로 했을 때 스기나미구가 133.4로 가장 높았고, 그다음으로 세타가야구가 120.7, 미나토구가 116.0, 메구로구가 113.9, 다섯 번째인 네리마구가 111.5로 나타났다. 이에 비해 이타바시구는 93.9로 열다섯 번째 순위를 차지했다. 그러나 농가를 포함한 자영업자 등의 사업소득만 살펴보면, 네리마구는 83.8에 지나지 않아서 90.0을 기록한 이타바시구와 많은 차이가 있었다. 에도가와구의 74.5 다음으로 낮은 수치였다.[29] 네리마의 분리가 결정되자, 분리 운동의 지도자 가운데 한 명이 의회 연설에서 이렇게 말했다고 한다. "아무리 분리한다고 해도, 이타바시와 네리마 양 구는 형제 사이나 마찬가지입니다. 그래서 저희는 형인 이타바시구를 받들어야 한다고 생각합니다." 그러나 사실 두 구 사이에는 도쿄 전체를 관통하는 국경선이 지나고 있었다.

참고로 1960년 네리마구의 농가 수는 2,002호, 농가 인구는 1만 2,808명으로 경지 면적은 15.62제곱킬로미터였다. 네리마구 전체 면적이 48.16제곱킬로미터이므로 고도성장이 시작된 무렵에도 구 전체의 삼할 이상이 농지로 이뤄져 있었다. 그렇지만 광

---

[29] 네리마구에서 급여소득이 높은 것은 신중간계급의 이주가 늘었기 때문이고, 사업소득이 낮은 것은 원래 농업 중심의 발전이 이뤄졌기 때문이다. 따라서 1960년대만 해도 지역 내부의 격차가 컸다고 할 수 있다. 신중간계급이 사는 일부 지역에는 소득이 높고 농업 중심지인 다른 지역에는 소득이 낮았다.

대한 농지 덕분에 네리마의 인구는 급격히 늘어날 수 있었다. 분구 시점에는 인구가 11만 명 근처에 머물렀지만 현재는 약 70만 명에 이르고 있다.

네리마구의 인구 급증을 상징하는 것은 1992년 히카리가오카단지光が丘団地(정식명칭은 히카리가오카파크타운光が丘パークタウン)의 완공이었다. 그중 일부는 이타바시구에 속해 있지만, 대부분의 단지가 네리마구에 위치한다. 저층에서 초고층까지 다양한 집합주택이 186헥타르의 광활한 부지에 펼쳐진다. 대략 1만 2,000세대 3만 명이 살고 있다. 원래는 농지였지만 1943년에는 수도방위 목적으로 비행장이 들어왔고, 2차 세계대전이 끝난 다음에는 미군에 수용되어 군인과 그 가족이 거주하는 사택이 지어졌다. 이것이 1973년에 반환되어 공원과 대규모 택지로 개발되기 시작했다. 지금까지 걸어온 경로와 조금은 떨어져 있지만 걸어서 못 갈 정도는 아니다.

단지라고 하면 사각형의 획일적 건물이 먼저 떠오르고, 면적이며 배치도 모두 비슷한 집들이 상상된다. 그러나 이 단지는 건물의 규모도 형태도 제각각 달라서 다양성이 존재한다. 게다가 주민의 구성도 다양해서 그 내부에는 상당한 격차가 존재한다. 겉으로는 하나의 단지처럼 보여도, 서로 다른 주택이 공존하기 때문이다. 주택의 개발 주체도 다르고 소유 형태도 다른데, 주택도시정비공단(현 도시재생기구, 이하 공단)에서는 분양주택과 임대주택을 공급하고, 도쿄도주택국(현 도시정비국)에서는 도영주택 등을 건설했다.

이 단지를 조사한 도시사회학자 다케나카 히데키竹中英紀에 따르면, 공단분양과 공단임대, 도영주택 사이에는 거주자의 몇 가지 차이가 존재한다〈도표 5-4〉. 먼저 공단분양을 살펴보면 거주자는 계층적으로 가장 높은 위치를 차지한다. 학력은 전문대졸 이상이 과반수를 차지하고 세대주의 직업도 전문기술, 경영관리직이 절반을 넘었다. 세대의 연간수입도 약 760만 엔으로 높았다. 이에 비해 도영주택 거주자는 학력이 낮고, 전문기술자 또는 경영관리직이 14% 정도에 불과했다. 세대의 연간수입도 400만 엔 근처에 머물렀다. 공단임대는 거주자의 특성이 그 중간에 위치한다. 대체로 학력이나 연간수입 면에서 공단의 분양주택 쪽에 조금 더 가까웠다.

장기거주 희망자의 비율과 이웃과의 교류가 활발한 비율도 흥미롭다. 공단분양에서 거주자의 정주 희망이 높았는데, 이는

〈도표 5-4〉 히카리가오카파크타운의 주택 종료별 거주자 특성

	전체	공단분양	공단임대	도영주택
전문대학 이상 졸업자 비율 (%)	43.7	55.6	48.2	24.6
전문기술/경영관리직 비율 (세대주, %)	33.3	52.1	25.4	14.2
세대 연간수입 평균치 (만엔)	612.7	758.5	628.4	394.2
정주 희망 비율 (%)	55.3	57.5	38.8	65.5
거주동 내에서 7명 이상의 이웃과 교류하는 비율 (%)	25.1	17.9	16.4	41.5

출처) 다케나카 히데키竹中英紀, 《뉴타운의 주택계층문제ニュータウンの住宅階層問題》

쉽게 이해할 수 있는 일이다. 그러나 도영주택에서도 그 이상의 비율로 정주 희망이 높았다. 게다가 이웃과의 교류가 활발한 비율도 도영주택에서 매우 높았다.•

이런 사실은 도영주택이 이른바 단지 안에서 시타마치 구실을 한다는 뜻이다. 달리 말해 소득수준이 낮고, 더 쾌적한 양질의 주택으로 갈 수가 없어서 주민들 사이에는 정주 의식이 생겨난다. 그리고 비슷한 처지의 사람끼리 상호 교류가 일어나 친밀한 관계가 강해진다. 2장에서 소개했듯이 하비에 따르면 노동자계급이 거주하는 지역에는 힘든 생활 속에서 일종의 방어 장치로 호혜 관계가 발전한다. 도영주택에서도 이런 지적이 들어맞는 것으로 여겨진다.

그러나 소유 형태가 달라지면 거주자 사이에는 좋은 관계가 형성되기 어렵다. 다케나카는 다른 주택 단지 등에 관한 조사를 바탕으로 이렇게 언급하고 있다. 다양한 소유 형태의 주택이 혼합되어, 서로 다른 사람과 교류할 기회가 생기면 낮은 계층의 주민들은 대체로 환영하는 경향이 있다. 그러나 높은 계층의 주민들은 섞이는 대신에 분리하려는 경향이 강하다. 그들은 자기보다 계층이 낮다면 어떻게든 구별하려고 한다. 이런 경향은 대체로 주민들 사이에 갈등으로 이어진다. 다케나카와 함께 히카리가오카단지를 조사한 모리오카 기요시森岡清志에 따르면, 임대주택으로 둘러싸인 분양주택에서는 임대주택 사람과 그 자녀를 끊임없이 비난한다. 그들이 나무나 잔디를 망치고, 노상 주차를 하는 바

• 다케나카 히데키竹中英紀, 《뉴타운의 주택계층 문제ニュータウンの住宅階層問題》

람에 환경이 나빠지며, 결국에는 집값이 떨어진다고 말이다.*

이는 자신의 영역에서 하층 계급을 쫓아내려는 경향이다. 그리고 이런 경향은 앞에서 봤듯이 S.C. 주민과 그 주변에서도 똑같이 나타났다. 주택 단지 안에 서로 다른 건물이 있을 때, 예컨대 대규모 맨션과 그 주변의 협소한 목조 가옥이 나란히 있을 때, 그 차이는 눈으로 쉽게 확인된다. 그러면 주민들 사이에는 분리의 욕망이 분출하기 시작하고 많은 경우 노골적 차별로 발전한다. 루이스 멈포드Lewis Mumford가 지적하듯이 서로 다른 계급, 서로 다른 사회계층이 섞여 산다면, 그 자체로 차별이나 배제가 줄어들고 민주주의가 정착하기도 한다.** 그러나 함께 사는 것이 거주 형태의 눈에 띄는 차이를 동반한다면, 그것은 차별의 감소가 아니라 심화로 이어질 수 있다.

다소 마음이 무거워졌으니 이자카야에서 쉬어가기로 하자. 이타바시와 네리마 사이에는 가와고에가도川越街道[30]가 지나가는데, 가미이타바시역 근처에서 북쪽으로 나뉘어 시모아카쓰카역下赤塚駅 근처에서 다시 합류한다. 이 길을 따라 상점이 분포하며, 이것이 구舊 가와고에가도이다. 그중에서도 가미이타바시역 서쪽에서 도부네리마역東武練馬駅 주변으로 이어지는 기타이치北一 거리가 번화하다.

- 모리오카 기요시森岡淸志, 〈단지의 주택계층団地の住宅階層〉
- 루이스 멈포드Lewis Mumford, 《현대 도시의 전망現代都市の展望》; Lewis Mumford, *The Urban Prospect*, New York: Harcourt, Brace & World, 1968
30 에도 시대의 도로 중 하나이다. 니혼바시에서 가와고에성川越城까지 이어지는 약 43킬로미터의 길이다. 가와고에성은 도쿄 북서쪽, 사이타마 현에 위치한다.

이곳에는 한때 가와에가도의 두 번째 슈쿠바宿場[31], 즉 시모네리마슈쿠下練馬宿가 있었다. 그 자리에 이 상점가가 발전한 것이다. 1945년 이전의 건물이 아닐까 싶은 쌀가게, 포목점이 눈에 들어온다. 60년은 족히 넘어 보이는 오래된 시장, 수제 어묵가게, 와규和牛 등을 저렴하게 파는 정육점, 지역 사케 붐이 일기 전부터 전국의 명주를 취급한 오래된 주류점 따위가 처마를 맞대고 1킬로미터 가량 이어진다. 몇 년 전에는 이곳을 횡단하는 철도(순환 8호선)가 들어왔지만, 상점가 부근에는 지상 구간이 없어서 오래된 거리가 보존되었다. 가게들은 활기차고 가격이 저렴하다. 공짜 서비스를 원하는 주머니 가벼운 손님이건, 취향이 고급스런 손님이건 모두를 만족시킨다. 시타마치와 야마노테의 좋은 점을 두루 갖춘 매력적인 상점가이다.

이 상점가에 내가 너무나 좋아하는 이자카야가 있는데, 도부네리마역에서 걸어서 1분도 걸리지 않는다. 구 경계에서 네리마 쪽으로 30미터 가량 들어가면 '가스가春日'라는 가게가 나온다. 가게 앞에도 가게 안에도 메뉴가 적힌 종이가 좁다랗게 붙어 있다. 너무 종류가 많아서 갈 때마다 놀라곤 한다. 언제든 열 종류의 이상의 회가 나오고 그밖에도 구이, 덴푸라, 프라이, 조림, 절임, 겨울 전골 등이 올라온다. 그만큼 메뉴가 다채롭고 무엇을 시켜도 맛이 끝내준다. 그러면서도 가격이 저렴해 요리는 300엔에서 600엔 대가 중심이고, 열다섯 종류의 소주나 지역 사케도 놀랄 만

---

31 주요 도로를 따라 중요한 지점에 설치한 일종의 역참이다. 역참 주변에 숙박과 마사를 관리하는 마을이 형성된다. 참고로 도쿄와 교토 사이에는 53개의 슈쿠바가 있었다.

큼 싸다. 시타마치 대중 주점의 간소함과 야마노테 갓포요리割烹料理[32]의 품질을 모두 갖춘 곳이다. 이런 가게는 근래에 찾기 힘들다. 바로 이곳이 시타마치와 야마노테의 '국경'에 있는 마을이고, 그래서 이런 가게도 생긴 것이 아닐까.

---

32 문자적으로는 음식을 칼과 불로 조리하는 요리 방식 전체를 일컫는다. 일반적으로 고객의 기호에 맞추어 요리사가 즉석에서 조리하는 일본의 고급 요리를 뜻한다. 따라서 갓포요리를 내주는 집은 서민적인 이자카야보다 고급스러운 가게가 많다.

4. 세타가야의 '시타마치'와 '야마노테'

격차 마을

세타가야구는 야마노테의 고급 주택지라는 인상이 강하다. 정확히 말하면 이 지역은 '신 야마노테', 즉 원래는 교외였다가 도쿄의 확장으로 야마노테에 들어간 곳이다. 그러나 구 야마노테가 도심의 느낌이 강해지고 '야마노테'라는 인상과 거리가 생기면서, 오히려 세타가야가 야마노테를 대표하는 지역으로 여겨지고 있다. 주민에 관해서도 학력이 높고 부유하다는 인상이 널리 퍼져 있다. 4장에서 봤듯이 실제 고학력자 비율이 도쿄 23구 가운데 가장 높고, 소득수준도 높은 편이다.

그러나 세타가야구는 인구가 약 86만 명으로 구별로 따지면 가장 많다. 게다가 면적도 넓어서 오타구에 이어 두 번째로 넓은 곳이다. 그렇다면 이렇게 질문을 던져보자. 이렇게 많은 인구가 모두 부유할 수 있을까? 또 이렇게 넓은 면적이 모두 고급 주택지로 이뤄져 있을까? 당연히 아닐 것이다. 세타가야구의 지니계수는 0.335로 순서대로 살피면 열한 번째 자리에 해당한다. 그러나 전 지역이 야마노테선 바깥에 자리한 구들만 고려하면, 스기나미구, 아다치구에 이어 세 번째로 높은 값이다. 따라서 도심이나 그 주변 구를 제외하면 격차가 가장 크다고 할 수 있다.

〈지도 5-4〉 세타가야구

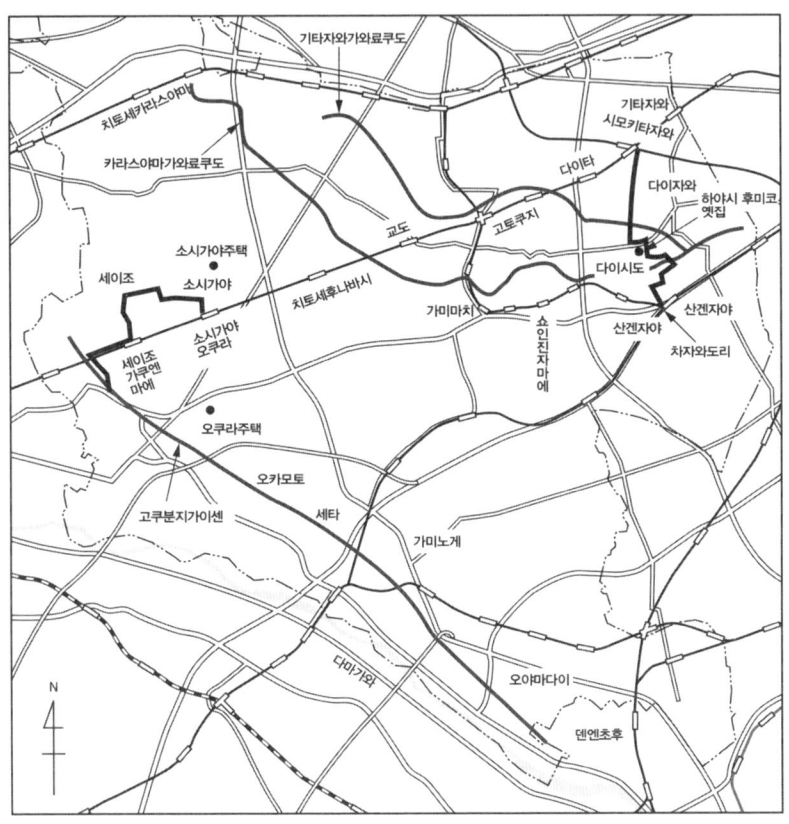

이 점을 염두에 두고 거리를 걸어보자. 출발점은 시부야에서 도큐덴엔도시선東急田園都市線을 타고 두 번째 역인 산겐자야역三軒茶屋駅이다. 이곳은 예전부터 교통의 요지로, 도카이도東海道[33]의 뒷길인 야구라자와오칸矢倉沢往還[34]과 노보리토登戸로 향하는 노보리토도登戸道[35]가 갈라지는 지점이었다. 전자는 현재의 다마가와도리玉川通り, 후자는 현재의 세타가야도리世田谷通り와 겹치는 길이다. 산겐자야라는 지명은 3개의 찻집에서 유래한다. 다나카야田中屋, 가도야角屋, 신가라키야信樂屋라는 찻집이 있었다고 하는데, 다나카야 자리는 지금도 남아 있다. 다만 찻집이 아니라 나카야도엔田中屋陶苑이라는 도자기 가게로 바뀌었다. 산겐자야는 세타가야구 최대의 상업지로 알려져 있다. 이곳은 시부야와 가까운 세련된 지역이라는 이미지가 강하지만, 쇼와 시대를 연상시키는 오래된 골목이나 영화관도 있어서 풍취가 깊다면 깊은 곳이다. 랜드마크는 27층짜리 상업·사무용 빌딩 캐롯타워キャロットタワー이다.

[33] 에도 시대 도쿄 니혼바시를 기점으로 전국의 주요 지역과 연결한 5개의 가도 중에 하나이다. 도카이도는 도쿄에서 태평양 연안을 따라 교토까지 이어지는 도로이다. 도쿄와 교토 사이에 총 53개의 슈쿠바마치가 있어서 도카이도 고주산쓰기東海道五十三次라고 부르기도 한다.

[34] 에도 시대 5개의 주요 가도에 붙어 있는 지선 가도支線街道 중 하나로, 도카이도보다 내륙에 위치한다. 도쿄의 아카사카고몬赤坂御門에서 시작하여 산겐자야를 거쳐 도카이도의 누마즈沼津로 연결되는 길이다. 현재 일본국도 246번과 겹친다. 참고로 누마즈는 태평양 해안가를 따라 시즈오카, 나고야, 교토로 가는 길에 있으며 시즈오카 근처에 있다.

[35] 세타가야구를 지나 다마가와多摩川 건너편에 위치한 노보리토는 가와사키시川崎市 다마구多摩区에 속한 지역이다. 산겐자야에서 갈라져서 노보리토로 가는 길을 노보리토도라고 한다. 참고로 가와사키시는 도쿄 남서쪽에 위치하며 세타가야구와 붙어 있다.

다마가와도리와 세타가야도리가 나뉘는 지점에서 북쪽으로 걸어가면, 또 다른 길이 나타난다. 이 길이 산겐자야三軒茶屋와 시모키타자와下北沢를 잇는 차자와도리茶沢通り이다. 이름 그대로 산겐자야의 '차茶'와 시모키타자와의 '자와沢'를 합한 것이다. 길 주변의 지명은 다이시도太子堂이다. 해발 고도가 31미터 정도지만 잠시 걸어가면 내리막길이 시작되고, 거의 다 내려가 해발 고도 24미터 지점에 이르면 다른 도로와 교차한다.

이것이 가라스야마가와료쿠도烏山川緑道라는 길이다. 이 료쿠도緑道[36]는 가라스야마가와烏山川를 복개한 것으로, 세타가야구 서북단의 기타카라스야마北烏山에서 동남쪽으로 내려와 교도経堂 부근에서 동쪽으로 방향을 돌린다. 그리고 세타가야구의 중심부를 가로질러 이케지리池尻에서 메구로가와目黒川에 합류한다. 그 옆에는 거의 평행으로 또 다른 개천이 흐른다. 기타자와가와北沢川가 바로 그것이다. 이를 복개한 기타자와가와료쿠도北沢川緑道는 세타가야구 북단의 사쿠라조스이桜上水에서 출발해, 가라스야마가와보다는 약간 북쪽에서 거의 같은 방향으로 내달린다. 그러다가 마찬가지로 메구로가와에 합류한다. 따라서 2개의 하천, 또는 도로를 따라 긴 골짜기 지형이 형성되고 그 양쪽에는 언덕이 이어진다. 이것이 세타가야구의 지형이다. 그리고 여기에 주택지가 복잡하게 들어선다. 이에 관해서는 뒤에서 다루기로 하자.

차자와도리가 가라스야마가와료쿠도와 교차하기 직전 오른쪽으로 다이시도주오가이太子堂中央街라는 상점가의 입구가 나타

---

36 료쿠도란 일반적으로 공원길을 말한다. 보행자나 자전거만 통행이 가능한 곳으로 나무나 화초, 조형물 등으로 꾸며진 녹지와 어우러진 도로이다.

〈사진 5-26〉 차자와도리(역자촬영)

5장 계급도시를 걷다 249

난다. 커다란 게이트가 있어 금방 알아볼 수 있다. 과일, 야채, 과자, 생선, 잡화 등을 파는 가게가 늘어선다. 옛날 생각이 물씬 나는 시타마치 느낌이다. 다시 3-4분쯤 걸어가면 왼쪽으로 갈라지는 좁은 상점 거리가 나온다. 시타노야下の谷 상점가이다. 다이시도주오가이에 비하면 활기가 없고 간판을 내린 듯한 가게도 많지만, 예전에는 이런 상점가가 곳곳에 있었다. 이곳을 지나가면 오래된 정취가 묻어나 더 옛날로 돌아간다.

상점가를 빠져나오면 바로 옆이 가라스야마료쿠도이다. 여기를 지나서 왼쪽으로 작은 공원이 나타나고, 그 앞이 오르막인데 올라가다가 중간에서 왼쪽으로 빠지면 운치 있는 사찰이 불현듯

〈사진 5-27〉 다이시도주오가이 상점가(역자촬영)

〈사진 5-28〉 시타노야 상점가(역자촬영)

나타난다. 엔센지圓泉寺의 정면이다. 경내의 우측에는 다이시도太子堂가 있는데, 고보대사弘法大師[37]가 만들었다고 전해지는 쇼토쿠태자상聖徳太子像[38]이 안치된 곳이다. 이것이 지명의 유래가 되었다. 절 뒤편 언덕에는 거대한 맨션이 치솟아 본당이 왜소하게 느껴진다. 이 맨션이 서 있는 부지는 예전의 국립소아병원 자리로, 1945년 이전에는 육군 제2위무병원이 있었다. 실제로 산겐자야

---

[37] 헤이안 시대(794-1185년)의 승려인 구카이空海의 시호이다. 구카이는 당나라로 건너가 불교 종파 중 하나인 밀교를 받아들였다. 일본으로 돌아와 진언종真言宗을 열었다.

[38] 쇼토쿠태자(574-621년)는 아스카 시대(6세기 후반에서 8세기 초반)의 황족이자 정치가이다. 아스카 문화의 중심인물이며 스이코推古天皇 천황의 치세 아래 섭정을 맡아 수나라의 선진 문물과 제도를 수입하고 일본의 관직과 법률을 정비하는 등 일본의 정치 체제를 마련했다. 특히 일본의 불교 정착에 커다란 공헌을 했다. 쇼토쿠태자와 관련된 사찰이 일본 곳곳에 존재한다.

5장 계급도시를 걷다

⟨사진 5-29⟩ 엔센지 경내에서 바라본 맨션(역자촬영)

는 군사 지역이기도 했다. 고마자와연병장駒沢練兵場, 근위야포연대 등 군사시설이 많았다.

사찰을 지나 길모퉁이에 '하야시 후미코林芙美[39]의 옛집'이라는 입간판이 보인다. 이런 글귀가 적혀 있다. "이 골목 안에 있는 두 채의 나가야는 하야시 후미코가 불우한 시절을 보낸 곳입니다." 작은 목조 가옥과 엔센지 묘지에 둘러싸인 골목 안으로 들어가면, 모퉁이 바로 앞쪽에 두 채의 나가야가 자리한다. 개조되기는 했지만 안내판에 적힌 대로, 당시에 지어진 건물로 보인다. 여

---

39 하야시 후미코(1903-1951년)는 일본의 근대 문학을 대표하는 작가이다. 그녀는 어려서부터 행상을 하는 부모를 따라 여러 곳을 전전했다. 고등학교 졸업 후에는 도쿄로 올라와 여급, 사무원, 여공 일을 하며 생계를 꾸렸다. 1930년 자전적 경험을 토대로 쓴 《방랑기放浪記》가 60만 부나 팔리면서 널리 알려졌다. 하층 도시 여성의 가난, 가족, 자립 등을 주제로 글을 썼다.

기에서 료쿠도에 걸친 지역에는 작고 오래된 목조 가옥이 밀집하고 있다.

후미코는 1925년 이곳에 잠시 머물렀다. 젊은 시절을 기록한 그녀의 대표작《방랑기放浪記》에는 다음과 같은 구절이 나온다.

> 진창에 떠 있는 배처럼, 우리들의 나가야는 얼마나 적막한가. 병영의 시체실, 묘지, 병원, 싸구려 카페. 이들에 둘러싸인 다이시도의 어두운 집. 이 집도 이제는 신물이 난다.

어느 아름답고 화창한 날, 언덕 위의 녹음이 보고 싶어서 후미코는 당시의 동거인과 산책에 나서기로 한다. 그런데 한발 늦게 집

〈사진 5-30〉 하야시 후미코의 옛집 위 언덕에서 바라본 산겐자야

을 나서고 보니 남자의 모습이 보이지 않는다. 반대 방향으로 걸어가 버린 후미코는 기다리다 지쳐 기분이 나빠진 남자에게 폭행을 당한다. 남자는 집으로 돌아오자, 수세미나 찻잔 따위를 집어던졌다. 평소에도 폭력과 학대가 심심치 않았다. 집에서 나와 "하얀 앞치마를 걸친 채로 대숲, 개울가, 양옥집을 지나서 터덜터덜 언덕을 내려오자 증기선 같은 공장 소음이 들려왔다." 여기서 그녀는 돌연, 고향인 오노미치尾道[40]의 바다를 떠올린다. 아마도 시타노야 상점가를 빠져나와 육군 병원이 자리한 언덕 근처가 아닐까 짐작해 본다.

문화가 교착하는 마을

하야시 후미코의 옛집을 지나 언덕을 올라간다. 맨션 옆에 있는 언덕 위에 서면, 엔센지 묘지와 후미코의 옛집이 눈앞에 보이고 그 건너편에는 캐롯타워가 솟아 있다. 여기서 다시 북쪽으로 걸어가 보자. 북쪽에는 기타자와가와료쿠도가 있어서, 어느 길로 걸어가도 일단은 내리막이 된다. 그러나 곧바로 방향이 갈라진다. 차자와도리를 따라 북쪽으로 올라가면, 거의 평탄한 길이 이어지고 시모키타자와 상점가에 들어가면 이노카시라선井の頭線

---

40 하야시 후미코는 13세부터 고등학교를 졸업할 때까지 히로시마広島현 오노미치에서 살았다. 오노미치는 세토내해瀬戸内海(혼슈와 시코쿠·규슈 사이의 좁은 바다)와 접한 항구도시로 그녀에게는 특별한 장소로 기억된다. 1931년 발표한 또 다른 자전적 소설 《아코디언과 물고기의 마을風琴と魚の町》에서도 똑같은 장소가 배경으로 등장한다.

고가에 도착한다. 이와 달리 동쪽으로 걸어가면 두 갈래 길이 나오고, 여기서 다시 북쪽으로 걸어가면 기타자와하치만신사北沢八幡神社 부근에서 급격한 언덕길이 나타난다. 그 위로 올라가면 조용한 주택지로 들어간다. 녹음으로 둘러싸인 다이자와代沢 주택지이다. 마찬가지로 서쪽으로 걸어가면 길이 몇 개로 갈라지고, 여기서 북쪽으로 올라가면 급경사가 나타난다. 그 앞에 다이타代田 주택지가 자리한다. 다시 말해 시모키타자와는 고지대의 고급 주택지로 둘러싸인 골짜기 부근에 해당한다. 그뿐만이 아니다. 시모키타자와역에서 북쪽으로 걸어가면, 다시 언덕길이 이어지고 그 위에는 기타자와 주택지가 자리한다. 이처럼 시모키타자와는 동서북 삼면이 대지에 둘러싸여 있다. 이 대지의 해발 고도는 대략 40미터. 반면에 시모키타자와역 남쪽 상점가는 30미터 안팎으로 10미터 이상의 차이가 존재한다. 그야말로 '야마노테 속 시타마치'라고 할 수 있다.

바로 이곳에 청년들이 몰려든다. 주위에 대학이 많아서 원래도 젊은 사람이 많았지만, 최근에는 그들이 즐기는 문화가 더욱 모여들어서, 사람이 사람을 부르고 있다. 극장이며, 라이브하우스, 레코드CD숍, 구제 옷집, 앤틱숍, 버라이어티숍[41] 등이 늘어서 있다. 음식점도 매우 다양해서, 아주 저렴한 체인점부터 고급 식당까지 차례로 펼쳐진다. 특히 남쪽 출구 근처에는 지나가는 사람이 대부분 젊은 사람이다. 나이 든 사람은 범접할 수 없는 열기가 느껴진다. 그러나 자세히 살펴보면 오래된 레스토랑이나 정통

---

41 다양한 물품을 한꺼번에 취급하는 상점을 말한다. 일본의 대표적인 버라이어티숍으로는 돈키호테, 도큐핸즈, 드럭스토어 등이 있다.

〈사진 5-31〉 시모키타자와 상점가, 시모키타자와의 가게(역자촬영)

일식 요리점이 하나씩 숨어 있다. 교양인풍의 손님이나 여유 있는 지역 주민이 조용히 술과 식사를 즐긴다. 내가 좋아하는 헌책방도 바로 이곳에 있다.

예전부터 젊은이를 후원하는 가게도 많았다. 이런 가게에는 음악이나 연극을 하는 청년이 몰려들었다. 주인이 수익을 생각하지 않고 술과 안주를 거의 공짜로 내주었다. 프리터 문제가 대두하기 시작했을 때, 꿈을 이루려고 정규직을 거부한 '이상추구형 프리터'의 존재가 세간의 관심을 끌었다. 그러나 현실 속 프리터는 정규직 취업이 어려워, 임시직 노동으로 밀려난 경우가 많았다. 프리터는 젊은이가 자발적으로 선택한 결과가 아니라, 고용 축소와 노동조건의 악화로 생긴 것이다. 이로 인해 많은 젊은이가 저임금의 빈곤 상태로 내몰리고 있다. 따라서 '이상추구형'을 지나치게 강조하면, 그 자체로 프리터 문제의 본질이 크게 왜곡된다. 그러나 시모키타자와를 걷다 보면, '이상추구형' 프리터가 어느 정도는 존재하며, 이런 사실에 충분히 공감하게 된다. 물론 이것은 최근의 현상이 아니다. 예전부터 그랬다는 말이다.

이곳은 꿈을 좇는 젊은이를 키워내는 요람과도 같은 곳이다. 주위를 둘러싼 대지를 돌아보면 마치 어른이 젊은이를 지켜보는 듯이 느껴지기도 한다. 이처럼 야마노테의 끝자리, 골짜기 밑에는 청년 문화와 야마노테 문화가 만나는 거리가 있다. 이 거리야말로 문화의 발신지가 되기에 부족함이 없지 않을까. 간설 도로 건설이나 재개발 따위로 파괴되지 않고 소중히 지켜나갔으면 한다.

다음 목적지로 옮겨가 보자. 세타가야구는 넓은 지역이다. 도보로 모두 돌기는 무리가 있으므로 시모키타자와역에서 오다큐선小田急線을 타기로 하자. 모든 역에서 정차하는 전철을 타고 여섯

번째 역에서 내리면, 소시가야오쿠라역祖師ヶ谷大蔵駅에 도착한다.

개찰구에서 북쪽 출구로 나오면 난데없이 울트라맨 조형물이 보인다. 역의 남북과 서쪽으로 이어지는 상점가도 '울트라맨 상점가'로 불린다. 예전에 쓰부라야円谷 프로덕션[42]의 본사가 근처에 있었기 때문이다. 여기저기 상징물이 있을 뿐만 아니라 가로등까지 울트라맨 머리 모양을 하고 있다. 오다큐선 전차가 출발할 때 울트라맨 주제가도 나온다. 지역 상징을 정말 집요하게 사용한다.

〈사진 5-32〉 소시가야오쿠라역 울트라맨 동상(역자촬영)

---

42 1963년 설립되어 울트라맨 시리즈 등을 만든 텔레비전 방송 및 영화제작사이다. 특수촬영물 제작회사로 유명하다.

교외에 있을 법한 쇠락하고 쓸쓸한 정취는 찾아볼 수 없다. 왕래하는 사람도 많고 활기가 넘치는 아주 매력적인 상점가이다. 게다가 가격도 저렴하다. 네리마의 기타마치北町 거리처럼 가격도 싸고 물건도 다양하다. 전체적으로 서민적인 분위기로, 마치 시타마치의 아카바네赤羽나 주조十条의 상점가와 비슷한 느낌이다. 이는 물론 상점가의 입지와도 관련이 있다.

소시가야오쿠라역 주변은 고급 주택지가 아니다. 작은 집이 많으며 남쪽에는 오쿠라주택大蔵住宅, 북쪽에는 소시가야주택祖師谷住宅이라는 2개의 대규모 주택 단지가 있다. 도영주택이 아니라 도쿄도가 운영하는 일반 임대주택이다. 따라서 반드시 저소득 계층만 사는 것은 아니다. 그러나 양쪽 모두 고령화가 진행되고 있다. 2005년〈국세조사〉에 따르면 65세 이상의 고령가구 비율이 높았다. 오쿠라주택이 있는 오쿠라 3초메가 39.4%, 소시가야주택이 있는 소시가야 2초메가 33.2%로 나타났다. 두 경우 모두 단지 바깥의 일부 지역을 포함하고 있지만, 이 수치는 세타가야구 전체 초초메(227개) 가운데 각각 1위와 3위에 해당할 정도로 높다. 이런 주택 단지 덕분에 상점가는 서민적 색채를 보이는 것이다.

그런데 여기서 서쪽으로 불과 1킬로미터 거리에 세이조가 위치한다. 도쿄에서도 손에 꼽히는 고급 주택지 말이다. 세이조는 그 주변 지역과 격차가 극심해서, 대비로 따지면 이런 지역을 찾기도 힘들다. 소시가야오쿠라역에서 상점가를 따라 북쪽으로 150미터 정도 걸어가면, 왼쪽으로 슈퍼가 하나 보인다. 그 앞에서 왼쪽으로 들어가자. 길을 따라 걷다 보면 세타가야구립 소시가야 소학교 앞에 도착한다. 하교 시간이 되면 교통지도를 하는 여성이 교문을 나서는 개구쟁이 아이들을 지도한다. 아이들과 지도

원이 격의 없는 대화를 나누기도 한다. "돈 좀 주세요." "무슨 소리야, 집에 가서 엄마한테 달라고 해." 어디서나 볼 수 있는 공립 소학교 풍경이다. 이곳을 지나면 바로 철책 건너 녹음에 둘러싸인 조용한 교정이 보인다. 세이조가쿠엔成城学園 소학교이다. 이 학교 앞에는 고급스런 차림새의 엄마가 마중을 나와서, 몸가짐이 반듯한 아이들과 돌아간다. 간단히 말해 대조적인 2개의 소학교가 좁은 도로를 사이에 두고 나란히 자리한다.

〈사진 5-33〉 소시가야소학교, 세이조가쿠엔초등학교(역자촬영)

절벽으로 분리된 2개의 세계

여기를 지나면 길은 내리막이 된다. 아래로 내려가서 센가와仙川의 다리를 건너가면 이번에는 급격한 언덕길이 나타난다. 이 길을 올라가면 공기가 확연히 달라진다. 벚나무가 양쪽으로 줄지어 서 있고, 널찍하게 여유를 두고 단독 주택이 이어진다. 인적이 드물어 한적한 느낌을 준다. 외출했다가 돌아가는 주부들이 간간이 보인다. 검은 세단 옆으로 정장 차림의 남녀가 공손한 자세로 서 있기에, 무슨 일인가 했더니 돌계단을 올라가는 부인이 보인다. 쇼핑을 마치고 귀가하는 VIP손님을 배웅하는 모양이다.[43]

주택지에서 남쪽으로 향하면 그제야 맨션이며 상점 간판이 보이기 시작한다. 그 앞에 세이조가쿠엔마에역成城学園前駅이 있다. 역 앞에는 고급 슈퍼로 유명한 세이조이시이成城石井가 자리하고, 여기를 중심으로 동서 방향으로 상점가나 음식점이 이어진다. 규모로 따지면 그렇게 크지는 않다. 이곳에서 오른쪽으로 꺾어 서쪽으로 조금 걷다 보면 다시 조용한 주택지가 연결된다. 그리고 막다른 길에서 왼쪽으로 돌아서면 후도바시不動橋가 나온다. 그 다리 밑으로 오다큐선이 지나간다.

오다큐선은 지상 구간으로 이어지다가 세이조카구엔마역 앞에서 지하로 들어간다. 그러다가 이 근방, 즉 후도바시 근처에서 지상으로 올라온다. 바로 그 앞에 고쿠분지가이센国分寺崖線이라는 절벽이 있는데, 경사가 매우 급해서 다마가와多摩川 지류 중 하

---

43 갤러리 등 고급 점포에서 고객을 집까지 배웅하는 쇼퍼 서비스chauffer service의 모습을 묘사한 것으로 보인다.

나인 노가와野川 바로 앞까지 불과 150미터 거리에 20미터 낙차로 떨어진다.[44] [참고로 후도바시 근처는 해발 고도가 40미터 안팎이다.] 오다큐선은 여기를 통과해 저 아래 평지로 빠져나간다. 역과 후도바시 사이에는 길을 덮어 주말농장으로 사용한다. 아그리스세이조ｱｸﾞﾘｽ成城라고 불리며, 회원제로 운영하고 샤워장과 라운지를 갖추고 있다. 작물을 돌봐주는 대행 서비스도 제공한다. 부유층의 취미랄까.

〈사진 5-34〉 세이조의 고급 주택지(역자촬영)

이 언덕, 또는 절벽 위에서 건너편을 바라본다. 그러면 세타가야구 서단의 기타미喜多見, 고마에시狛江市, 그리고 다마가와 건너에 자리한 가와사키시川崎市 다마구多摩区의 풍경이 한눈에 들어온

44 서로 맞닿아 있는 대지의 높이가 달라서 두 대지의 경계선을 따라서 절벽 같은 지형이 쭉 이어져 있는 것을 일본어로 가이센崖線이라고 부른다. 고쿠분지가이센은 무사시노武蔵野대지와 다치카와立川대지의 절벽 경계선이다. 대체로 세타가야구 서남쪽 경계와 일치한다.

다. 고도의 낙차가 하도 커서 하계下界를 내려다보는 느낌이다. 눈앞을 가로막는 것이 없어서 맑은 날이면 후지산이 보인다고 한다.

언덕을 내려가보자. 급격한 경사에 아찔한 느낌이 든다. 무릎이나 발목을 다치지 않도록 조심해야 한다. 길 오른쪽을 내려다보면 절벽과 같은 경사면에 맨션이나 단독 주택이 세워져 있다. 이런 곳에 잘도 집을 지었구나 하고 놀라게 된다. 언덕길을 내려가면 조립식 아파트나 작은 주택이 뒤섞여 숲을 이룬다. 주소는 세이조에 있지만 절벽 위 공간과는 완전히 다른 세계이다. 아카사카 마리赤坂真理[45]는 《뮤즈ミューズ》라는 소설에서 이런 대조를 선명하게 그리고 있다. 주인공은 세이조 절벽 아래 가난한 마을에 사는 여고생 미오美緒이다. 그녀는 주소를 위조해 부잣집 아가씨 행세를 하며, 언덕 위에 사는 치과 의사를 유혹한다. 젊고 부유하지만 이미 결혼한 남자이다.

    …… 100미터 정도의 언덕길을 올라가 비포장도로를 빠져나온다. 그러면 시야가 갑자기 탁 트이며, 세이조의 거리가 나타난다. 어디를 봐도 평탄하고 깨끗하며, 널찍한 도로를 갖춘 네모반듯한 거리. 맥 빠지는 상점가, 하천, 급경사와 어두운 숲.
    태어나 자란 마을의 풍경은 수십 미터 만에 모습을 바꾼다. 마치 종이 연극紙芝居[46]의 전개처럼 부드러운 연결 따위는 어디에도 찾아볼 수 없다.

45 오카사카 마리(1964년-)는 도쿄 출신 소설가이다. 게이오대학 법학부 정치학과를 졸업하고 잡지 편집장을 맡았다. 《뮤즈》는 제122회 아쿠타가와상(1999년 하반기)의 후보에 올랐다. 그 밖에도 《바이브레이터バイブレーター》, 《도쿄프리즘東京プリズン》 등의 작품이 있다. 《바이브레이터》는 같은 제목의 영화로 제작되었다.
46 하나의 이야기를 여러 장의 그림 카드를 이용하여 설명하는 공연이다.

〈사진 5-35〉 고쿠분지가이센 위에 있는 녹지에 관한 설명(역자촬영)

〈사진 5-36〉 세이조의 고쿠분지가이센에 세워진 주택군

고쿠분지가이센과 맞닿은 고지대에는 세이조에 이어 오카모토岡本, 세타瀬田, 가미노게上野毛, 오야마다이尾山台, 덴엔초후 등 고급 주택지가 줄지어 자리한다. 〈국세조사〉에서 자본가계급의 분포를 초초메별로 살펴보면, 이와 같은 배치가 고스란히 드러난다〈도표 5-5〉. 세타가야는 자본가계급 비율이 평균보다 약간 높아서 색깔의 구분선을 14%, 17%, 20%로 잡았다.

서쪽의 색깔이 짙은 부분이 세이조로, 절벽 아래 일부를 제외하면 자본가계급이 전체 인구의 20%를 넘어선다. 여기서 오쿠라단지나 기누타공원砧公園이 있는 지역을 사이에 두고 남동쪽 방향으로 짙은 색이 이어진다. 이곳이 고쿠분지가이센을 따라 분포하는 고급 주택지이다. 또 세타가야구의 동북부에는 고쿠분지가이센보다 높지는 않지만 자본가계급이 비교적 많이 분포한다. 앞에서 봤던 다이자와, 다이타, 기타자와의 고지대 마을이 여기에 속한다. 이렇듯 고도와 고급 주택지의 분포 사이에는 분명한 대응 관계가 존재한다.

반대로 자본가계급 비율이 낮은 지역, 즉 하얀색 부분이 북서부에서 세타가야구의 중심부를 지나 하야시 후미코가 살았던 다이시도, 또는 이케지리 쪽으로 이어진다. 가라스야마가와 및 기타자와가와에 접한 저지대로 이곳에는 지토세카라스야마千歳烏山, 지토세후나바시千歳船橋, 교도, 고토쿠지豪徳寺, 가미마치上町, 쇼인신사松陰神社 앞, 다이시도, 서민적 풍모의 상점 거리가 줄줄이 자리한다. 이처럼 세타가야는 야마노테의 고급 주택지라는 인상이 강하긴 하지만, 그 내부에는 격차의 구조가 명확히 존재한다. 토지의 고도는 주민의 계급 구성과 대응하며, 이른바 '시타마치'는 언덕을 경계로 '야마노테'와 연결된다.

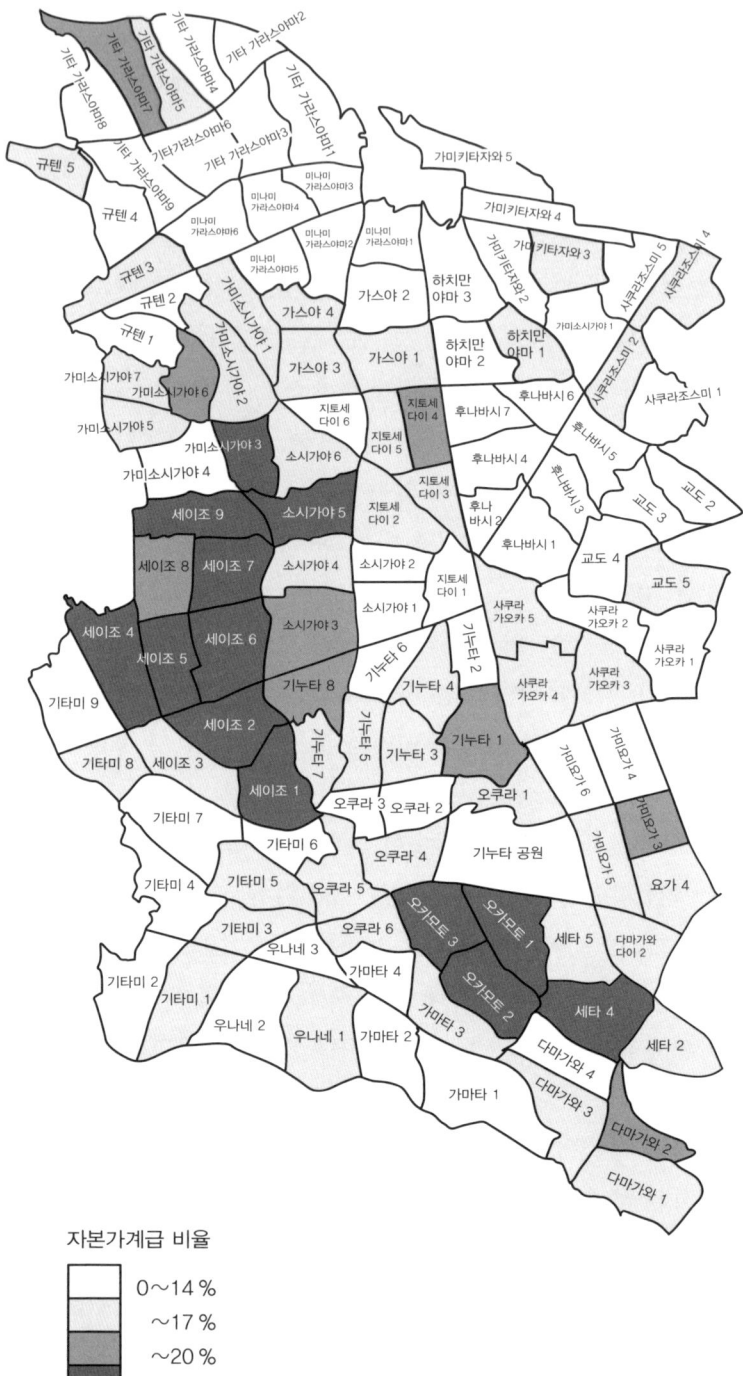

〈도표 5-5〉 세타가야구의 자본가계급 분포도

〈사진 5-37〉 고쿠분지가이센에서 바라 본 세타가야 서쪽의 다마구(역자촬영)

이제 슬슬 맥주를 한 잔 하러 가자. 좋은 이자카야는 당연히 '시타마치' 쪽에 있다. 산겐자야에서 차자와도리의 언덕길을 내려가자. 자주 찾는 가게는 하야시 후미코가 살았던 옛집 근처에 있다. '구니ㅅㄷ'라는 가게이다.[47] 메인 메뉴는 돼지곱창 꼬치구이다. 이곳은 시타마치와 멀어서 제대로 된 곱창 꼬치를 찾기 힘들다. 그래도 '구니'는 시타마치의 맛집에 전혀 뒤지지 않는다. 술도 시타마치 대중 주점에서 흔히 보이는 홋피나 호이스가 나온다. 참고로 홋피는 소주를 타서 마시는 무알콜 맥주의 일종이며, 호이스는 소주를 타서 마시는 소다수 형태로 위스키나 브랜디 맛을 풍긴다. 둘 다 맥주나 위스키가 귀한 시절 대용주로 개발된 것으로, 시타마치의 꼬치구이 가게에서 여전히 사랑받고 있다. 고급 주택의 주민도, 돈이 없어 보이는 젊은이도 여기서는 똑같이 꼬치를 먹는다. 그리고 홋피, 호이스, 주하이[48]처럼 저렴한 술을 마신다. 가게 내부가 상당히 넓은데도 금방 자리가 차므로 가게가 열리는 다섯 시에 가거나, 손님이 한차례 빠지는 여덟 시 이후에 가는 것이 좋다.

---

47 2015년 5월 31일 폐업했다.
48 소주에 탄산수 등을 넣어 희석한 다음 과즙을 첨가한 주류를 말한다. 한국에서도 판매하는 '호로요이ほろよい'가 대표적인 주하이 제품이다.

5. 양극화된 아다치구의 구주민과 신주민

젠트리피케이션이 진행 중인 마을

2006년 4월 《문예춘추文藝春秋》에는 충격적인 기사가 실렸다. 〈르포 하층사회〉가 그것이다. 바로 1년 전부터 '격차사회'라는 말이 유행하기 시작하고 빈곤 문제는 오랜 망각 끝에 세간의 관심을 끌고 있었다. 저자는 논픽션 작가인 사노 신이치佐野眞一, 취재 지역은 도쿄의 아다치구였다.

기사는 통계나 신문 자료 등에 근거해 아다치구의 빈곤 실태를 조사했다. 학비 보조를 받는 저소득 집단이 소학교·중학교 재학생의 40%를 넘었고 학교에 따라서는 70%로 나타났다. 학력평가 성적도 도쿄 23구 가운데 가장 낮았다. 교사들의 증언에 따르면 어떤 학생은 아침을 먹지 못하거나 노트를 사지 못했다. 또 어떤 학생은 급식을 먹지 못해 방학이 끝나면 체중이 줄어들었다.

이에 더해 기사는 여성 실태를 보고했다. 놀랍게도 사채를 이용하는 여성이 많았고, 생활비를 벌려고 유흥업소에서 아르바이트를 하거나, 전화방의 중계로 자신이 사는 도영주택에서 성매매를 하는 주부도 있었다. 전직 행정 관계자나 구청장까지 두루 만난 다음, 저자는 아다치구가 "격차사회를 향해 질주하는 일본 사회의 축소판"이라고 말하며, 이곳에서는 "'하층사회'의 그림자가 조용히 자라고 있다"라고 결론 내렸다. 그전에도 알려진 사실이지만, 원래 아다치는 소득수준이 매우 낮았다. 그러나 아무리 그래도 도쿄 23구 안에 있는데 그 정도로 상황이 심각할까 하는 막연한 기대가 없지도 않았다. 그래서 다소 과장된 측면이 있기는 했지만, 이 기사가 나가자 격차에 관한 기존의 통념이 한꺼번에 무너져 내렸다.

사실 학생 시절 5년간 아다치구에 살았던 적이 있다. 지금으로부터 30년 전의 일이다. 무엇보다도 월세가 쌌기 때문이다. 문과 계열 연구 지망생이 으레 그렇듯이 가난한 주제에 책은 많아서 공간이 충분하고 방세가 저렴한 곳을 찾다 보니 아다치구로 가게 되었다. 당시에는 밭이나 녹지가 지금보다 많았다. 근처에는 오래된 상점가도 있어서 물가도 싸고 살기 좋은 동네로 기억한다.

집값이며 물가가 싸고 살기도 좋다는 사실은 아마 지금도 크게 다르지 않을 것이다. 그러나 많은 변화도 있었다. 가장 커다란 변화는 제조업이 쇠퇴하고 [제조업] 고용이 줄었다는 점이다. 당시 아다치구에는 제조업이 발달하고 공장이 많았다. 그때까지만 해도 고용 사정이 좋아서, 중소기업에 다녀도 노동자의 생활이 그런대로 괜찮았다. 그러나 모두 과거의 일이다. 구내 통계를 살펴보면, 1970년에는 공장에서 일하는 사람이 5만 명을 넘었고 1980년대만 해도 4만 5천 명에 달했다. 그러나 지금은 그 숫자가 2만 명 선으로 떨어졌다. 그러자 노동자를 상대하는 지역의 상점가도 자연스레 쇠퇴했다.

또 다른 변화로 젠트리피케이션이 일어났다. 그 당시 밭이었던 자리에는 대체로 맨션이 들어왔다. 공장 터나 시가지가 재개발되어 대규모 맨션으로 바뀐 경우도 많다. 신 시타마치의 개발

〈지도5-5〉 아다치구

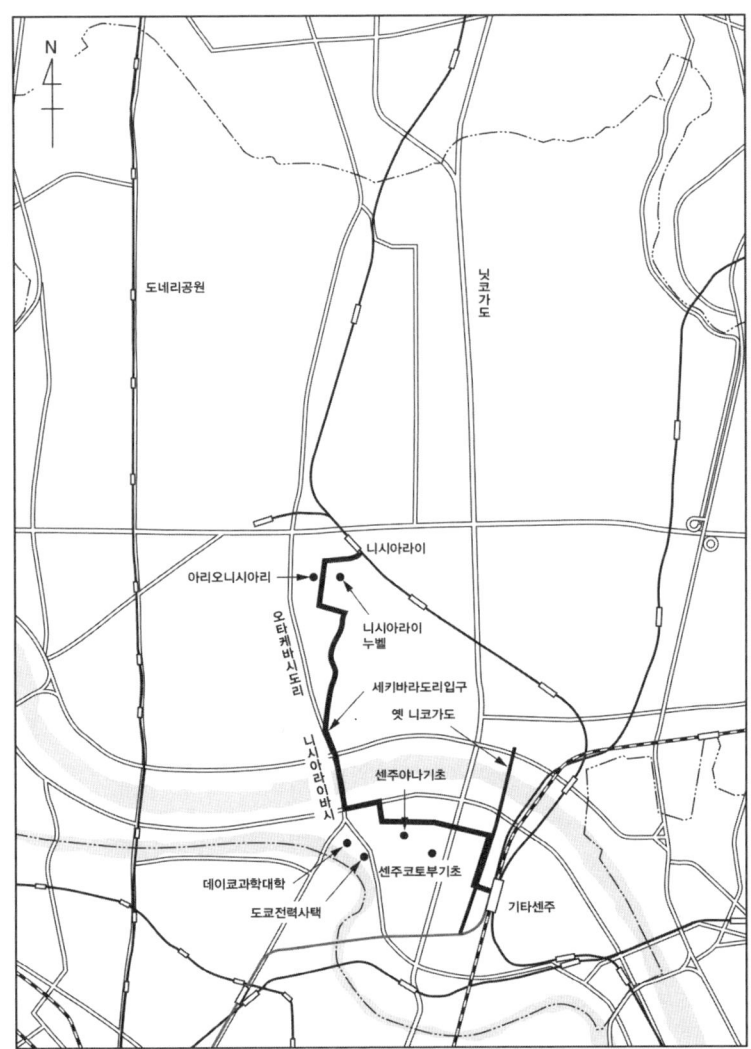

은 아라카와구나 고토구 등 도심에 가까운 지역에서 시작되었다. 그런데 이제는 가장 북쪽에 자리한 아다치구에 도착한 것이다.

그 결과 구내의 경제 격차가 커지고 있다. 〈주택·토지통계조사〉에서 산출한 아다치구의 지니계수는 1983년 0.292로 도쿄 23구 가운데 다섯 번째로 낮았다. 그러나 2008년에는 0.336까지 치솟아, 아다치구는 야마노테선 바깥에 있는 자치구 가운데 스기나미구, 세타가야구와 더불어 격차가 큰 지역이 되었다. 이제 아다치구의 최근 모습을 확인하러 나가보자.

활기를 잃은 상점가와 거대한 맨션

출발점은 기타센주역北千住駅이다. 기타센주는 한때 닛코가도日光街道[49]의 슈쿠바마치宿場町[50]로 지금도 JR, 사철, 지하철, 쓰쿠바익스프레스의 선로가 모이는 교통의 요지이다. 역 주변은 최근 몇 년간 몰라볼 정도로 바뀌었다. 서쪽 출구에는 센주밀디스千住ミルディス라는 상업 시설이 개발되어 마루이 쇼핑몰이 입점하고 극장이며 갤러리도 들어섰다. 그 결과 기타센주에 대한 이미지도 크게 바뀌었다. 동쪽 출구는 한때 JT[51]가 있던 장소로 도쿄전기대학東京電機大學 기타센주캠퍼스(2012년 4월 개교)가 세워졌다. 이전에는 서쪽 출구보다 활기가 없었지만, 새로운 가게가 늘어나면서 오가

---

49 에도 시대 도쿄 니혼바시를 기점으로 전국의 주요 지역과 연결한 도로 가운데 하나이다. 니혼바시에서 도쿄 북쪽의 도치기栃木현 닛코까지 이어져 있다. 닛코에는 도쿠가와 이에야스의 위패가 안치된 도쇼구東照宮가 있다.
50 슈쿠바, 즉 역참을 중심으로 발전한 마을을 슈쿠바마치라고 한다. 참근교대 행렬의 중간숙박지 등으로 이용되었다.
51 일본담배주식회사Japan Tobacco Incorporated의 약자이다.

는 사람도 많아졌다.

　서쪽 출구로 나가 큰 도로를 따라 걸어가면 바로 오른쪽에 슈쿠바마치도리宿場町通り라고 쓰인 게이트가 나타난다. 게이트를 거쳐 상점가로 들어간다. 이 도로가 옛 닛코가도인데, 그 주변에도 4숙四宿[52]의 하나인 센주슈쿠千住宿가 있었다. 총 길이가 약 800미터에 이르는 거대한 슈큐바마치로 인구는 약 1만 명에 달했다고 한다. 2분 정도 걸어가면 오른쪽에 이자카야 하나가 나온다. 이자카야 애호가라면 도쿄에서 모르는 사람이 없을 정도로 유명한 집이다. 이곳은 조금 있다가 즐기기로 하자. 다시 100미터쯤 걸어가서 왼쪽으로 들어가면, 오래된 상점 거리가 잠시 동안 이어진다. 바로 그 앞에 현재의 닛코가도가 위치한다. 교통량이 많은 이 도로의 양쪽에는 얼마 전까지 작은 빌딩이나 가옥이 많았다. 그러나 지금은 고층 맨션이 그 자리를 차지하고 있다.

　닛코가도를 건너 반대쪽에는 센주코토부키초千住寿町, 조금 더 앞에는 센주야나기초千住柳町라는 주택지가 자리한다. 둘 다 목조 가옥이 밀집한 곳으로 사람이 겨우 스쳐 갈 정도로 좁은 골목이 얽혀 있다. 지반도 약해서 지진이 일어나면 붕괴 위험이 매우 높은 곳이다. 역에서 그리 멀지 않아 12-3분 정도면 걸어서 도착한다.

　그대로 계속 서쪽으로 이동하면 도쿄전력 사택과 자재 적치장이 나온다. 이곳에는 예전에 센주화력발전소가 있었다. 유령 굴뚝お化け煙突이라는 이름으로 친숙한 거대한 4개의 굴뚝이 지역의 자랑이었다. 그 굴뚝의 일부가 절단되어 얼마 전까지 아다치

52　에도 시대 니혼바시에서 가장 가까운 슈쿠바마치 4개를 합해 일컫는 말이다. 덧붙여 센주슈쿠는 닛코가도에서 첫 번째 슈쿠바마치이다.

구립 모토주쿠소학교元宿小学校 교정에서 놀이기구로 사용되었다. 이제 학교는 폐교되어 데이쿄과학대학帝京科学大学 센주캠퍼스가 되었다. 그 놀이기구는 어떻게 되었을까? 궁금증에 찾아보니 기념물로 제대로 보존되어, 4개의 굴뚝을 20배로 축소한 모형까지 만들었다고 한다.

여기서 오타케바시도리尾竹橋通り로 나가서 니시아라이바시西新井橋를 통해 아라카와를 건너자. 강 양쪽은 넓은 녹지로 조성되어, 휴일이면 아이를 동반한 가족이나 야구를 즐기는 사람으로 붐빈다. 강을 건너 조금 앞쪽에 오타케바시도리에서 오른쪽 대각선으로 들어가는 길이 보인다. 입구에 '세키하라도리関原通り'라고 쓰인 기둥이 있어서 쉽게 찾을 수 있다. 여기서 니시아라이까지 1.5킬로미터 정도 상점가가 이어진다. 길을 따라 교차하는 상점가도 있어서 상당한 규모를 자랑한다. 그러나 80-90%는 셔터가 내려진 상태이다. 셔터에 녹이 슬거나 간판이 부서진 가게도 많다. 참고로 서쪽 800미터 지점에 모토키신도本木新道가 있는데, 마찬가지로 활기를 잃은 상점 거리가 나타난다. 이 주변을 걷다 보면 도심이나 야마노테에서는 알 수 없는, 도쿄의 현실이 분명히 느껴진다.

그런데 니시아라이에 가까워지면 돌연 거대한 맨션이 나타난다. 닛신방적日清紡績의 공장 터에 세워진 니시아라이누벨西新井ヌーヴェル이다. 분양도 있고 임대도 있는데, 최근에는 3룸 기준으로 분양이 4천만 엔에서 5천만 엔 중반, 임대가 18만 엔에서 35만 엔 정도이다. 도심에 비하면 비싸지 않지만, 원래 아다치구가 도쿄 23구 가운데 땅값이 쌌다는 사실을 감안할 때 그래도 많이 오른 것이다.

〈사진 5-38〉 센주코토부키초千住寿町의 좁은 골목길

서쪽에는 아리오니시아라이ｱﾘｵ西新井라는 상업 시설이 있다. 매장의 중심은 이토요카도ｲﾄｰﾖｰｶﾄﾞｰ[53]이지만 기타 전문점이 100개 이상 들어와 있다. 1층 식품 매장을 둘러보니 상품 구색이 보기 드물 정도로 다양하다. 예를 들어 소고기는 100그램 기준으로 128엔 하는 마쓰자카규松阪牛[54]에서 95엔 정도 하는 수입산까지 다채롭게 놓여 있다. 니시아라이누벨에 사는 '중상'계급의 입주자부터 주변에 사는 빈곤층까지 고려한 진열 방식이다. 실제로 고객층도 폭이 넓은데, 새로 이주한 깔끔한 차림새의 가족 손님이 찾아오고 육체노동자 느낌의 젊은 사람도 보인다. 예전부터 살고 있는 주민까지 실로 다양한 계층이 쇼핑에 나선다.

커다란 교외형 상업 시설이라서 주차장이 넓은 것은 당연하다. 그러나 놀라운 사실은 자전거 주차장이 매우 넓다는 점이다. 아다치구는 원래 교통이 불편한 데다 거의 전역이 해발 고도 3미터 안팎으로 고저차가 거의 없다. 그래서 예전부터 자전거 이용자가 많았다. 지금도 차비를 아낄 겸 많은 사람이 자전거를 즐겨 이용한다. 주차장을 살펴보니 빈자리가 없을 정도로 자전거가 넘쳐난다. 기존의 지역 상점가를 이용하던 주민까지 모조리 이곳에 흡수된 증거가 아닐까.

임대동 1층에는 중고등부 입시학원이 들어와 있다. 이런 지역에는 이타바시구의 S.C.와 마찬가지로 입시에 민감한 부모가 많

---

53 일본의 대형 할인마트 브랜드 중 하나로, 일본 각 지역을 비롯해 중국에도 점포를 갖고 있다. 편의점 세븐일레븐과 같은 계열의 회사이다.
54 일본 소고기, 와규和牛의 브랜드 가운데 하나이다. 미에三重현이 산지이며, 효고兵庫현의 고베규와 더불어 고급 소고기의 대명사이다. 일본의 3대, 4대 소고기를 거론할 때 빠지지 않고 그 안에 들어간다.

은데, 성업 중인 학원가에서 이런 사실을 쉽게 짐작할 수 있다. 그러나 S.C.가 그렇듯 모든 아이가 사립 명문고로 진학하는 것은 아니다. 아다치구는 구내의 대학진학률(재수 제외)이 39.7%로 23구 가운데 가장 낮고, 도쿄 평균인 66.1%와 비교해도 평균의 약 60%에 지나지 않는다. 이 정도로 격차가 벌어지면 부모들 사이에 갈등이 생겨나도 전혀 이상한 일이 아니다. 한쪽에는 교육열이 높은 이주민이 있고 다른 쪽에는 기존의 부모가 있다. 게다가 다수파인 기존 주민의 아이들이 새로 이주한 아이를 괴롭힌다는 기사도 발견된다.•

어쨌든 한 가지 사실은 확실하다. 소득수준은 낮아도 격차가 작았던 지역에서, 아다치구는 빈곤이 쌓이는 동시에 젠트리케이션이 일어나는 격차가 큰 지역으로 바뀌고 있다.

니시아라이역은 작고 오래된 건물이다. 그 주변에는 한산한 라멘 가게나 이자카야, 오래된 복덕방, 비즈니스호텔이라고 자칭하는 작은 숙박 시설 등이 늘어서 있다. 그 남쪽은 좀 전에 지나온 세키하라도리의 상점가로 이어진다. 그리고 건너편에는 거대한 고층 맨션과 상업 시설이 솟아 있다. 아다치구의 변모는 이런 풍경 속에 압축되어 있다.

자, 기타센주의 슈쿠바마치도리로 돌아가자. 목적지는 이자카야 '오하시大はし'이다. 이 가게는 1877년 소고기집으로 시작한 노포로, 지금은 4대와 5대째 사장이 가게를 맡아서 운영하고 있다. 소고기 조림인 규니코미牛煮込み가 특히 유명하다. 소의 머리고

• 히루마 다카시晝間たかし, 이토 케이스케伊藤圭介,《이대로 좋은가, 도쿄도 아다치구 2これでいいのか東京足立区2》

기를 부드럽게 조린 안주로 고기의 깨끗한 맛을 즐길 수 있다. 다른 종류의 요리도 많은데, 제철 생선이나 채소를 사용한 계절 메뉴가 있어서 이곳을 갈 때면 언제나 기대하게 된다. 조림은 320엔, 다른 메뉴도 거의 400엔에서 500엔 사이로 무엇을 시켜도 맛이 뛰어나다.

술은 다양하게 갖춰져 있지만, 단골손님은 대체로 소주 우메와리, 그러니까 매실액으로 맛을 낸 소주를 시킨다. 손님은 지역의 중노년층이나 샐러리맨이 다수를 차지한다. 그러나 도내 각지에서 이자카야 애호가가 찾아온다. 가게 안에는 3분의 2 정도가 카운터석이고 테이블 자리도 몇 개 있어서 제법 공간이 있지만 그래도 언제나 만석이다. 줄을 서서 기다릴 때도 있지만 회전이 빨라서 그렇게 오래 걸리지 않는다. 시타마치에서 인기 있는 대중 주점이 궁금하다면, 가장 먼저 이곳을 추천하고 싶다.

〈사진 5-39〉 니시아라이역에서 고층맨션을 바라보며

제 6 장

**계급도시에서
혼종도시로**

1. 계급도시가 가져온 폐해

계급도시는 여러 가지 심각한 문제를 안고 있다. 그 대부분은 '격차사회'라고 불리는 오늘날 일본 사회가 안고 있는 문제와 일반적으로 같은 것이다. 그러나 격차 구조가 도시의 공간 구조와 중첩된다는 점에서, 계급도시만의 고유한 특색이 있으며 거기서 비롯하는 독자적 문제도 분명 존재한다. 이런 논점에 유의하면서 지금부터는 대도시의 존재 방식을 간단히 살펴보자.

도시에는 다양성이 필요하다

도시, 특히 도쿄와 같은 대도시의 매력 가운데 하나는 그 안에 다양한 요소가 있으며 그것이 공간적으로 배치되어 도시 자체가 이질적 문화를 가진 복수의 집합체로 바뀐다는 사실에 있다.

예를 들어 도쿄의 경우에는 우선 시타마치와 야마노테가 있다. 각 지역에서 가장 오래된 부분이 오늘날 도심을 이루고 있지만, 어느 쪽이건 시타마치, 야마노테의 성격을 그대로 유지하고 있다. 간다에서 아키하바라秋葉原, 니혼바시에 걸친 지역은 지금까지도 상업지구로 번화하다. 5월에는 간다묘진神田明神의 우지코초카이氏子町会 행사로, 또는 간다마쓰리神田祭로 사람들이 몰려든다.[1] 이에 비해 고지마치에서 아카사카, 아자부로 이어지는 지역에는 무가의 저택지에서 기원한 관청이나 대사관, 대학, 고급 주택지가 펼쳐지고, 공간의 이용 방식도 시타마치와 분명히 구별된다.

여기를 둘러싼 야마노테선 안쪽이나 그 연선沿線 지역으로 시야를 넓혀보자. 시타마치에는 아사쿠사, 우에노, 후카가와가 속하는데, 이 지역들은 오늘날 시타마치 이미지의 중심이라고 할 수 있다. 이에 비해 야마노테에는 분쿄구, 이케부쿠로, 신주쿠, 시부야가 자리한다. 분쿄구는 교육 지구로 유명하고, 나머지는 부도심을 이루는데 사무실이 밀집하고 교외 거주자의 소비를 지탱하는 상업 지역이다. 세 곳 모두 몇 개의 사철이 교차하는 환승이나 종착역으로 도심과의 거리가 얼추 비슷하다. 그러나 각기 다른 강렬한 개성이 있어서 거리를 지나가는 사람들의 연령층이나 분위기가 확연히 달라진다.

좀 더 외곽으로 눈을 돌려보자. 도쿄 23구의 경계 지대로 말이다. 바다와 접한 동쪽에서 에도가와구, 가쓰시카구, 아라카와구, 아다치구, 기타구로 이어지는 지역에는 근대화 과정에서 주상공혼재지구로 재편된 신 시타마치 지역이 펼쳐진다. 여기에는 시바마타타이샤쿠텐柴又帝釈天, 니시아라이다이시西新井大師, 에코인回向院, 아스카야마飛鳥山 등 명소로 알려진 유적도 많으며, 서민적 매력이 풍기는 상점가도 곳곳에 분포한다. 이에 비해 서쪽 지역

---

1 우지코초카이는 같은 시조신을 모시는 마을 자치회라는 뜻이다. 간다마쓰리 기간에 우지코초카이 별로 미코시神輿라는 작은 가마를 메고 거리를 행진한다. 간다마쓰리는 일본의 3대 마쓰리 중 하나이며, 매년 5월 14일에서 20일 사이에 열린다. 100개의 가마가 도쿄 중심가를 행진하는 것으로 유명하다.

에는 오타구, 메구로구, 세타가야구, 스기나미구가 자리하며, 그곳에는 오늘날 '야마노테'하면 가장 먼저 떠오르는 신 야마노테의 [고급] 주택지가 늘어서 있다. 교통의 요지인 지유가오카自由が丘, 산겐자야, 시모키타자와, 후타코다마가와二子玉川, 아사가야阿佐ヶ谷, 고엔지高円寺 등에는 개성 넘치는 상업 지구가 있으며 정보나 문화의 진원지로 기능한다.

이런 각각의 지역이 도쿄라는 모자이크를 구성하는 하나의 타일 조각이다. 각각의 지역에는 개성이 존재하고, 그 각각은 다른 곳과 섞이지 않는 고유한 색채를 발산하며 도쿄라는 하나의 도시를 구성한다. 그 덕분에 도쿄에서는 모든 사람이 자신이 좋아하는 거리를 발견하고, 자기만의 개성을 찾아 소비에 전념할 수 있다. 그러나 이케부쿠로와 시부야 양쪽을 수시로 찾는 사람은 많지 않다. 마찬가지로 지유가오카와 시모키타자와, 후타코다마가와 고엔지를 동시에 좋아하는 사람도 적을 것이다. 이는 교통의 편리함 때문만이 아니라 개인의 취향 탓이다.

그렇지만 때로는 마음 내키는 대로 평소에 가지 않는 거리를 체험할 수 있다. 시타마치에서 야마노테로, 야마노테에서 시타마치로. 이는 한나절이면 충분히 즐길 수 있는 짜릿한 월경越境 체험이다. 예전부터 시타마치를 사랑한 문인은 많았지만, 정작 자신은 야마노테나 가마쿠라鎌倉 같은 야마노테 사람들의 별장 지역에 사는 경우가 많았다. 그래서 시타마치에 대한 문인들의 애정이란, 정확히는 월경자의 사랑이라고 할 수 있다. 마찬가지로 오늘날《도쿄인》,《산책의 달인散歩の達人》등의 잡지는 도쿄도 내의 이곳저곳으로 월경자를 안내하며 많은 독자를 확보하고 있다. 바꿔 말해 얼마나 많은 사람이 다른 곳과 비교할 수 없는 도쿄만의

다양성에 끌리고 있는가. 잡지의 성공은 이를 보여주는 하나의 증거이다.

지역 간 격차는 작은 편이 좋다

그러나 문제는 이런 다양한 지역 간 차이가 문화나 기호^{嗜好}라고 하는 질적인 차이로 끝나지 않고 격차와 서열로 이어진다는 점이다. 4장에서 자세히 살폈듯이 도쿄 23구 사이에는 커다란 격차가 존재한다. 소득, 계급 구성, 학력, 생활보호율 등 계급이나 사회계층에 관한 수많은 지표에서 부유한 도심 4구, 상대적으로 부유하고 고학력인 야마노테, 이와 달리 모든 지표에서 뒤떨어진 시타마치라고 하는 확실한 서열 구조가 발견된다. 여기에 더해 주민의 평균수명, 아이들의 성적과 진학률 등에서도 심각한 격차가 생겨나고 있다.

특히 아이들 사이의 격차는 심각한 문제이다. 아이들은 부모를 선택하지도, 태어날 장소를 선택하지도 못한다. 그런데도 어느 지역에서 태어나는가에 따라 그들의 장래가 크게 달라진다. 빈곤층이 밀집된 지역에서 태어나면, 그 아이는 부모와 마찬가지로 가난을 벗어나기 어렵다. '빈곤의 연쇄'가 생기는 것이다. 물론 원인을 따지면 지역 자체보다는 부모의 경제력 부족이 더 중요하다. 그러나 하비가 지적하듯이, 경제력이 없는 계급이 모여 사는 지역에는 교육기관이나 문화시설 등이 부족하고 학력이나 기술 획득에 불리한 환경이 조성된다. 적어도 이런 가능성이 높기 때문에 지역 그 자체의 영향력이 작다고 할 수 없다.

차별과 대립의 온상

더욱이 지역 간 격차는 차별이나 대립을 만드는 원인이 된다. 3장에서 다뤘듯이 '도쿄 쓰레기 전쟁'의 배경에는 시타마치와 야마노테 사이의 대립이 있었다. 한편에는 시타마치가 야마노테에 희생되었다는 고토구의 주장이 존재하고, 다른 한편에는 고급 주택지인 야마노테가 시타마치와 다르다고 생각하는 스기나미구의 관점이 있었다. 특히 지역에 기반한 차별과 멸시가 드러날 때, 시타마치는 전형적인 차별의 소재로 활용된다. 인터넷의 익명 게시판에는 아다치뿐만 아니라 시타마치를 무시하는 차별 발언이 손쉽게 발견된다.

아다치구에서도 가만히 있지는 않았다. 5장에서 다루었던 〈르포 하층사회〉라는 기사가 나가자, 당시 스즈키 쓰네토리鈴木恒年 구청장은 구의회 앞에서 이렇게 말했다. 그 기사는 "일면적 보도"이며 "구민의 생활수준을 재고하고 구의 이미지를 높여서 부당한 기사나 보도를 떨쳐내겠다."• 후쿠시마 제1원전이 폭발하고 계획 정전이 고려될 때에도, 도쿄 23구 가운데 아다치구와 아라카와구 정도만 검토 대상에 들어갔다. 곤도 야요이近藤弥生 아다치 구청장은 아라카와 구청장과 함께 도쿄전력에 항의한 다음, 기자들 앞에서 이렇게 말했다. "도쿄는 (도심부가 아닌) 주변 구를 홀대하고 있다."•• 기사를 작성한 기자는 '도심부가 아닌'이라고 덧붙이고 있지만, 실제로는 '야마노테가 아닌'이라는 의미가 담겨 있

• 《요미우리 신문読売新聞》, 2006년 6월 14일
•• 《요미우리 신문読売新聞》, 2011년 3월 23일

는 것은 아닐까.

이렇게 지역 간 격차가 지역 간 이미지의 우열이나 거주지 평가의 우열로 이어진다면, 이는 거꾸로 거주지 선택의 제약 조건으로 작용하여 결국은 지역 간 격차를 재생산하고 고착시키는 결과를 가져온다. 교육을 예로 들어보자. 시타마치 학교 아이들의 성적이 좋지 못하고 진학률도 낮다는 이야기를 들으면, 자녀 교육에 열성인 신중간계급은 시타마치로 이사하는 데 주저하기 마련이다. 수업 수준이 낮지는 않을까, 공부를 멀리하는 친구가 많다면 우리 아이도 그렇게 되지는 않을까. 이런 고민에 빠지는 탓이다. 게다가 시타마치에는 대학이 적어서, 그곳에서 자라면 대학의 존재를 거의 느끼지 못한다. 결국 이런저런 이유로, 잘 사는 신중간계급은 시타마치가 아니라 야마노테로 주거지를 정한다.

이뿐만 아니다. 살고 있는 장소는 그 사람의 사회적 지위나 경제 상태, 그리고 품격의 지표로 여겨진다. 2장에서 소개했듯이 부르디외는 각각의 계급이 독자적 하비투스를 갖고 있으며, 이것이 계급을 재생산한다고 말한다. 그에 따르면 계급의 하비투스는 경제력만으로 규정되지 않는다. 거기에는 사람들의 취미나 미적 성향도 포함된다. 따라서 하비투스는 그 사람이 좋아하는 예술, 여가활동, 음식, 복장 따위로, 이른바 그 사람이 누리는 문화적 형태로 표현된다. 예를 들어 부유층은 오페라를 좋아하고 인텔리 계층은 바흐Johann Sebastian Bach나 현대 음악을 좋아한다. 반면에 자영업자나 기술자는 대중오락이나 연애 소설을 좋아하고, 노동자계급은 축구나 럭비를 좋아한다. 이렇게 계급 구조 – 부르디외가 자주 사용하는 용어를 빌리면 '사회 공간' – 안에서 사람들이 차지하는 위치는, 그 사람이 친밀감을 느끼는 문화적 형태로 표현된다.

그 사람이 살고 있는 주거지도 계급의 지표이다. 주거지는 고가의 물건이기 때문에 경제력에 좌우되기는 하지만, 교외에 정원이 딸린 단독 주택과 도심 근처의 맨션 가운데 어느 쪽을 선호할지, 어떤 건축양식, 디자인, 내장內裝, 인테리어 따위를 선택할지는 그 사람의 취미나 미적 취향에 크게 좌우된다. 그래서 부르디외 이론을 소개하는 글에서 프랑스 문학 연구자인 이시이 요지로石井洋二郎는 현대 일본에서는 거주 지역이라는 요소가 매우 중요하다고 역설한다. 우선 도쿄인가 지방인가. 그리고 도내인가 교외인가. '시타마치'인가 '야마노테'인가. 그리고 야마노테에서도 덴엔초후나 세이조처럼 고유명사로 통하는 고급 주택지인가 아닌가. 도시는 이와 같이 보이지 않는 경계에 따라 몇 개의 구역으로 나눠진다. 따라서 "'어디에 살아요?'라고 묻는 것은 지리 공간상으로 거주지를 묻는 말이기도 하지만, 그와 동시에 사회 공간상에서 '주소'가 어디인지, 즉 사회적 위치를 묻는 말이기도 하다."•

흔히 사람들은 자신의 사회적 지위를 과시하려고 고급스러운 취미를 익히거나, 고상한 취미를 상징하는 고가의 명품을 사들이기도 한다. 주거지의 경우에도 마찬가지로 생각할 수 있다. 사람들은 자신의 사회적 위치와 어울리는 지역에 살고자 한다. 이런 행동이 지역 격차를 재생산하고 고정화한다. 여기에 그치는 것이 아니다. 이런 거주 분화의 구조는 거주의 자유를 제약하고 심지어 박탈하기도 한다. 거주지 선택에 사회적 압력이 가해지고, 이로 인해 자유로운 선택이 방해받기 때문이다.

• 이시이 요지로石井洋二郎, 《차이와 욕망差異と欲望》

2. 대립이 아닌 교류로

진학률로 본 격차

이런 주거 분화가 과도하게 진행되는 지역에는 주민의 동질화가 일어난다. 특정한 계급, 특정한 소득의 주민이 다수를 차지한다. 이는 결코 바람직한 현상이 아니다.

하비도 지적하듯이 주민 구성이 획일적으로 바뀌면 지역 사회에서는 계급이 세대를 이어 재생산되거나, 그렇게 될 가능성이 높아진다. 신중간계급의 자녀는 대학에 진학해 신중간계급이 되고, 노동자계급의 자녀는 대학에 가지 못해 노동자계급이 된다. 그로 인해 격차는 줄어들지 않고 고정되거나 오히려 커지게 된다. 이에 반해 신중간계급과 노동자계급이 어울려 산다면, 지역 사회에서는 계급 재생산의 가능성이 조금이라도 낮아진다. 서로의 자녀가 다른 계급의 생활을 바라보기 때문에, 여러 가지 진로를 시야에 넣고 자기 부모와 다른 길로 가기도 한다.

같은 현상이 교육 현장에서도 일어난다. 처음에는 진로가 모호한 학생도 진학을 희망하는 학생이 많은 학교에 다니면, 자연스럽게 진학 쪽으로 진로가 정해진다. 마찬가지로 취업을 희망하는 학생이 많은 곳에 다니면, 결국에는 취업 쪽으로 진로가 정해질 가능성이 커진다.

벌써 20년도 지난 일이지만, 왜 지역별로 대학진학률 차이가 나타나는지 조사한 적이 있다. 지역 기준은 광역자치단체로 잡았다. 데이터를 살펴보니 소득수준이 높은 현, 고학력자가 많은 현에서는 진학률이 높았다. 이는 가정의 경제력이나 면학 분위기 등에서 기인한 것으로 어떤 의미에서는 당연한 결과였다. 그런데 소득수준이 특별히 높은 곳도 아니고 고학력자가 많은 지역도 아닌데, 어쩐 일인지 진학률이 높은 현이 몇 군데 있었다. 이런 현에서는 고교 간 진학 실적에서도 거의 차이가 없었다. 일반적으로 공립고등학교는 하나의 학군에 많게는 10여 개 학교 있는데, 엘리트 진학교[2]부터 성적이 낮은 학교까지 서열화를 이룬다. 그런데 지리적 조건이나 다른 이유로 한 학군 안에 1-2개 학교만 있거나, 지금은 거의 폐지된 총합선발제도[3]가 남아 있어서 학교 간 격차가 줄어든 지역이 있었다. 이런 현에서는 대체로 진학률이 높았다.

학교 간 격차가 작은 현에서는 같은 학교 안에 입시 난이도가 높은 대학에 가는 학생도 있었고 진학하지 않고 곧바로 취업하는 학생도 섞여 있었다. 그러나 고교 간 격차가 큰 현에서는 고등학교 진학 시점부터 진학과 취업이 갈라졌다. 진학교를 포기하고 일반고로 가는 순간, 많은 학생이 대학을 고려하지 않았다. 반면에 학교 간 격차가 작은 현에서는 모든 학생이 졸업 시점까지 대학의 가능성을 열어 놓고 있었다. 이런 차이가 진학률의 차이로 이어진 것이다. 저소득 가정의 아이가 진학교가 아닌 일반고에

---

2 명문대학 진학률이 높은 고등학교를 일컫는 말이다. 명문대 진학률이 우수한 진학교의 경우 입학 경쟁률도 높다.
3 입학시험이 아니라 학교에서의 거리 등 미리 정해진 기준에 따라 학교를 배정하는 제도이다. 한국의 고고 평준화 선발 방식과 비슷한 형태이다.

많이 가며, 그렇기 때문에 학교 간 격차가 줄어들고 진학교와 기타 학교의 차이가 사라진다면, 출신 계층에 따른 교육기회의 격차가 줄어들 것이다.*

달리 말해 주민의 계급 구성이나 학력 구성이 다양성을 가질수록, 노동자 계급 가정이나 빈곤 가정의 아이들이 진학 의욕이 높은 신중간계급 아이들과 같은 교실에서 공부하게 되고, 그렇게 될수록 진학 실적이 개선되고 교육 기회의 격차 역시 확률적으로 줄어든다.

지역의 주민 구성은 다양한 편이 좋다

주민의 계급 구성이 다양하면 더 많은 이점이 생겨난다. 5장에서 짧게 말했듯이 멈포드는 도시계획의 단위로서 지역 사회는 고소득 계층과 저소득 계층이 공존하는 혼합형 사회가 좋다고 주장했다. 나아가 지역 사회는 가능하다면 사회 전체를 대표하는 것이 바람직하다. 사회에 필수적인 요소, 예컨대 식당, 상점, 술집도 완비할 필요가 있지만, 그뿐만 아니라 계층의 구성에서도 사회 전체를 대표할 필요가 있다. 바로 그럴 때 아이들의 교육도 공공 기관의 민주적 활동도 원활히 이뤄진다.

'소셜 믹스Social Mix'란 주민 구성의 이런 다양성을 가리킨다. 웬디 사르키시안Wendy Sarkissian을 비롯한 많은 학자가 소셜 믹스의 장점을 다음과 같이 정리하고 있다.

- 하시모토 겐지, 《계급·젠더·재생산: 현대 자본주의 사회의 존속 메커니즘階級・ジェンダー・再生産現代資本主義社会の存続メカニズム》

소셜 믹스는 다른 계급에 속한 사람과의 접촉을 촉진하며, 이로 인해 하층계급의 생활 습관을 개선하고 건강이나 교육 수준을 향상한다. 이질적 문화가 접촉하여 문화교잡*이 일어나고 문화가 발전한다. 소셜 믹스는 경제 활동이나 정치 참여, 양질의 교육에 참여할 기회를 평등하게 하고, 인종이나 계급 간 적대심을 완화하여 상호이해를 촉진한다. 게다가 고용 균형과 경제 안정이 일어나, 재정 확보에 유리한 환경이 조성되고 공공시설이나 공공서비스의 확충에 기여한다. 나아가 다양한 종류의 주택이 공급되면, 주민들은 지역 사회 안에서 자신이 필요한 주택을 손쉽게 마련하고, 마이너리티나 빈곤층도 다른 곳으로 가지 않고 가능하면 정착한다. 그 결과 주민들은 다양한 부류의 사람과 일상적으로 교류하게 되고, 도시는 점점 더 민주적 교류의 공간이 된다.**

소셜 믹스를 방해하는 것

그렇지만 현실의 도시에서는 계급에 따라 거주지 분리가 일어나고 소셜 믹스는 실현되지 않는다. 4장에서 자세히 살펴봤듯이 오

- 문화교잡cross-fertilization은 본래 생물학 용어이다. 이종 생물 사이에 교배가 이뤄져 잡종이 형성된다는 말이다.
- 웬디 사르키시안,〈도시계획에서 소셜 믹스라는 이념都市計画におけるソーシャル・ミックスの理念〉. 사르키시안, 포시스, 하이네,〈거주에서의 소셜 믹스: 논쟁이 이어지다居住におけるソーシャル・ミックス 論争は続く〉; Wendy Sarkissian, The Idea of Social Mix in Town Planning, *Urban Studies*, vol. 13, No. 3 1976; Wendy Sarkissian, Ann Forsyth, Warwick Heine, Residential 'Social Mix': The Debate Continues, *Australian Planner*, March 1990

늘날 도쿄의 시타마치에서는 젠트리피케이션이 일어나고 있다. 그로 인해 시타마치에서도 신중간계급이 늘어나고, 계급구성으로 살피면 도쿄 23구의 균질화가 일어나는 듯이 보인다. 그러나 이는 어디까지나 구를 기본 단위로 보는 경우에 한정된다. 실제로는 구 전체가 아니라 고층 맨션이나 주택 단지 등 일부 지역에만 신중간계급이 늘어난다. 그러나 이전부터 시타마치에 살고 있던 사람 중에는 빈곤층이 늘어간다. 그 결과 시타마치 내부에는 경제 격차가 점점 더 벌어진다.

언뜻 보면 소셜 믹스가 진행되는 것 같지만 실제로는 각 계층 사이에 장벽이 존재하고, 이로 인해 상호 교류보다는 오히려 적대 관계가 생기는 경우가 많다. 앞에서는 네리마구의 히카리가오카파크타운 사례를 소개했지만, 비슷한 사례가 다른 뉴타운 지역에서도 발견된다. 주거 시설의 소유 형태가 다르고 관리 주체가 다르며, 각 계층이 교류하는 공통의 장이 사라질 때, 적대 관계는 언제든지 손쉽게 일어난다. 장벽이 존재하는 혼주화混住化는 적대 관계나 차별을 줄이는 대신에 오히려 가속할 위험이 있다.

게다가 지역 간 격차는 그 존재만 있어도 소셜 믹스의 실현을 방해한다. 시타마치 산책을 즐기는 사람이 아무리 많아도, 그중 대다수는 야마노테 혹은 교외에서 잠시 건너온 월경자들이다. 그들은 미디어를 자주 접하는 신중간계급에 속할 것이며, 시타마치를 좋아하긴 하지만 그곳에 이주할 생각은 거의 품지 않는다. 실제로 그들이 살고 싶은 주택, 교육기관, 문화시설 등이 현실의 시타마치에는 거의 없기 때문이다. 그 배경에는 오랜 세월에 걸쳐 형성된 시타마치와 야마노테 사이의 격차가 있다. 결과적으로 격차는 줄어들지 않고 꾸준히 재생산이 이뤄진다.

격차는 인간에게 악영향을 준다

도시를 구성하는 각 지역마다 다양성이 유지되고 지역 간 격차가 작은 도시, 그러면서도 소셜 믹스가 실현된 도시. 이런 도시가 있다면 사람들이 어떻게 살아갈까?

이런 도시에서는 교육기관이나 문화시설, 행정기관 등이 일부 지역에 편중되지 않고, 자치단체의 세수稅收도 한 곳에 치우치지 않아서, 어느 지역에 살아도 똑같은 서비스를 받을 수 있다. 주소가 그 사람의 사회적 지위를 나타내는 지표가 되지도 않는다. 물론 소수의 부유층이 사는 고급 주택지가 일부 지역엔 존재하고 도심에는 고급 맨션이 사라지지 않는다. 그러나 보통 사람이 거주하는 지역에는 평가 서열이 기본적으로 없어진다. 주소가 가리키는 바가 있다면, 첫째 통근 경로나 직업상의 활동 범위를 뜻하며, 둘째 그 사람의 사회적 지위가 아니라 가치관이나 생활양식을 가리킬 뿐이다. 시타마치에서 살 것인가 야마노테에서 살 것인가 여부는 사회적 지위나 수입 수준을 반영하는 문제가 아니라 그 사람의 개성을 드러내는 문제로 바뀐다.

또한 이런 도시에서는 지역 간 격차의 여러 가지 폐해가 해소된다. 태어난 지역에 따른 기회의 격차가 줄어들고, 빈곤이 집적된 지역에서는 빈곤의 연쇄가 줄어들게 된다. 지역 간 반목이나 대립 역시 많이 완화된다. 다른 계급 간에, 다른 계급 출신의 아이들 간에 교류의 기회가 늘어나고, 사회는 분열보다는 공존으로 나아간다. 그리고 다른 계급, 다른 사회적 배경 아래 [다양한] 접촉이 일어나고, 결과적으로 새로운 문화가 생겨난다. 요컨대 혼주화는 [장벽이 없어지면] 혼종문화의 창출로 이어진다.

물론 낙관적인 전망이다. 대개는 실현 가능성이 없다고 여길 것이다. 그러나 '격차사회'를 대체할 바람직한 사회를 고민한다면 이런 도시상都市像이 반드시 고려되어야 한다. [도시를 어떻게 바꿔갈 것인가 하는 문제는] 격차가 작은 사회란 어떤 사회인가라는 문제와 분리할 수 없기 때문이다.

격차가 커지면 그 자체로 여러 가지 문제가 발생한다. 지금까지 논의했듯이 아이들을 중심으로 기회의 평등이 훼손되고 격차가 고정되며 빈곤의 연쇄가 일어난다. 이런 일이 가장 큰 문제이지만 그것만이 전부는 아니다.

격차 확대는 그밖에도 여러 가지 사회적 손실을 가져온다. 그중 가장 중요한 문제는 사람들의 건강이 나빠지고 생명을 해친다는 것이다. 이 문제에 관해서는 근래 영국과 미국을 중심으로 방대한 양의 실증 연구가 축적되어 있다.

이런 연구를 주도한 대표적 인물로 리처드 윌킨슨Richard Wilkinson을 들 수 있다. 그의 연구는 몇 가지 사실을 분명히 밝혔다.* 예컨대 도시별로 경제 격차의 크기와 사망률의 관계를 살펴보면, 불평등이 증가할수록 사망률도 높아진다. 격차가 큰 도시일수록 건강관리에 취약한 빈곤층이 많아서, 이런 결과는 어느 정도 예상할 수 있다. 그러나 그것만이 유일한 원인은 아니다. 연구 결과 불평등한 사회에 살게 되면, 개인의 소득수준과 상관없이 사망률이 올라간다. 격차가 커지면 저소득층만 아니라 평균적

- 리처드 윌킨슨,《격차사회의 충격格差社会の衝撃不健康な格差社会を健康にする法》; Richard G. Wilkinson, *The Impact of Inequality*: How to Make Sick Societies Healthier, The New Press, 2006

인 사람의 사망률도 올라가며, 심지어 평균 이상의 소득을 올리는 부유층에서도 사망률이 높아진다.

왜 이런 현상이 나타날까? 격차가 클 때 사람들은 강한 심리적 스트레스를 받아 건강을 해치기 쉽다. 또한 대인 간의 신뢰 관계가 형성되기 어렵고, 신뢰에 근거한 인간관계도 사라지게 된다. 그렇게 되면 사람들은 서로에 대한 적대감을 더 쉽게 느끼고, 범죄가 증가하며 스트레스는 더욱 높아진다. 미국에서 이뤄진 연구에 따르면 소득 격차가 커질수록 각 주州의 살인 발생률이 높아지는 경향이 있으며, 소득 격차와 빈곤율의 두 가지 요인만 가지고 주에 따른 살인 발생률의 차이를 절반 이상 설명할 수 있다고 한다.•

여기서 한 가지 주목할 만한 사실이 있다. 즉 격차와 건강, 격차와 범죄에 관한 많은 연구가 도시나 주를 대상으로 한다는 점이다. 그 직접적인 이유는 데이터 수집이 쉽다는 단순한 사실에 있지만, 도시가 분석 단위가 되면서 도시 간 비교 연구가 가능하게 되었다. 그래서 사망률이 높은 도시와 낮은 도시, 범죄가 많은 도시와 적은 도시 사이에 어떤 차이가 있는지, 이전보다 명확하게 밝혀졌다. 결론만 요약하면 '계급도시'의 성격이 강하면 강할수록, 그런 도시에는 건강 상태가 나빠지고 범죄가 증가하며 사망률이 올라갔다.

따라서 격차는 더욱 줄어드는 것이 바람직하다. 그렇다면 격차가 작은 사회는 어떤 사회일까? 경제 지표로 보면 설령 격차가

• 리처드 윌킨슨,《격차사회의 충격》. 카와치, 케네디,《불평등은 건강을 해친다 不平等が健康を損なう》; Bruce P. Kennedy and Ichiro Kawachi, *The Health of Nations: Why Inequality Is Harmful to Your Health*, The New Press, 2006

줄었다고 해도, 예컨대 백인과 흑인, 신중간계급과 노동자계급이 완전히 다른 지역에 산다면, 이런 사회는 좋은 사회라고 불릴 수 있을까? 그렇게 여기는 사람은 거의 없을 것이다. 거주지 분리가 존재하는 사회에서는 인종이나 계급 간 대립이 그치지 않는다. 기회의 평등이 존재하지 않으며, 사회는 둘로 분열된 채 혼종문화가 생기지 않는다. 결국 격차가 작아져도 그 효과는 제한된다. 달리 말해 도시의 공간 구조를 바꾸어야 격차가 작은 사회가 실제로 가능하다. 따라서 경제 지표에 나타나는 격차의 총량만이 아니라, 지역 간 격차도 줄이고 소셜 믹스도 현실로 만들어야 한다.

그러나 장벽은 그대로 있는데 혼주화만 진행되면 차별이나 적대가 오히려 심해질 수 있다. 저소득층의 주택 문제는 도영주택 같이 분리된 형태의 주택을 공급하는 것이 아니라, 개별 세대에 대한 주택 임대 자금을 보조하는 방식으로 이뤄져야 한다. 나아가 자가 주택 마련에서도 저소득층에 대한 지원이 필요하다. 물론 소득 격차가 줄어들면, 저소득층의 주택 소유는 기존보다 훨씬 쉬워진다. 그러나 격차가 컸던 시절의 영향으로 소득이 낮은 사람은 저축 액수가 많이 부족하다. 따라서 당장 격차가 줄어도 내 집 마련까지는 상당한 시일이 걸린다. 공적 보조는 이런 불리한 조건을 메워줄 수 있다. 충분한 보조가 이뤄진다면 소득이 적은 계층도 자신이 원하는 지역에 살 수 있고, 궁극적으로는 거주의 자유가 신장될 것이다.

격차가 작은 사회로

격차가 컸던 시절에는 지역 간 격차가 누적되어 아직도 그 영향이 미치고 있다. 4장에서 살펴봤듯이 일본 전체의 경제 격차와 도쿄의 경제 격차는 대체로 같이 움직인다. 버블 경제가 한창일 때 격차는 점점 더 벌어졌고, 버블이 끝난 뒤에는 잠시 조정기를 거쳤다가 1990년대 말부터 2000년대 사이에 다시 한번 벌어졌다. 그러나 일본 전체의 격차 확대와 비교하면, 도쿄 내부의 격차 확대는 그 속도가 매우 빨랐다. 특히 경기가 살아났을 때 지역 간 격차는 극단적으로 확대되었다.

이런 격차 [확대]는 도쿄 내부에 차별적 효과를 낳았다. 일부 지역에는 초고층 맨션과 빌딩이 들어서고 다른 지역에는 건물의 노후화, 산업의 쇠퇴, 상점가의 쇠락 등이 일어났다. 이렇게 격차는 물질적 형태로 표현되며, 도시 공간에 각인되어 먼 훗날까지 지속적으로 영향을 미친다. 이런 영향은 어떻게 줄일 수 있을까? 일단은 시타마치 지역에 사무 공간을 늘리고, 상업 활동을 촉진하며 양질의 저렴한 주택도 보급해야 한다.

이런 정책으로 시타마치에 붙여진 부정적 이미지가 가라앉기를 바란다. 이와 관련해 희망적인 요소가 전혀 없지는 않다. 여태까지 대학이 적었던 시타마치 지역에 대학 캠퍼스가 잇따라 건설되고 있다. 아다치구에는 원래 대학이 하나도 없었지만 최근에는 데이쿄과학대학 센주캠퍼스, 도쿄전기대학 센주캠퍼스, 도쿄예술대학東京藝術大学 센주캠퍼스 등이 차례로 들어왔다. 스미다구, 가쓰시카구, 기타구에서도 동일한 흐름이 관찰된다.

게다가 개관 전부터 많은 관객이 관심을 보였던 도쿄스카이

트리東京スカイツリー⁴의 효과도 기대된다. 스미다구는 스카이트리와 주변 시설에 매년 2,086만 명이 방문하고, 경제 효과로 따지면 매년 880억 엔이 발생한다고 전망한다. 그러나 이렇게 숫자로 드러난 효과만 있는 것은 아니다. 예전부터 도심에 가까운 맨션이나 호텔, 레스토랑 등에는 도쿄타워가 보이는 풍경이 판매 전략에 포함되었다. 그러나 최근에는 호텔이나 부동산업자가 '스카이트리가 보인다'고 광고에 열을 올린다. 그 덕분인지 주변의 땅값도 덩달아 오르고 있다. 예전에 도쿄도청이 신주쿠로 옮겨갔을 때, 도쿄의 중심이 서쪽으로 이동하고 시타마치가 몰락했다는 인상이 널리 퍼졌다. 스카이트리는 그때와 반대로 시타마치 부흥의 상징이 될 수 있다.

한 가지 바람이 있다면, 시타마치를 사랑하는 고학력의 신중간계급이 그곳으로 이주하여, 고층 맨션 같은 자신만의 게토에 머무는 대신에 지역 사회로 나와서 정착하기를 바란다. 그리고 그/녀들에게 익숙한 문화와 이전부터 존재하던 시타마치 문화가 뒤섞여, 시타마치 지역에 새로운 문화가 생겨나기를 기대한다. 새로운 시타마치에서는 야마노테 안의 시타마치, 예컨대 산겐자야, 시모키타자와, 고엔지 등과 비교할 수 있는 매력적인 거리가 생겨날 것이다. 그것은 도쿄를 '계급도시'에서 '혼종도시'로 바꾸는 첫걸음이 될 것이다. 격차가 크고 계급 간 거주지가 분리되며 지역 간 격차가 서열의 기준이 되는 '계급도시'에서, 격차가 작고

---

4 도쿄타워가 주변의 고층 빌딩 때문에 전파 중계에 어려움을 겪자, 그 역할을 대신할 목적으로 2012년 스미다구에 세워진 634미터 높이의 전파탑이다. 세계에서 가장 높은 전파탑으로, 도쿄의 대표적 상징물인 도쿄타워를 밀어내고 새로운 도쿄의 상징물이 되었다.

지역 간 서열이 없으며 서로의 개성이 발휘되고 다른 문화와의 접촉으로 풍부한 문화가 생겨나는 '혼종도시'로 말이다.

옮긴이 후기

《계급도시》를 처음 번역하려고 결심했을 때는 젠트리피케이션이라는 용어가 사회적으로 아직 익숙하지 않은 때였다. 이런저런 이유로 번역이 늦어지는 동안 도시 공간을 둘러싸고 벌어지는 갈등이 빈번히 사회적 주목을 끌었고, 이제는 젠트리피케이션이나 도시의 공공성 문제 등이 더 이상 낯선 주제가 아니게 되었다. 그리고 도시 공간을 매개로 벌어지는 갈등과 대립이 단순히 개인 대 개인의 문제로만 설명될 수 없다는 것도 어느 정도 공감대를 형성해가고 있는 것 같다. 도시 공간 자체가 사회적 문제로 인식되기 시작한 것이다.

《계급도시》는 제목에서 유추할 수 있는 것처럼 도시 공간이 경제적·사회적 격차와 결합하여 계급적으로 재구성되는 현상에 주목하고 있다. 이런 현상은 젠트리피케이션의 결과이자, 원인이기도 하다. 거주 문제는 무작위적인 개인적 선택의 단순한 총합이 아니라 사회적 선택의 결과물이다. 거주이전의 자유는 '근대적' 인간에게 주어진 권리 중 하나로 자연스럽게 받아들여지지만, 현실적으로 우리에게 과연 얼마만큼의 거주이전의 자유가 주어져 있는지는 의문이다. '어디에서 살 것인가'의 문제는 '무엇을 먹을지', 혹은 '무엇을 입을지'의 문제보다 사회구조적 조건에 훨씬 종속적이다. '어디에서 살 수 있는지' 혹은 '어디에서 살고 있는지'는 현대의 경제적 신분에 대한 질문이다. 거주지는 단순히 취향의 표현이 아니라 학습된 취향과 누적된 부의 결과물에 가깝다. '살 수 있는 지역'과 '살고 싶은 지역'이 일치하지 않는 현실은 공간의 가치가 균질하지 않다는 것을 명백하게 보여준다. 《계급도시》가 설명하는 도시 공간의 거주지 분리 경향은 통계 자료 등 객관적 수치를 활용하지 않더라도 대부분의 사람들이 경험적으로 쉽게 느끼고 있는 현실이다.

《계급도시》의 저자 하시모토 겐지는 사회학자로서 오래전부터 사회적 불평등과 격차 문제에 관심을 기울여왔다. 이 책에서 저자는 글로벌 시티 도쿄에서 사회적, 경제적 격차가 어떻게 공간적으로 드러나는지 분석한다. 저자는 기존 연구가 고도성장기의 열매에 취해 도시의 격차 문제를 일시적인 것으로 바라봤다고 지적하면서, '계급도시' 도쿄의 모습을 직시해야 한다고 말한다. 저자는 야마노테와 시타마치라는 기표를 통해 도쿄의 공간적 분리가 어떤 방식으로 생성되고 유지되고 강화되었는지를 다양한 측면에서 보여준다.

도쿄가 격차가 큰 '계급도시'가 된 것은 일본만이 겪고 있는 특별한 이야기는 아니다. 자본주의가 지구적으로 확대되면서 심화된 양극화 현상이 도쿄라는 도시 공간을 통해 표현된 것이다. 그렇기 때문에 저자는 도쿄를 분석하면서 도시 공간과 자본주의의 관계를 다뤄온 기존의 도시사회학의 방법론에 주목했다. 2장에서 저자가 소개하고 있는 도시사회학이라는 분과학문의 성립 배경과 도시 공간을 분석하는 다섯 가지 접근 방식은 도시 문제에 관심이 있는 독자들에게 좋은 이론적 출발점을 제공할 것이다.

저자는 도쿄의 도시 공간을 도시사회학적으로 분석하고 있을 뿐 아니라 문학작품이나 미디어에 재현된 도시의 모습을 생동감 있게 되살린다. '야마노테'와 '시타마치'라는 두 대조적인 공간이 역사적으로 어떻게 형성되고 변천해 왔으며, 이 공간에 대한 사람들의 인식은 어떻게 변화해 왔는지를 다양한 통계와 소설, 잡지, 영화 등의 자료를 활용하여 보여주고 있다. 비록 불완전할지라도 도쿄의 각 공간에 얽힌 구체적이고 다면적인 경험을 보여주고자 하는 점이 이 책의 장점이다. 이런 점에서 서술은 추상적 수준에 머무르지 않고 구체적인 풍경 속으로 녹아든다. 독자는 이 책 속에서 낯선 도시의 언덕과 교차로, 골목, 개천, 그리고 거기에 걸린 조그마한 다리에 이르는 무수한 이름을 만나게 될 것이다. 도쿄에 살고 있는 사람이라면 일상 속에서 매일 마주칠 익숙한 공간의 이름이다. 저자는 낡아서 잊혀 가는 이름과 새로 태어나 권력을 갖게 된 이름을 하나하나 불러가며 분석에 생기를 불어넣는다. 저자가 사회경제적인 구조가 어떻게 삶의 공간과 맞닿는지 애써 드러내면서 계급도시 도쿄의 현실을 더듬어 가고 있는 것처럼, 한국의 독자도 각자의 경험을 떠올리면서 읽어 주면 좋겠다.

독자는 이 책에서 분석하고 있는 야마노테와 시타마치라는 대비를 보면 바로 서울의 강남과 강북을 떠올리게 될 것이다. 앞에서 언급했듯이 자본주의의 지구화라는 맥락에서 보자면, 야마노테/시타마치와 강남/강북의 대립쌍은 닮은꼴이라고 할 수 있다. 도쿄와 서울의 도시 양극화를 상징하는 기표로서 공통점이 분명하기 때문이다. 그러나 두 도시의 보편성을 근거로 단순하게 동일시하는 것도 적절하지 않을 것이다. 저자가 '야마노테 속의 시타마치'나 '시타마치 속의 야마노테'의 존재를 강조하듯이 거주지 분리는 두 지역의 단순한 대립만으로 설명할 수 없다. 《계급도시》의 도쿄 분석이 의미가 있는 것은 야마노테/시타마치와 서울의 강남/강북이 닮아있기 때문만은 아니다. 도쿄와 서울은 도시의 양극화라는 보편성을 공유하면서도, 각 도시의 구체적 역사와 시민사회의 실천 등에 있어서 서로 다른 사회적 특성과 역사적 경험을 갖고 있다. 그래서 야마노테/시타마치로 대변되는 도쿄의 양극화를 강남/강북의 단순한 '거울상'으로 받아들이기보다는 '계급도시'를 넘어서기 위한 통찰의 '재료'로 바라보는 것이 바람직할 것이다. 추상적인 도시 공간 분석을 넘어서, 일본도 한국이랑 비슷하구나 하는 막연한 동일성의 재확인을 넘어서, 나의 일상과 공간을 돌아보며 현실과 대화 할 수 있는 책이 된다면 역자로서 더할 나위 없이 기쁠 것이다.

이 책의 매력 중 하나는 5장의 현장답사 부분이다. 도쿄의 지리에 익숙하지 않은 독자는 아마 5장의 서술을 읽으면서 당황할 것이다. 너무나 많은 낯선 지명이 등장하기 때문에 상상만으로 서술을 따라가기 어려울지도 모른다. 처음 5장을 번역할 때 역자들 또한 당혹스러움을 느꼈다. 하지만 낯선 고유명사에 너무 얽매이지 않고 저자가 묘사하는 공간의 분위기에 집중한다면, 화분이 줄지어 놓인 한적한 골목길부터 거대한 빌딩이 위압적으로 내려다보는 커다란 교차로까지, 손에 잡힐 듯한 도쿄의 풍경을 느낄 수 있을 것이다. 생동감 있는 번역을 위해 역자들은 2016년 여름 도쿄로 건너가 5장에 소개된 길을 따라 답사를 다녀왔다. 이전에는 예사로 보아 넘기던 풍경이 새삼스럽게 눈에 들어왔고, 미처 깨닫지 못했던 도쿄의 다양한 표정을 느낄 수 있었다. 혹시 이 책을 읽고 도쿄를 방문하는 독자가 있다면, 이 책을 길잡이로 활용해 보시길 권한다.

    물론 번역 과정에서 느꼈던 아쉬운 부분도 있다. 가장 크게 아쉬운 점은 저자가 '일본'이라는 경계를 매우 일국적이고 국민주의적으로 규정하고 있다는 것이다. 자본의 지구화는 자본만 이동시키지 않는다. 노동, 지식, 문화, 그리고 사람도 국경을 넘어 지구적으로 순환한다. 1945년 이전 일본은 식민지제국으로서, 제국 경계 내의 다양한 민족적 주체가 이주해 들어와 계서화階序化된 노동시장을 아래에서부터 떠받쳤다. 1945년 전쟁에서 패하면서 일본은 '다민족 제국'이라는 레토릭을 버리고, 폐쇄적인 단일민족 국가로 그 정체성을 급속히 재구성했다. 일본 '내지'의 바깥에서 왔던 다양한 '제국 신민'은 일본 사회에서 보이지 않는 존재가 되었다. 그러나 이들은 여전히 일본에 남아 도시 공간 어딘가에 머무르고 있다. 1945년 이후에도 지구적 자본주의의 순환이 가속화되면서 수많은 이주 노동자가 새롭게 일본으로 유입되어 노동시장 피라미드의 일부가 되었다. 이들은 계급도시 도쿄의 어디쯤에 있는가? 저자는 '일본인'의 도쿄를 그려내고 있지만, 글로벌 시티 도쿄는 분명 그런 모습만은 아닐 것이다. 또한 민족주의적이고 국민주의적인 단위로서의 '일본'을 묘사하다 보니, 내부의 다양성 역시 충분히 고려되지 않고 있는 점도 아쉽다. 이 책에서 일본 내부의 격차를 유발하는 요인은 주로 소득격차를 중심으로 설명된다. 하지만 공간에 표상되는 차별이란 경제적인 문제에 국한되지 않을 것이다. 인종적, 젠더적, 신체적 위계는 공간적으로 어떻게 표현되고 있을까? 이와 같은 여러 층위의 위계는 계급 격차와 어떻게 교차할까? 이러한 질문은 소득이라는 지표만으로 바라보아서는 대답하기 어렵다.

마지막으로 《계급도시》의 결론 부분에 대해서는 여러 각도에서 생각해 볼 필요가 있을 것 같다. 저자가 '소셜 믹스'를 주장하면서 장벽 없는 혼주화를 이상적 지향점으로 제시한 부분에 대해서는 역자들도 동의하는 바이다. 다만 그 '상호이해'라는 목표를 다양한 방향에서 시도하기 위해서는 어떻게 해야 하는 것인지 의문이 남는다. 저자는 야마노테와 시타마치라는 서로 다른 세계를 넘나드는 '월경자'의 이야기를 여러 번 가져온다. 이와 같은 경계 넘기는 문화적 접합과 교류라는 측면에서 긍정적인 점이 분명히 있다. 그러나 넘나드는 행위 자체가 권력적이고 계급적 행위라는 점 또한 분명히 할 필요가 있다. 공간에 대한 경험은 권력적으로 위계화된다. 부유한 동네에 구축된 '사적 시큐리티'는 낯선 자의 방문을 달가워하지 않는다. 야마노테의 상류층은 시타마치에 내려가 소탈하게 이자카야를 즐기고 자신의 세계로 돌아갈 수 있겠지만, 과연 시타마치에 속한 사람이 야마노테를 배회하며 '상호이해'를 시도하는 행위가 자연스럽게 허용될지는 생각해 볼 문제이다.

이 책의 번역은 오로지 역자들의 역량만은 아니었다. 친구 히로Matsusaka Hiroaki는 역자들이 막히는 부분을 질문할 때마다 기탄없이 도움을 주었다. 진심으로 고마운 마음을 전하고 싶다. 그리고 학교에서 오며 가며 마주칠 때마다 간단한 의문점을 해결해줬던 후지이 다케시藤井たけし 선배에게도 감사를 전한다. 또한 선배들의 부탁으로 바쁜 와중에도 초창기의 엉성한 초고를 정성껏 읽어주었던 이혜인, 정인철의 노고도 잊지 않았음을 밝혀 둔다. 이 외에도 일일이 언급하지는 못하지만 주변분들의 도움에 알게 모르게 의지한 바가 크다. 마지막으로 번역문의 거친 문장을 다듬

어 준 편집자 겸 대표인 심성보 선생의 역할도 언급해야 할 것이다. 역자 중 한 명과 '노동문화연구모임'이라는 세미나 팀에서 맺은 인연이 《계급도시》의 번역으로까지 이어졌다. 역자들의 개인 사정으로 번역이 너무 늦어진 것이 항상 마음의 짐으로 남아 있다. 역자들의 유일한 바람은 이 책이 너무 큰 경제적 손해로 이어지지 않았으면 하는 것이다.

 역자들에게 《계급도시》의 번역은 스스로의 역량과 여건을 생각하지 못하고 무모하게 뛰어든 무지함의 대가를 톡톡히 느끼는 과정이었다. 많은 분의 도움에도 불구하고 이 책에 남아 있는 오류와 오역 등은 모두 역자들의 무지 혹은 의지의 결과임을 밝혀둔다.

2019년 11월
김영진, 정예지

참고문헌

赤坂真理,《ミューズ》, 文藝春秋, 2000年

朝日新聞社編,《東京だより》, 東京大学出版会, 1961年

アルチュセール, 《国家とイデオロギー》, 福村出版, 1975年 / 루이 알튀세르, 〈이데올로기와 이데올로기적 국가장치〉,《아미엥에서의 주장》, 김동수 옮김, 솔, 1991/Louis Althusser, Idéologique et Appareil idéologique d'État, *Positions: 1964–1975*, Éditions Sociales, 1976

有賀夏紀·能登路雅子編,《史料で読むアメリカ文化史4アメリカの世紀》, 東京大学出版会, 2005年

石井洋二郎,《差異と欲望》, 藤原書店, 1993年

石関善治郎,《吉本隆明の東京》, 作品社, 2005年

磯田光一,《思想としての東京》, 国文社, 1978年

棄佳子,〈阿部様の造った学者町……西片町〉, 山口廣編,《郊外住宅地の系譜》, 鹿島出版会, 1978年

岩渕潤子·ハイライブ研究所山の手文化研究会編,《東京山の手大研究》, 都市出版, 1998年

宇野弘蔵,《恐慌論: 宇野弘蔵著作集第五卷》, 岩波書店, 1974年

エンゲルス,《住宅問題》, 村田陽一訳,《マルクス=エンゲルス全集(第一八巻)》, 大月書店, 1967年 / 프리드리히 엥겔스, 〈주택문제에 대하여〉,《칼 맑스 프리드리히엥겔스 저작선집》4권, 최인호 옮김, 박종철출판사, 1997

エンゲルス,〈《住宅問題》再閲第二版の序文〉, 村田陽一訳,《マルクス

=エンゲルス全集(第二一巻)》 大月書店, 1971年 / 프리드리히 엥겔스,〈주택문제에 대하여〉,《칼 맑스 프리드리히엥겔스 저작선집》4권, 최인호 옮김, 박종철출판사, 1997

小木新造·陳內秀信·竹內誠·芳賀徹·前田愛·宮内登·吉原建一郎編,《江戸東京学事典》, 三省堂, 1988年

荻野綱男,〈山の手と下町における敬語使用のちがい〉,《言語研究)》八四巻, 1983年

カステル,《都市問題》, 恒星社 厚生閣, 1984年 / Castells Manuel, *La question urbaine*, Maspéro, 1972 / *Urban Question: A Marxist Approach*, Edward Arnold Publishers, 1977

カステル,《都市·階級·権力》, 法政大学出版局, 1989年 / Castells Manuel, *City, Class, and Power*, St. Martin's Press, 1978

カステル,《都市·情報·グローバル経済》,青木書店, 1999年/일본어판 선집

カステル,〈都市社会学は存在するか〉, ピックバンス編,《都市社会学:新しい理論的展望》, 恒星社 厚生閣, 1982年 / Manuel Castells, Is there an urban sociology?, C.G. Pickvance ed., *Urban Sociology: Critical Essays*, Tavistock Publications, 1976

カステル他,《都市の理論のために》, 奥田道大·広田康生 編訳, 多賀出版, 1983年

河西英通,《東北―つくられた異境》, 中央公論新社, 2001年

川本三郎監修,《寅さん完全最終本》, 小学館, 2005年

川本三郎,《東京暮らし》, 潮出版社, 2008年

倉沢進,〈都市的生活様式論序説〉, 鈴木広·倉沢進·秋元律郎編著,《都市学の社会学理論》, ミネルヴァ書房, 1987年

倉沢進編,《東京の社会地図》, 東京大学出版会, 1986年

倉沢進·浅川達人編,《東京圏の社会地図1975―90》, 東京大学出版会, 2004年

小林信彦,《時代観察者の冒険》, 新潮社, 1987年

小林信彦,《私説東京放浪記》, 筑摩書房, 1992年

小林信彦,《イーストサイド・ワルツ》, 毎日新聞社, 1994年
小林信彦,《ムーン・リバーの向こう側》, 新潮社, 1995年
今和次郎,《考現学(今和次郎集第1卷)》, ドメス出版, 1971年
サイデンステッカー,《東京 下町山の手》, 筑摩書房, 1992年 / 에드워드 사이덴스티커,《도쿄이야기》, 허호 옮김, 이산, 1997
サッセン,《グロバール空間の政治経済学》, 岩波書店, 2004年 / Saskia Sassen, *Globalization and Its Discontents*, New York: The New Press, 1998
サッセン,《グロバール・シティ》, 筑摩書房, 2008年 / Saskia Sassen, *The Global City: New York, London, Tokyo*, Princeton University Press, 1991
佐藤香,〈戦後社会にみる戦争の影響〉, 橋本健二編著,《家族と格差の戦後史》, 青弓社, 2010年
佐藤忠男,《増補版 日本映画史Ⅰ》, 岩波書店, 2006年 / 사토 다다오,《일본영화 이야기》, 유현목 옮김, 다보문화사, 1993 (증보판 이전 판본 번역본)
サルキシアン,〈都市計画におけるソーシャル・ミックスの理念〉/ Wendy Sarkisia, The Idea of Social Mix in Town Planning, *Urban Studies*, vol. 13, No. 3 1976
サルキシアン, フォーシス, ハイネ,〈居住におけるソーシャル・ミックス 論争は続く〉/ Wendy Sarkisian, Ann Forsyth and Warwick Heinem, Residential 'Social Mix' : The Debate Continues, *Australian Planner*, March 1990
獅子文六,《山の手子 町っ子》, 木鶏社, 1996年
陳內秀信,《東京の空間人類学》, 筑摩書房, 1985年
ソジャ,《ポストモダン地理学》, 青土社, 2003年 / 에드워드 소자,《공간과 비판사회이론》, 이무용 외 옮김, 시각과언어, 1997 / Edward Soja, *Postmodern Geographies: the Reassertion of Space in Critical Social Theory*, Verso, 1989

ソーンダース,《都市政治》, (未邦訳), 1979年 / Peter R. Saunders, *Urban politics : A Sociological Interpretation*, London : Hutchinson, 1979

ソーンダース,《社会理論と都市問題》, (未邦訳), 1981年 / 피터 손더스, 도시와 사회이론, 김찬호 외 옮김, 한울아카데미, 2014 / Peter R. Saunders, *Social theory and the Urban Question*, London : Hutchinson, 1981

曾根陽子,〈日米の郊外建売住宅·団地の成立過程に関する比較研究〉,《日本大学生産工学部研究報告A》, 第40巻 第1号, 2007年

園部雅久,《現代大都市社会論》, 東信堂, 2001年

高見順,《如何なる星の下に》, 新潮社, 1940年

竹中英紀,〈ニュータウンの住宅階層問題〉, 倉沢進編,《大都市の共同生活》, 日本評論社, 1990年

田中傑,《帝都復興と生活空間》, 東京大学出版会, 2006年

デイヴィス,《要塞都市LA》, 青土社, 2008年 / Mike Davis, *City of Quartz: Excavating the Future in Los Angeles*, Verso, 1990

東京都百年史編集委員会,《東京百年史(全6巻 別巻1)》, ぎょうせい, 1972-79年

豊田哲也,〈社会階層分極化論と都市の空間構造〉, 成田孝三編,《大都市圏研究(上)》大明堂, 1999年

豊田哲也,〈社会階層分極化と都市圏の空間構造〉,《日本都市社会学会年報》, 25号, 2007年

永井荷風,〈深川の唄〉,《荷風全集 第6巻》, 岩波書店, 2009年

永井荷風,《断腸亭日乗(全7巻)》, 岩波書店, 1980-81年

練馬区史編さん協議会,《練馬区史 現勢編)》, 東京都練馬区, 1981年

野田宇太郎,《東京文学散歩 下町編(上)》, 問一総合出版, 1978年

ハーヴェイ,《都市と社会的不平等》, 日本ブリタニカ, 1980年 / 데이비드 하비,《사회정의와 도시》, 최병두 옮김, 종로서적, 1983 / David Harvey, *Social Justice and the City*, Johns Hopkins University

Press, 1973
ハーヴェイ, 《都市の資本論》, 青目書店, 1991年 / 데이비드 하비, 《도시의 정치경제학》, 초의수 옮김, 한울, 1996 / David Harvey, *The Urbanization of Capital*, Blackwell, 1985
パーク, バーゼス他, 《都市》, 鹿島出版会, 1972年 / Robert Ezra Park, Ernest Watson Burgess, Roderick D. McKenzie, *The City*, University of Chicago Press, 1925
橋本建二, 《階級社会―現代日本の格差を問う》, 講談社, 2006年
橋本建二, 《〈格差〉の戦後史―階級社会日本の履歴書》, 河出書房新社, 2009年
長谷川時雨·岡田八千代, 〈下町の女と山の手の女〉, 《婦人画報》, 1910年 1月10日号
原武史·重松清, 《団地の時代》, 新潮社, 2010年
ハルバースタム, 《ザ·フィフティーズ(上·下)》, 新潮社, 1997年 / David Halberstam, *The Fifties*, Ballantine Books, 1994 / 데이비드 핼버스탬, 《1950년대 아메리카의 꿈, 1-2》, 김지원 역, 세종연구원, 1996
ピックバンス編, 《都市社会学》, 恒星社厚生閣, 1982年 / C.G. Pickvance ed., *Urban Sociology: Critical Essays*, Tavistock Publications, 1976
平出鏗二郎, 《東京風俗志(上·下)》, 筑摩書房, 2000年(原著 冨山房 上の券, 1899年; 中の券, 1901年; 下の券, 1902年)
昼間たかし·伊藤圭介, 《これでいいのか東京都足立区》, マイクロマガジン社, 2010年
問屋俊子, 〈団地のイメージ〉, 倉沢進編, 《大都市の共同生活》, 日本評論社, 1990年
ブルデュー, 《実践感覚1》, みすず書房, 1988年 / Pierre Bourdieu, *Le sens pratique*, Editions de Minuit, 1980
ブルデュー, 《ディスタンクシオン (1·2)》, 藤原書店, 1990年 / 피에르 부

르디외, 《구별짓기 (상·하)》, 최종철 옮김, 새물결, 2005 / Pierre Bourdieu, *La Distinction. Critique sociale du jugement*, Les Éditions de Minuit, 1979

ブルデュー, 《構造と実践》, 藤原書店, 1991年 / Pierre Bourdieu, *Choses dites*, Editions de Minuit, 1987

ブルデュー&パスロン, 《再生産》, 藤原書店, 1991年 / 피에르 부르디외·장 클로드 파세롱, 《재생산》, 이상호 옮김, 동문선, 2000 / Pierre Bourdieu et Jean-Claude Passeron, *La reproduction: Éléments d'une théorie du système d'enseignement*, Les Éditions de Minuit, 1970

前田愛, 《都市空間のなかの文學》, 筑摩書房, 1982年

前田愛, 《幻景の街》, 小学館, 1986年

増田悦佐, 《東京〈進化〉論》, 朝日新聞出版, 2009年

増田みず子, 《わたしの東京物語》, 丸善, 1995年

町村敬志, 《〈世界都市〉東京の構造転換》, 東京大学出版会, 1994年

町村敬志, 〈バブル期以降における都市階層変動〉, 倉沢進先生退官記念論集刊行会編 《都市の社会的世界》, UTP制作センター, 1998年

松本正, 〈教材としての瀧廉太郎に関する研究〉, 《大分大学教育福祉科学部研究紀要》, 29券 2号, 2007年

マンフォード, 《現代都市の展望》, 鹿島研究所出版会, 1973年 / Lewis Mumford, *The Urban Prospect*, Harcourt, Brace & World, Inc., 1968

三浦展, 《〈家族〉と〈幸福〉の戦後史》, 講談社, 1999年

宮本憲一, 《社会資本論》, 有斐閣, 1967年

森まゆみ, 《不思議の町 根津》, 山手書房新社, 1992年

森岡清志, 〈団地の住宅階層〉, 《都市問題研究》, 第44券 第4号, 1992年

山口孤剣, 《東都新繁昌記》, 京華堂書店·文武堂書店, 1918年

吉田之彦·渡辺晋·樋口州男·武井弘一編, 《東京の道事典》, 東京堂出版, 2009年

吉原直樹,《都市空間の社会理論》, 東京大学出版会, 1994年
吉本隆明,《背景の記憶》, 宝島社, 1994年
吉本隆明,《少年》, 徳間書店, 1999年
ルフェーブル,《都市への権利》, 筑摩書房, 1989年 / Henri Lefebvre, *Le Droit à la ville*, Anthropos, 1968
ルフェーブル,《都市革命》, 晶文社, 1974年 / Henri Lefebvre, *La Révolution Urbaine*, Gallimard, 1970
ルフェーブル,《空間と政治》, 晶文社, 1975年 / Henri Lefebvre, *Espace et Politique*, Anthropos, 1972
ルフェーブル,《空間の生産》, 青木書店, 2000年 / 앙리 르페브르,《공간의 생산》, 양영란 옮김, 에코리브르, 2011 / Henri Lefebvre, *La Production de l'espace*, Paris: Anthropos, 1974
OECD編著,《格差は拡大しているか OECD諸国の所得分配と貧困》, 2008年 / OECD, *Growing Unequal? Income Distribution and Poverty in OECD Countries*, OECD Publishing, 2008
《角川日本地名大辞書13 東京都》, 角川書店, 1978年
《日本地理大系 (第3券)·大東京篇》, 改造社, 1930年
《婦人公論》, 1935年 1月号

계급도시: 격차가 거리를 침식한다

초판 1쇄 2019년 11월 22일

지은이 하시모토 겐지
옮긴이 김영진, 정예지

펴낸이 심성보
디자인 배성우, 안승호

펴낸곳 킹콩북
등록번호 제324-2013-000030호
주소 서울시 강동구 천중로 195-28(길동) 202호
전화 070-8273-2249
팩스 0505-326-2249
전자우편 kingkongbook@daum.net

ISBN 979-11-955071-5-3 (93330)

이 도서의 국립중앙도서관 출판예정도서목록(CIP)은
서지정보유통지원시스템 홈페이지(http://seoji.nl.go.kr)와
국가자료공동목록시스템(http://www.nl.go.kr/kolisnet)에서
이용할 수 있습니다.(CIP제어번호: CIP2019011729)